本书是福建省普通高校教研教改重大项目《闽商精神与职业能力导向的财经类应用型人才培养探索》、福建省普通高校教研教改项目《产教融合下的审计与财务服务专业群建设探讨》（JZ160210）、福建省普通高校改革试点项目《审计与财务服务专业群》（ZHYQ02）的研究成果。

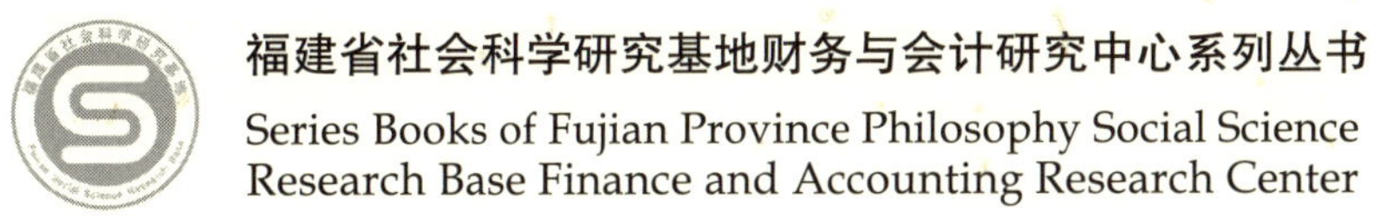

转型中的高校专业建设
——我们的思考与探索

潘琰 甘健胜 / 主编

THE CONSTRUCTION OF UNIVERSITY SPECIALTY IN THE TRANSITION PROCESS
—THINKING AND EXPLORATION

序

新时期，中国高等教育环境发生了巨大变化，经济、技术和人才需求的改变不断推动着高校转型，部分普通本科高校向应用型高校转型，既是我国社会发展、经济结构调整的必然趋势，也是大众化教育背景下高校教育分类发展的客观需求。高校的人才培养怎样适应这种转型发展，值得探讨。为此，福建江夏学院会计学院启动转型中的高校专业建设问题大讨论，希望借此探索应用型本科院校专业建设的新路。

高校专业建设包括人才培养目标、课程体系、教学模式、实践环节和教师发展等方面，它是一个循序渐进的过程。应用型本科高校应当强调“地方性”与“应用型”，通过特色发展推进一流专业建设。各专业只有从社会经济发展角度进行改革，才能不断适应变化的环境，满足社会对专业人才培养的需求。我校会计学院积极开展全体师生参与的教研教改活动，鼓励大家思考探索相关问题，根据实际情况不断完善专业建设，使各专业能更好满足社会需求，服务于国家经济建设与改革。《转型中的高校专业建设：我们的思考与探索》一书是会计学院顺应新时期本科教育发展趋势，结合应用型高校特点，认真组织师生总结近年专业建设和教学研究的经验，并以此为基础形成的文集，我认为这是一件非常有意义的事情。

本书凝结了会计学院师生对应用型本科高校教育改革和专业转型的心得，既探讨了新时代教育理念和技术发展对财务与会计专业的影响，也分享和总结了他们在教学过程中对专业和课程建设的思考，内容涵盖应用型人才培养模式、教学实验模块设计、教学中使用的慕课、虚拟仿真实验教学、校外实践基地建设、产业链嵌入人才培养、双语教学和会计职业能力培养等，甚至还有学生对老师和专业发展的看法，涉及高校专业建设的诸多方面，值得大家学习、借鉴和讨论。

然而，新时期转型中的高校专业建设和改革不是一蹴而就的，它是一项复杂的系统工程，是一个不断探索、前进和分析总结的过程，我热切希望会计学院师生能在“三全育人”思想的指引下，继续不断思考与探索，将日常学习、教学、科研和管理中碰到的问题、解决过程和结论凝练成应用型高校学科和专业建设的新成果，为高等教育和学校的改革提出更多实践和理论层面的建议。在本书即将出版之际，在此表示祝贺并代以为序。

郑建岚

2019 年 7 月于福州

目　录

闽商精神与职业能力导向的财经应用型人才培养探索

潘　琰

为贯彻落实《国家中长期教育改革和发展规划纲要（2010—2020 年）》精神，提高应用型高校服务地方经济社会发展的能力和水平，2015 年，《教育部 国家发展和改革委员会 财政部关于引导部分地方普通本科高校向应用型转变的指导意见》和福建省财政厅印发的《关于开展普通本科高校向应用型转变试点工作的通知》，对于进一步推进高校转型发展，推动应用型本科院校走质量为核心的内涵式发展道路，深化产教融合、校企合作，汇聚社会优质资源，培养高素质应用型专门人才具有深远意义。福建省高校地处福建自由贸易试验区和 21 世纪海上丝绸之路核心区，地理位置特殊，肩负为海峡西岸区域经济发展和新时期国家经济建设输送高水平专业人才的重任。但在办学实践中如何结合学校自身的发展经历，深度挖掘闽商精神和闽商文化内涵，围绕弘扬闽商精神、着力营造创新创造创业的良好发展环境、持续推进社会主义核心价值观教育，强化“三全育人”的开展，培养既具有高素质专业技能，又具备勇于开拓创新的企业家精神的新商科人才，这个问题是当前高校转型过程中需要认真思考和探索的。以“敢冒风险、爱拼会赢、诚实守信、回馈桑梓”为代表的闽商精神随着闽商的历史发展至今，在我们身边已经形成一面具有独特精神风貌的旗帜，本文旨在立足海西经济区建设的政策背景，探讨如何将闽商精神与职业能力导向的人才培养理念相融合，形成福建省应用型高校转型发展的创新架构和思路，希望助益于当前高校的转型和教改。

一、国内外研究概况

闽商精神被称为蓝色的海洋经营精神，是闽商文化的核心和基础。2004 年，首届世界闽商大会将闽商精神归纳为：善观时变，顺势有为，敢冒风险，爱拼会赢，恋祖爱乡，回馈桑梓；张幼松和林龙（2010）将传统闽商精神概括为：敢闯冒险精神、爱拼精神、以商为本精神、反哺桑梓精神，并认为传统闽商精神对新闽企文化建设有重要意义；吴声怡（2013）将闽商精神归纳为：四海为家，爱拼会赢，千帆竞秀，大象无形；刘刚（2011）通过探究闽商的发展历程，认为“理学诚信”是闽商精神的根基。邢善萍（2019）认为，在“凝心凝智凝力，创新创业创造”的背景下，要让闽商文化、闽商精神走向全国、走向世界，团结引领更多海内外闽商投身新福建建设。以上对闽商精神和作用的概括本质上是一致的。

普通高等本科院校建设向应用型高校转型发展是当前我国高校，尤其是新建本科高校改革的主要任务。近年来，有关财经类院校向以职业能力为导向的应用型人才培养方向转型的思路和途径，部分学者做了有益探索。李传宪（2013）提出将 CPA 考试内容嵌入会计学专业人才培养方案中，有效缩短会计学本科专业人才培养与会计人才需求之间的差距。陈年友等（2014）阐述了学校与企业相对接、高校专业建设与产业相对接、课程内容与职业标准相对接、教学过程与生产过程相对接的四大转型对接内容，并提出校企要素整合与契约合作两条实现途径。滕晓梅（2014）认为卓越的财经人才的培养必须遵循校企共育模式，按照财经职业标准要求构建专业理论知识体系和应用能力知识体系。陈冬等（2015）基于实证分析结果指出，可借鉴 ACCA 专业教育体系培养能够适应国际会计环境、具备高水平职业技能的国际化财经类人才。随着云计算、大数据、移动互联、社交网络等不断涌现，企业商业运营环境日益复杂，催生了现代商业模式的不断变革，迫切要求高校培养能够适应并应对迅速变化的职业环境的高素质应用型专门人才。针对新形势，常茹（2016）认为，财经类院校的人才培养应注重对解读数据、撰写报告、推理能力、计算机操作能力和人际交往沟通能力等综合能力的培养，这实际上指出了当前“互联网+”时代背景下对财经类人才应用型技能培养的新要求。《闽商文化研究》编辑部（2017）以闽商杨孙西为例，挖掘其捐建石狮一中的事例并将其所代表的闽商精神作为校本课程的一部分，开设“创业基础教育”等课程，将闽商敢于创业、勇于拼搏的精神融入教育教学之中。徐国立（2017）以弘扬闽商精神为基点，阐述了福州某学院在校园特色文化塑造、学生创新创业精神培养等方面的重要理念，总结秉承闽商精神加强学生创新创业的经验。周秀杰等（2018）从福建省大学生创新创业的视角分析闽商文化的传承与传播及其对青年的影响，认为大学生创新创业应充分利用企业优秀资源，从文化创意产业着手，为创业助力。上述思路也与近年全球会计教育改革，如美国会计教育改革委员会（American-European Consensus Conference，AECC）和美国注册会计师协会（American Institute of Certified Public Accountants，AICPA）提出的未来财经类人才需求方向相契合。可见，学者们在闽商精神、产教融合、服务区域经济和提高学生创业能力等方面已经进行了初步探索。然而，在中国高等教育新一轮的转型过程中，应用型高校财经类专业在探究适应产业发展和教育发展的新形势，明确办学定位以及谋划崭新发展等方面仍面临许多问题需要解决。

二、财经类人才培养面临的主要问题

中国高等教育在人才培养方面面临的问题主要包括以下方面。

1. 德育教育依然缺乏

21 世纪以来，安然、世通、银广夏、蓝田、康美药业等财务造假案件震惊世界，财经类人才的诚信精神、勤勉尽责精神饱受社会质疑，这实际上折射了国内外高校教育不重视德育教育的现实状况。在当前高校教育体系中过分重视专业技能培养，忽视社会主义核心价值观和诚信教育导致一些大学生政治信仰迷茫、理想信念模糊、价值取向扭曲、诚信意识淡薄、社会责任感缺乏、艰苦奋斗精神淡化等问题。如何在财经类高校教育中融入包括诚实守信、开拓创新、社会责任教育在内的德育教育体系，应当成为当前财经类高校转型问题研究中的关键问题，而现有的研究和实践却对其关注不足，缺乏探讨。

2. 对职业能力的认识存在偏差

以“互联网 +”“智能 +”为代表的信息技术的飞速发展，使得收集、加工数据等传统财经基础工作被计算机取代，而对财经数据的挖掘、分析、解读和驾驭能力的要求日益提高。然而，不少应用型财经高校专业负责人和专业教师对财经职业能力的认识却普遍存在滞后现象，片面认为财经职业能力仅包括传统的记账和报表编制等能力，忽视时代发展对职业能力拓展的要求。我们认为，财经职业能力体系既包括基础的专业知识、技术和方法，也包括经济管理能力、思辨能力、职业判断能力、商务应变能力和开拓创新能力等，而现有的研究和实践显然存在不少偏差。

3. 职业能力课程体系设置与教学方法不当

现有财经类课程体系教学内容陈旧，过于注重传统理论知识的灌输，严重脱离当下的商务实践，亦缺乏与其他学科的交叉和交融。为适应经济形势变化和国家转型发展战略要求，迫切需要改进和完善现有课程体系设置，如会计学专业可考虑增加学科导论、创新创业、行为金融、数据挖掘、风险管理、战略管理等课程，为学生综合职业能力的培养和日后工作过程中的能力提升奠定坚实的基础。同时，现有财经课堂教学方法仍局限于课堂讲授和全程灌输为主，不利于培养学生的思辨和商务应变等综合能力，对启发式教学、问题导向教学、研讨式教学等创新教学方法的尝试和深入探索仍较缺乏。

4. 产教融合、校企合作流于形式

协议式培养和订单式教育模式是我国产学研合作教育中应用比较普遍的类型。然而，这种合作通常仅限于校企双方签订协议，院校为企业单方向输送人才。校企双方的深度融合，如共同开发优质核心课程、建设优秀教学资源、培育“双师型”师资队伍等方面均缺乏持续深入的合作，在汇聚双方优势资源、共同致力于人才培养的创新性探索也存在较大差距。

三、理论意义与实践意义

在教育部《国家中长期教育改革和发展规划纲要（2010—2020 年）》和《教育部 国家发展改革委 财政部关于引导部分地方普通本科高校向应用型转变的指导意见》精神指引下，我国高等教育正处于转型发展的大环境中。探索如何将“闽商精神”与“职业能力”融入财经类人才培养框架，在全面优化经济管理能力、思辨能力、职业判断能力、商务应变能力和开拓创新能力等多维度职业能力培养的基础上，强化以闽商精神为代表的德育教育，注重对学生理想信念、价值观、诚信意识和社会责任感的培育探索。在现有研究存在忽视德育教育、对职业能力培养的探索和实践仍然存在不少片面认识和误区的背景下，笔者旨在坚持“德育为先、夯实基础、强化技能、突出应用”的教育理念，探索“精神、知识、能力”三位一体的人才培养体系，打造特色应用型人才培养框架，是对国家倡导社会主义核心价值观号召的积极响应，是强调立德树人、拓展职业能力培养研究的理论内涵，具有理论创新意义。究竟应当如何主动适应我国经济发展新常态，基于国家转型升级和创新驱动发展大战略背景，探索“闽商精神”与“职业能力”相融合的人才培养体系，全面优化提升财经类专业教学水平和育人质量。希望我们的研究和实践成果能够为本科高校财经类专业建设向应用型方向成功转变、培养品学兼优的高素质人才提供启示，为强化高校人才培养与社会需求的无缝对接，促进高校进一步服务于区域经济社会发展和国家建设全局提供理论基础、实践经验或点滴示范。

四、改革目的及主要内容

1. 改革的主要目的

在中国高等教育转型发展的大背景下，探索如何以“闽商精神”和“职业能力”为导向，坚持“德育为先、夯实基础、强化技能、突出应用”的教育理念，打造特色人才培养框架，优化整合提升理论教学，建设产教融合的“开放式、多层次、模块化”的实验实训教学体系，增强财经类学生创新创业意识，形成直接对接产业链的“复合型、创新型、应用型”本科财经类人才培养模式。

2. 改革的主要内容

（1）挖掘闽商精神和闽商文化内涵。闽商源于福建，是中国企业家的一个代表性群体，也是中国历史最长且唯一延续至今的最具市场和国际化意识的商帮。闽商身上凝聚了许多难能可贵、值得财经学子学习借鉴的宝贵精神财富。在新时期挖掘闽商精神和闽商文化，将其作为德育教育的重要内容融入财经类人才培养之中，以身边鲜活的闽商榜样打动学生，用闽商精神激励和鼓舞学生，将其与财经类专业的职业特点相结合，强化德育教育工作，培养学生的道德观念、诚信意识，全面提升德育效果。

（2）构建新型职业能力培养框架。高素质应用型人才如何培养？除了知识的学习和积累，职业界认为与之相关的能力培养更为重要。美国会计教育改革委员会（AECC）曾明确指出：学校教育的目的不在于训练学生毕业时即成为一名专业人员，而在于培养其成为一名专业人员应有的职业能力和素质。为财经人才培养提供了先导经验。通常人们认为职业能力包括知识、素质和能力。我们认为，新型财经类人才的职业能力的内涵还应该包括企业家精神，所以将闽商精神引入职业能力框架之中，分析其内涵，探索新型财经人才培养新模式，更好实现人才培养的转型。

（3）闽商精神和职业能力相融合的人才培养顶层设计。顶层设计是按照科学发展观进行人才培养模式改革，提高教育质量的关键。转型过程，各高校面临诸多问题和困惑，如何突破“瓶颈”？我们的做法是以闽商精神和职业能力为引领，优化顶层设计，加快政策和制度转型。顶层设计是要用系统的方法，从全局视角对各要素进行系统配置和组合，确立目标、制定实施路径和策略，注重整体的关联性。围绕闽商精神和职业能力凝练核心理念和顶层目标，特色化表述核心理念，体现先进教育思想，探索体制机制创新，进行人才培养模式的架构设计、制度设计和文化建设。

（4）实现改革的制度响应。闽商精神与职业能力相融合是转型发展中一种新的人才培养模式改革的尝试，其运行需要深入调研各方管理制度变革的诉求，正确认识转型与改革的若干关系，准确把握转型与内外部管理制度变革的需要，为新发展模式提供相应管理制度的支撑和保障。通过建章立制，形成人才培养的质量保障长效机制，分阶段进行考核评估，客观评估人才培养效果，根据工作绩效建立奖惩机制和评价体系、激励机制等，落实制度建设责任，做好统筹协调、评估督导等工作，推动改革的顺利进行。

（5）实施路径的思考。实施路径主要包括：第一，闽商精神与职业能力导向融合的人才培养模式在人才培养方案中如何体现，如何实现“两个贯穿”，即贯穿人才培养全程和贯穿相应课程；第二，国内外财经职业证书教育（如CIMA、ACCA、CPA、CFA）与课程体系的比较研究，以及课程设计的嵌入式改革；第三，德育、职业道德和创新创业元素如何融入课程并成功实现“课程思政”；第四，多元化教学资源建设；第五，校企互动的开放式实验实践教学条件建设；第六，“走出去”和“引进来”的双师双能型师资队伍建设；第七，校外实践基地建设，实现校企合作协同育人，共同培养学生的闽商精神和职业能力。

3. 需要探索和解决的关键问题

（1）闽商精神与职业能力导向人才培养的理论和实践依据，以及两者融合在财经类人才培养改革探索中落地可能性的评估。

（2）如何实现闽商精神与职业能力导向的财经类人才培养方案的有效调整。

（3）如何构建相应制度体系，突破现有制度障碍。由于现有培养计划诸多硬性规定与新型培养模式改革不符造成的阻碍，如何构建符合闽商精神和职业能力以及四个度（区域经济和社会需求的适应度、行业企业岗位的紧密度、相关专业的关联度、课程体系和师资队伍的支撑度）的配套制度和课程体系。

通过上述改革的实施，要实现以下创新：一是人才培养模式创新，按照经济社会发展对人才的需求变化，构建形成闽商精神与职业能力导向的财经类应用型人才培养新模式；二是课程与教学内容的发展和创新；三是实践教学内容与教学资源建设的创新；四是师资队伍建设的创新。

五、改革成效

回顾总结这几年的探索，取得以下初步成效。

1. 闽商精神与闽商文化的内涵进一步得以明确

通过对闽商精神与闽商文化内涵的进一步挖掘，对闽商精神可落实到人才培养中并形成人才培养特色的契合点有了更多认识。闽商精神内容丰富，尤其是创新创业精神、合作精神、敬业精神、民族精神等的融入。如创业创新是闽商最突出的外在表现，其特点是什么？他们如何能够恰当地拥抱不确定性，在变化和竞争中寻找机会、抓住机会。闽商精神还是一个多层次、整合性的动态系统，贯穿于企业发展全生命周期，所以其内涵也是动态变迁的，极具时代性，如专注品质、追求卓越、爱国敬业、服务社会，能够更好地弘扬工匠精神和创造社会价值，甚至可内生化为产业升级和经济增长的原动力。在创新创业实践中，闽商精神作为一种强大精神力量作用于社会发展，让世界看到中国企业家的伟大。如美国前总统奥巴马投资的首部电影《美国工厂》讲述的就是闽商曹德旺的福耀集团2014年底在美国建厂，为美国俄亥俄州代顿市创造了新的就业机会，企业也走向成功的故事。反映闽商与中国制造，以及中国管理模式怎样成功惊艳了世界，是闽商影响社会和世界的缩影。高校作为高素质人才的摇篮，闽商精神的教育和传承理应植入财经人才培养全程，以推动具备新型职业能力人才的养成。

2. 人才培养方案的修改

在所构建的新型职业能力框架和人才培养方案中强调做到以下“六注重”。

（1）注重培养理念的衔接和融合，要求以国家培养德、智、体、美、劳全面发展的社会主义建设者和接班人的要求，“三全育人”的理念，新工科、新文科、新医科、新农科的办学思想为依据，着力体现新商科和学校“亲行业、重开放、创特色”与区域一流应用型本科大学的办学定位的衔接和融合，避免不同想法分割运行，各搞一摊。为此，我们把闽商精神与思政课程、创新创业、专业群建设、特色专业建设、课程建设、职业证书、实践教学改革、第一课堂和第二课堂、师资培养结合考虑，融为一体。

（2）注重新课研发和老课改革，培养学生的商业基本素养和应用知识能力，将会计学院专业群建设的五个专业（会计学、审计学、财务管理、资产评估和税收学）均纳入改革，实现全覆盖。

（3）注重课程模块的重构，按照专业群建设的新思路划分公共基础模块、群基础模块、专业模块、选修模块（分提升模块、职业模块、复合型模块等）。

（4）注重新课研发、课程增减调整和多样化课程并举，如新研发的专业群基础课“商务基础与学科导论”讲授商务环境、商业模式、企业家精神与企业文化，让专业群学生拥有新商科的扎实基础，提高站位，培养学生商业思维模式和道德素质，选修课增加了“闽商专题”；部分专业主干课与职业证书课的融合，提高了课程难度，方便学生“课证双兼”，跟踪最新实务需求；部分重复课程学时或内容的删减，腾出课时多开新课，满足学生不同学习需求；利用专业群优势，实现教学资源共享和互补。

（5）注重多途径提升学生实践能力，增加实验实践学分，研发多门新实验课程，如财务共享、资产评估虚拟仿真实验等；建立更多覆盖更广泛的专业群实践教学基地。

（6）注重体现新商业背景和信息化发展对学生培养的影响，强化案例教学课程和方法应用，增加计算机审计等课程。同时，人才培养计划的修改做到“深入调研，认真求证，充分讨论，积极推进”。

3. 制度建设与保障

闽商精神与职业能力导向的人才培养模式的尝试，需要相应管理制度的支撑和保障。本次改革通过建章立制，形成人才培养保障长效机制，推动改革的顺利进行。主要制度包括校院各层级的听课制度与教师评教制度、实践基地管理制度、教学教研奖励制度、分层级的目标管理与绩效考评制度等，通过评教和考核实现对改革的保驾护航。

4. 师资队伍建设

根据目前中青年教师普遍缺乏实践认识和实践经验，不利于应用型人才培养的状况，鼓励教师“走出去”，如企事业单位挂职、一线顶岗或调研，强化教师的实践技能；鼓励教师参加 CIMA、CFA、会计信息化和精品课建设等各类师资培训，考取 CIMA、ACCA、CPA、CFA 和资产评估师等职业证书，进一步夯实和深化理论知识体系，培养双师双能型师资队伍。目前会计学院双师双能型教师占比达 70% 以上。同时，还积极利用校外实践基地合作企业的人力资源等优势，聘请合作企业的高管为兼职导师或讲师，打造多元化的师资团队，形成结构合理、实力较雄厚、富有创新创业能力和协作精神的教学团队，为改革顺利实施提供了保障。

5. 新交流平台与新成果

主要包括理论教学与实践教学平台、线下教学与线上教学平台、第一课堂与第二课堂平台、校内与校外平台、课内讲座与课外讲座平台等。改革实施以来获得的主要成果包括：省级重大教研教改项目 3 项，一般项目多项；省级特色专业 2 个，重点学科 1 个；省级虚拟实验平台 1 个，虚拟仿真项目 1 个；优秀教材 1 部。学生连续三年获得中宣部、共青团中央等颁发的“全国优秀暑期社会实践团队”称号，录取学生保持高分段为全校之最，就业率名列前茅；考取研究生和资产评估师的学生逐年增加，初步展示了改革的成果。

综上，青少年阶段是人生的“拔节孕穗期”，最需要精心引导和栽培。希望我们的实践和探索能为实现中国特色社会主义教育，用新时代中国特色社会主义思想和闽商精神铸魂育人，引导学生走向成功。

主要参考文献

［1］常茹：《基于会计职业能力需求分析的会计教育改革》，载于《教育与职业》2016 年第 3 期。

［2］陈冬、周琪、唐建新：《ACCA 专业教育有助于培养国际化会计人才吗？——来自武汉大学的经验证据》，载于《财会通讯》2015 年第 10 期。

［3］陈年友、周常青、吴祝平：《产教融合的内涵与实现途径》，载于《中国高校科技》2014 年第 8 期。

［4］李传宪：《CPA 考试与会计专业人才培养融合研究》，载于《财会通讯》2013 年第 8 期。

［5］刘刚：《刍议理学诚信对“闽商”的影响》，载于《福建商业高等专

科学校学报》2011 年第 2 期。

[6]《闽商文化研究》编辑部：《杨孙西：海商文化基因的传承》，载于《闽商文化研究》2017 年第 2 期。

[7] 滕晓梅：《应用型本科院校卓越会计人才培养内涵研究》，载于《财会月刊》2014 年第 18 期。

[8] 邢善萍：《在与省社会主义学院中层以上干部和部分教师代表座谈时的讲话》，载于《福建省社会主义学院学报》2019 年第 2 期。

[9] 徐国立：《高校创业教育体制与管理模式的有效性研究——以我院秉承“闽商精神”加强学生的创新创业教育为例》，载于《当代教育实践与教学研究》2017 年第 6 期。

[10] 张幼松、林龙：《论传统闽商精神与新闽商企业文化建设》，载于《厦门理工学院学报》2010 年第 2 期。

[11] 周秀杰、钱俊岳：《闽商文化的传承与传播及其对青年的影响——以福建省大学生创新创业的视角分析》，载于《东南传播》2018 年第 3 期。

[12] 周英洁：《闽南商业精神的历史文化解读》，载于《商场现代化》2007 年第 10 期。

闽商文化视野下的财经类应用型人才培养模式探索

陈川林

一、闽商文化的内涵

闽商是对在海内外从事各项商业活动的福建籍商人的统称。作为中国传统的十大商帮之一，与徽商、闽商、粤商等商派齐名。在上千年的发展历史中，闽商创造了东渡日本、北达欧亚、西至南北美洲、南抵东南亚各国的辉煌历史，并涌现了吴秉鉴、潘有度、陈嘉庚、李清泉、胡文虎等知名商人。闽商的性格品德、思想意识、道德规范、价值取向形成了具有鲜明特点的文化——闽商文化。

1. 敢冒风险、爱拼会赢

福建地势呈依山傍海之势，境内多山地、丘陵，平原较少，农耕条件较差，迫使福建人民为了生计出海行船。出海行船需要面临恶劣天气、海盗抢劫、礁石撞船等风险，古代闽商在不断搏击风浪的过程中形成敢冒风险、勇于拼搏的精神。到宋元时期，闽商已经视出洋为正途，发扬敢冒风险的精神从事海上贸易，搭上商船，从泉州出发，将家乡的药物、手工艺品等特产销售到世界各地，开创了“海上丝绸之路”。除了海上贸易，近现代还有许多闽商选择在东南亚及世界各地闯荡打拼，他们在当地毫无根基，凭借自己吃苦耐劳、敢闯敢拼的精神，白手起家发展成为富甲一方的企业家，这些成就都离不开世世代代传承下来的敢冒风险、爱拼会赢的闽商精神。

2. 兼收并蓄、开放包容

闽南人较早就开始从事海上贸易，不断接触外来新鲜事物和外来文化，因此具有更开放的意识。到宋元时期，随着“海上丝绸之路”的开拓，对外贸易交流增多，各地各国商人云集福建，福建海商也大量涌向世界各地经商，长期的文化交流和融合，造就了闽商文化海纳百川、兼收并蓄的特点。明代天主教传教士与士大夫之间的“三山论学”，清代“放眼看世界的第一人”林则徐，近代的马尾船政，都是闽商文化开放包容的例证。

3. 恪守信用、诚信为本

闽商价值取向深受朱熹理学的影响，朱熹理学体系认为“诚”是公正无私、真实无妄、真实无伪、真实无欺，“信”是表里如一、遵守承诺，不出尔反尔。诚信已成为闽商文化的核心价值取向。靠恪守信用、诚信为本的精神取得商业成功的闽商比比皆是，创办“天一信局”的郭有品，在押运侨汇途中遇到风暴，变卖家产赔偿客户。18 世纪“世界首富”潘振辰对英公司每年从伦敦退回的废茶都如数进行赔偿，开创行商中退赔废茶的先例，凭借诚信经营的理念，大展商业鸿运。陈嘉庚在新加坡接手父亲衰败的家业后，将辛苦打拼赚到的盈利，全数用于偿还父亲的债务，他认为“中国人取信于世界，决不能把脸丢到外国人面前！我们中国人一向言必信，行必果。”这种恪守信用的良好信誉传遍新加坡商圈。

二、闽商文化对财经类应用型人才培养的启示

1. 财经类应用型人才培养需要倡导闽商文化中敢冒风险、爱拼会赢的实干精神

当代社会需要高校培养一批具有较强应用技能和应用能力的财经类人才，但是传统的研究型和学术型的高校只注重财经类专业人才的理论培养，对学生实践能力的锻炼重视不足，也不注重学生创新创业能力的培养，导致学生在激烈的竞争环境中就业能力不强，无法适应经济社会发展对应用型人才的要求。因此，财经类应用型人才培养不应当仅仅停留在传授知识的层面，更应该着重培养学生实践能力、勇于创新和积极实践的精神，这和闽商文化的敢冒风险、爱拼会赢的实干精神相契合。

2. 发挥闽商文化兼收并蓄、开放包容的精神培养具有国际化视野的应用型人才

全球化背景下，财经类应用型人才的培养应当具有国际化视野，不能故步自封，在培养财经类应用型人才的过程中发挥闽商文化兼收并蓄、开放包容的精神，可以借鉴国外财经类人才培养的优秀经验，增进与世界一流学校在科研教学方面的交流，培养具有全球化视野的财经类应用型人才。

3. 诚信品格的教育应当是财经类应用型人才培养的重要组成部分

财经类专业的学生是日后参与社会经济活动的主要参与者，要求他们具备诚实守信的职业道德，因此财经类应用型人才培养应当涵盖对学生职业道德的培养，树立正确的人生观和价值观。日后学生进入社会，面对各种利益的诱惑，不会抛弃传统闽商文化中恪守信用、诚信为本的精神。

三、具有闽商精神的财经类应用型人才培养的实现途径

1. 明确财经类应用型人才的培养目标

财经类应用型人才培养要注重它的应用性和创造性，要以符合社会需求和服务经济发展为目标。闽商文化与现代企业对人才的需求有着一致性，因此培养方案制订过程中，应按照“厚基础 + 能应用 + 突创新”的培养思路来设计。具体来说，要注重和加强学生专业技术知识的培养，培养学生相对宽厚的理论知识基础，还要重视学生应用技能的培养，提高学生的动手能力和应用水平，培养他们的职业胜任能力，除此之外还要借鉴闽商文化中敢冒风险和诚实守信的内涵，重视学生创新能力、诚实守信等综合素质的培养。

2. 构建科学的课程体系

以符合社会需求和服务经济发展为导向的财经类专业教育，是一种以能力为本的教育，因此课程体系的设置要以应用能力培养为主线，要注重学生职业能力和闽商精神的培养，形成“专业知识 + 职业素养能力 + 综合素质”的课程体系。

财经类的学生首先要掌握管理学和经济学等学科知识，建立一个良好的、基础扎实的理论背景。在具备学科基础知识后，学生还需要系统掌握包括基本理论、方法和技能在内的财经类的专门知识，了解本学科的理论前沿和发展动态，熟悉行业、企业和产业所需的技术、技能知识。

职业素养能力的课程要让学生在掌握专门知识和技能的基础上，培养具有分析和解决相关问题的基本能力，能够坚持职业操守和道德规范，具有事业心、责任感和严谨的工作态度，以及遵纪守法、诚实守信和勇于奉献的精神。在职业素养能力模块，开设诸如中国闽商文化、商务文化和专业导论、现代企业文化、商务能力等相关课程，课程内容中可以引入闽商的成功案例，并开设相关的实践和实验课程，提高学生的职业胜任能力。

学生综合素质包括人际交往能力、沟通与信息获取能力，以及自主学习、终身学习和持续创新的能力。学生需要具有良好的人际关系和团队精神，较强的语言与文字沟通及文献检索和资料查询等信息获取能力，较强的自学能力，富有创新精神和实践能力。在课程体系建设中，要推进创业教育和第二课堂的建设，努力提高学生的综合素质和能力。

3. 完善实验实践教学环节

实验实践教学环节是培养应用型财经类人才的关键，高校要从以下几个方面来完善实验实践教学环节。

（1）加强实验实训课硬件建设。高校需要加强财经类实验室的建设，让学生在仿真环境中接受系统训练，提高实验教学质量与效果。高校需要增加投资，购买足够数量的设备，让每位学生都可以在实训课上有参与实践的操作机会。同时，信息化时代下，企业需要具备信息化技术的财经类人才，因此，为了培养满足企业和社会需要的应用型人才，实验室需要与时俱进，配备现代企业常用的软件和信息系统。

（2）推进产学研合作。与政府、企业签订产学研合作协议，建立实践教学基地。注重与地方产业的对接，加强和优秀闽商企业的合作，了解闽商企业需要的人才，并为学生提供实习实训岗位，让学生熟悉、掌握实际工作岗位所需的操作技能，毕业后可以迅速适应工作岗位。

4. 丰富学生创业实践活动

培养具备闽商精神的应用型财经人才，要弘扬敢冒风险、爱拼会赢的闽商文化，传承创业思想。学校要改革第二课堂，开展模拟创业活动，建立创业平台，培养学生的创新创业能力。鼓励学生参加“挑战杯”“‘互联网+’大学生创新创业大赛”等创新创业大赛，激发学生的创业热情，通过比赛进一步提高自身的综合素质和创业能力。高校可以聘请知名闽商企业家作为大学生创新创业的指导老师，邀请他们进高校，与学生分享自己的创业历程，让学生可以近距离感受闽商努力拼搏的精神。

5. 加强国际交流

经济全球化背景下，闽商企业对高级财经类人才的需求不断增加，高校在培养人才的过程中，要拓宽学生国际视野，以适应当今社会对国际化人才和复合型应用人才的需求。高校要加强国际交流，学习国外先进的人才培养模式，并结合中国的具体国情开设国际会计、国际管理会计、国际商务等课程。可以开展联合培养模式，为优秀的学生提供到世界一流院校学习进修的机会。同时要加强与特许公认会计师（ACCA）、特许管理会计师公会（CIMA）、特许金融分析师（CFA）等国际专业组织开展实质性的合作研究项目，推动本专业研究水平的发展。

主要参考文献

[1] 李斌、吴瑾瑾、韩作生：《地方财经院校应用型创新人才培养模式初探》，载于《中国高等教育》2011 年第 19 期。

[2] 刘朝晖：《论弘扬地域文化精神对地方高校校园文化建设的促进作用——以闽商文化精神为例》，载于《重庆交通大学学报》（社会科学版）2012 年第 12 期。

[3] 陶金国：《财经类本科应用型人才培养的探索与实践》，载于《中国大学教学》2010 年第 4 期。

[4] 徐国立：《高校创业教育体制与管理模式的有效性研究——以我院秉承“闽商精神”加强学生的创新创业教育为例》，载于《当代教育实践与教学研究》2017 年第 6 期。

[5] 杨兆廷、杨蕾、王宁：《地方财经院校应用型人才培养探索与实践》，载于《中国大学教学》2016 年第 6 期。

应用型人才培养模式下的审计教学改革

——践行审计职业道德教育“新常态”

林进添

审计职业道德相关研究可追溯至20世纪80年代末、90年代初。早期的审计职业道德观是一种“朴素”的操行观。史临阁（1989）认为审计人员的职业道德是正直、公道、廉洁、朴素，简而言之就是“客观公正”。余玉苗（1991）则认为职业道德规范是由职业管理部门根据所在社会一定时期的职业道德制定的旨在指导职业人员执行业务的具体道德标准。孙煌（1992）指出审计职业道德是指导审计人员的道德行为和开展正确审计职业道德评价的准则与标准。彼时，我国的审计职业道德规范体系尚未建立，但从此社会审计职业道德规范（张瑞璋，1993；崔洪章等，1997；彤芳珍，2000；李雪等，2003；陈莹等，2004；张福康，2005；孙方社，2013）、内部审计职业道德规范（栾容贤，1997；杨宏图等，2003；叶陈刚等，2005；孙海峰，2007；梁宝兰，2008；高学余，2009；王玲，2010；王玲，2010；王玲，2013；田民浩，2014）及国家审计职业道德规范（王贵生，1999；王绪涛，2002；杨淑敏，2008；徐琦，2009；张乐玲，2012；郭志英，2013）的研究方兴未艾。在不同时期不同国家，审计职业道德内容不尽相同，形式也多种多样。

按照党的十八大和十八届三中全会的部署，我国高教领域又一重大改革正酝酿出炉——加快构建以就业为导向的现代职业教育体系，引导一批普通本科高校向应用技术型高校转型，调整的重点是1999年大学扩招后“专升本”的600多所地方本科院校。地方本科院校转型应用技术类大学，目的是培养本科层次的职业技术人才，使毕业生既接受系统的理论训练，又掌握一定的专业技能。应用型人才培养正在成为高校教育研究的热点问题。事实上，该政策出台之前，全国各地都有地方本科院校把办学定位和方向制定为“应用型”，学生培养也以“应用技术型”为导向。那么在应用型人才培养模式及目标下，高校审计课程教学又将如何改革以适应之？要回答这个问题，须先审视和正视当前高校审计课程教学的一个症结：审计教学与人才培养中缺乏“灵魂”的教育——审计职业道德教育。

一、高校审计职业道德教育的必要性

1. 顺应行业内外部环境的变化

职业道德水平的高低深刻影响着审计执业质量的好坏。为达成行业内部监管与事务所控制风险的目标，政府监管机构和行业组织对审计执业质量监管的力度不断加大。为了符合公众期望，会计师事务所对审计职业道德也愈加重视。同时，全球经济一体化、产业格局的调整等外部经济环境的变革，已经促使会计师事务所不断调整服务领域，特别是非鉴证服务项目的拓展。这对审计职业道德水平提出了新的挑战与要求。高校在培养应用型审计人才的过程中，如缺失审计职业道德教育，那么培养出的缺乏职业素养的“人才”是难以符合行业内外部环境需求的。

2. 审计行业健康发展的必然要求

审计行业的信誉危机，归根结底是审计职业道德教育缺失导致的。每个审计人员都是审计行业的一分子，应以每个个体加强自身道德素养建设为起点。要提高审计人员的执业水平和职业道德水平，就需要把高校教学中的审计职业道德教育摆到应有的位置，使学生在读期间就能够正确认知审计职业道德的本质和内涵，提升其自身的职业技能和职业素养，从而促进整个行业的健康发展。因此，审计职业道德教育要从学生时代抓起。

3. 高校审计人才培养向内涵式跨越的客观需要

互联网的发展使得各方面知识信息取得速度快、成本低，即使是获取专业知识信息亦如此。人才优劣竞争很大程度上已不仅取决于知识丰富与否、技能高低与否，而在于职业道德素养。强化高校审计职业道德教育是学生自身发展的需要，有助于其在以后特定的工作环境中稳定自身工作岗位，有效促进高校就业率的提高，实现高校审计人才培养的内涵式发展。

二、高校审计教学中存在的问题

职业道德与职业能力是审计人员行走于专业领域的“两只脚”。但目前高校审计教学过程中普遍存在审计职业道德教育缺失的问题。特别是在应用技术型人才培养模式的导向下，容易走进“轻德育、重智育”的误区，导致培养出来的是“不健全的跛脚人才”。高校审计教学中，就审计职业道德教育而言，主要存在以下三个方面的问题。

1. 教学安排上忽略审计职业道德教育

虽然市面上各版本的审计相关教材，无论是以国家审计为主线编撰的，还是以注册会计师审计为主线编撰的，普遍著有审计职业道德教育的相关内容。但各高校在审计教学中，往往由于课时数有限，审计职业道德章节的教授几乎是“蜻蜓点水”，甚至未纳入课程考试考核范围，学生亦不以为然。

据笔者了解，福建省开设审计学本科专业的全日制普通本科高校有福建江夏学院、福建工程学院、仰恩大学、福州外语外贸学院四所，在其各自的专业人才培养计划中，几乎无审计职业道德培养的相关课程或教学活动。无独有偶，这几所高校均提出了“应用型”的办学定位。审计学专业培养尚且如此，更毋庸说会计学、财务管理等其他财会类专业的审计课程的教学安排了。

2. 教学方法上仍沿袭“填鸭式”道德灌输

审计类各门课程有个共性，就是知识表述上偏理论，职业应用中又少实践。加之审计职业道德本身又是高度抽象化的理论内容，作为课堂教学，学生的确无法良好地体会、感悟和树立职业道德。但是，如果课程教学中，只一味向学生灌输审计就是要秉持“独立”“客观公正”云云，学生的感受只能是在“被洗脑”，教学效果大打折扣，更是达不到人才培养的目标。既然存在这样的矛盾，就需要广大审计教育工作者努力尝试各类教学方式方法，寻求有效之道，而不是弃之避之。

3. 教学内容上过于侧重审计“执业道德”

审计职业道德是一个外延灵活、内涵丰富的概念体系，始终贯穿于整个岗位、职业、行业中并对审计工作者进行约束，而不仅仅是在执业过程中才得以体现。笔者以为，从一定程度来看，审计职业道德可以分为审计执业道德和审计认知道德。前者是审计人员在工作过程中应遵守的职业道德规范，如独立性若受到损害则应回避该项业务、执业过程中知悉的客户商业秘密应予以保密等；后者则是执业过程及工作时间以外，社会公众全员基于对“审计”这个职业的共同认知，所形成的普遍职业道德诉求与期望。例如，教师的职业道德不仅要求教师在课堂教学和科研工作中“为人师表”，而且在日常生活中亦能“以身作则”。道德规范是调整人与人关系的补充。审计工作人员也是社会的组成部分。当前审计课程教学普遍侧重审计执业道德的教育，或许能培养出合格的审计人；但轻视审计认知道德，可否培养出优秀的社会的审计人则需要打个问号。

三、高校审计职业道德教育在审计教学中的常态化

审计职业能力建设上，强调执业能力的获得与保持。目前，高等院校、科研院所、监管机构、行业组织等在这两方面已形成系统的合作链。审计职业道德培养上，则着重道德素养的树立与升华。但当前审计职业道德培养显然在上游就已经断链，职业道德培养的源头环节——高等院校审计职业道德教育普遍被弱化。无职业道德规范的教育树立，何来职业道德素养的后续升华。鉴于此，为适应瞬息万变的审计环境和社会需求，实现应用型审计人才培养的内涵目标，高校审计教学改革应首先回归到审计职业道德规范教育的常态化。

高校审计职业道德规范教育的常态化，首先要求态度上的转变和认识上的重视。常态化，即要求以应用型人才培养模式改革为契机，在审计课程教学中，开创性和持续性地进行审计职业道德规范教育。应充分意识到社会需求的是“知行合一”的审计应用人才，德才缺一不可，摒弃以往专业培养中不重视职业道德教育的态度，在专业人才培养计划中做出调整补充。

高校审计职业道德规范教育的常态化，应是一种全面性、综合性、联系性的教学活动。常态化，即要求在各门审计课程教学以及各类相关教学活动中，均可结合课程活动特点，即时开展审计职业道德规范教育，时时强化学生职业道德规范的树立。可以结合课堂教学、专业认知活动、职业生涯规划讲座等学生活动来进行，而不是单独开设一门审计职业道德规范教育课程。

高校审计职业道德规范教育的常态化，需要理论界和实务界的共同努力。常态化，即要求有优秀的师资和大量的教学素材。高校教师接触实务的机会不多，对审计职业道德的体会和把握可能还不够深入，掌握的素材也有限，但高校教师熟谙教学组织和教学方法运用，了解学生学习规律，这与实务界审计工作人员形成了优劣势互补。

高校审计职业道德规范教育的常态化，要求教学方式方法的改革创新。常

态化，即要求通过新颖的教学方式，持续吸引学生学习职业道德规范的兴趣，寓教于乐，让学生在学习中懂得反思深层次的道德意义，培养职业道德素养。审计职业道德教育采取传统的讲授、灌输方式是行不通的，需要作出变革，否则将是昙花一现。

高校审计职业道德规范教育的常态化，应辅以人文素质教育与专业伦理教育。常态化，即需促成学生在审计职业道德上实现“他培”向“自培”、“他律”向“自律”的两个转变。因此，有必要在审计专业课堂以外，对学生进行人文素养熏陶，开展专业伦理学习的有关教学活动，使其作为高校审计职业道德规范教育的重要环节之一，达到内外兼修。

四、审计职业道德教育与审计伦理

审计伦理理论及其研究在西方国家已有较长的历史，中国的相关研究则起步较晚（苏文兵等，2011）。审计伦理是指审计工作人员以合法手段从事审计鉴证业务及相关服务业务时，所应遵守的道德准则与行为规范。审计伦理是借助审计职业道德规范和行业传统习惯、社会舆论、审计工作人员职业良心对审计执业进行约束。从这个层面来看，审计职业道德属于较低层次，而审计伦理则属于较高、较抽象的层次。审计职业道德的核心应是“准则规范”，本质上更多偏向“制式”。与此不同，审计伦理的核心是“职业良心”，本质上则属“自式”。

虽然审计职业道德规范同时强调执业操行和职业态度，具有一定的专业伦理要求。但不可否认，现阶段的审计职业道德规范只在审计行为应当遵守的下限上发挥一定作用。而审计伦理却能从个体信念、品行及能力等更为本质、内在、深刻的精神层次来影响并提高审计执业质量。这表现在职业判断水平是注册会计师执业能力的核心体现之一，注册会计师职业判断能力的建设和提升，在促进审计行业发展、提升审计质量上具有举足轻重的地位（马敏，2008），而审计职业判断与审计伦理息息相关（苏文兵等，2011）。

辨析审计职业道德与审计伦理两者的关系，并不是为了确定孰优孰劣。而是进一步指出高校审计职业道德教育在审计教学中常态化的高阶目标及深远意义，也就是树立和培养审计伦理。国外一些实证研究结果表明，审计伦理水平并不与教育程度的增强、工作经验的增加呈正相关（苏文兵等，2011），且审计伦理水平能否通过教育得到改善存在争议。但这不是我们放弃审计伦理教育的理由，而是我们更努力去探索审计伦理教育有效性的动力。审计工作中的道德滑坡现象，只有通过提高审计工作人员的专业伦理判断能力并改善其伦理行为才能有效缓解和遏制。故审计伦理教育是审计教育的核心内容（李宗彦，2014）。而审计伦理教育的基础和先锋，就是高校审计教学中常态化的审计职业道德教育。

五、结语

应用型审计人才的培养目标应是德才兼备，既要求专业知识技能的牢固与扎实，又强调职业道德素养的树立与培养，两者不可偏废。特别是在充满机遇与挑战、时刻面临物质与精神诱惑的今天，如若继续承袭审计教学传统，只注重专业应用技术培养，忽视职业道德教育，则应用型人才培养将是一句没有灵魂的空话。因此，应用型人才培养模式下审计教学改革的首要方向，应是重新审视审计职业道德教育的地位和意义，这是本文探讨的目的所在。当前迫切需要研究的是如何将审计职业道德教育在高校审计教学活动中常态化，并践行这种“新常态”。

主要参考文献

[1] 陈莹、勒小汶：《注册会计师审计职业道德的失范与重塑》，载于《福建广播电视大学学报》2004 年第 5 期。

[2] 崔洪章、马洪刚：《社会审计行业要大力加强职业道德建设》，载于《山东审计》1997 年第 4 期。

[3] 高学余：《我国内部审计职业道德规范比较研究》，载于《财务与金融》2009 年第 4 期。

[4] 郭志英：《国家审计职业道德建设存在的问题及对策分析——基于问卷调查的启示》，载于《中国市场》2013 年第 25 期。

[5] 李雪、邵金鹏：《注册会计师审计职业道德的失范与重塑》，载于《科技广场》2003 年第 4 期。

[6] 李宗彦：《研究审计伦理判断能力能否通过教育提高——基于审计教育国际化项目的实验》，载于《审计研究》2014 年第 3 期。

[7] 梁宝兰：《浅议内部审计职业道德建设》，载于《山西科技》2008 年第 4 期。

[8] 梁淑红：《加强高校审计职业道德教育的思考》，载于《审计月刊》2006 年第 1 期。

[9] 栾容贤：《浅谈内部审计的职业道德》，载于《山东审计》1997 年第 7 期。

[10] 马敏：《我国注册会计师职业道德建设问题浅探》，载于《现代商业》2008 年第 12 期。

[11] 彤芳珍：《试论社会审计人员的职业道德》，载于《洛阳工业高等专科学校学报》2000 年第 3 期。

[12] 史临阁：《论审计人员的职业道德》，载于《经济问题》1989 年第 1 期。

[13] 苏文兵、周齐武、丹蒙·弗莱明等：《审计伦理测量及中美大学会计专业学生审计伦理水平的比较》，载于《审计与经济研究》2011 年第 6 期。

[14] 孙方社：《CPA 审计职业道德缺失现状及控制研究》，载于《中国乡镇企业会计》2013 年第 10 期。

[15] 孙海峰：《内部审计人员职业道德建设》，载于《中小企业管理与科技》2007 年第 11 期。

[16] 孙煌：《浅谈审计职业道德》，载于《道德与文明》1992 年第 6 期。

[17] 田民浩：《浅议内部审计人员职业道德问题及对策》，载于《中国内部审计》2014 年第 8 期。

[18] 汪明义：《对地方本科院校转型发展的思考》，载于《中国高等教育》2014 年第 8 期。

[19] 王贵生：《论审计机关的职业道德教育》，载于《河北审计》1999 年第 9 期。

[20] 王玲：《加强企业内部审计职业道德建设》，载于《中国市场》2010 年第 22 期。

[21] 王玲：《浅谈内部审计职业道德建设》，载于《现代经济信息》2013 年第 17 期。

[22] 王绪涛：《如何加强审计机关职业道德建设》，载于《湖北审计》

2002 年第 4 期。

[23] 吴凤琼:《加强审计院校学生职业道德教育的必要性》，载于《教书育人》(高教论坛) 2014 年第 3 期。

[24] 徐琦:《国家审计职业道德建设探究》，载于《合作经济与科技》2009 年第 14 期。

[25] 杨宏图、严晖:《〈内部审计人员职业道德规范〉释义》，载于《财会月刊》2003 年第 21 期。

[26] 杨淑敏:《国家审计职业道德建设的探讨》，载于《现代商业》2008 年第 12 期。

[27] 叶陈刚、朱长萍:《加强内部审计职业道德规范建设的举措》，载于《审计月刊》2005 年第 10 期。

[28] 余玉苗:《论我国民间审计职业道德规范建设》，载于《武汉大学学报 (社会科学版)》1991 年第 5 期。

[29] 张福康:《论我国 CPA 审计职业道德缺失与监管机制重构》，载于《云南财贸学院学报》2005 年第 1 期。

[30] 张乐玲:《浅谈国家审计职业道德的构建》，载于《商业文化 (上半月)》2012 年第 2 期。

[31] 张瑞璋:《社会审计职业道德初探》，载于《上海会计》1993 年第 2 期。

“大智移云物区”背景下的会计教育改革思考

潘　琰

我们正在进入一个新的时代，新兴信息技术迅猛发展，从互联网到大数据、移动支付、虚拟仿真、人工智能、云计算，再到物联网、区块链……科技进步日新月异，其渗透力、穿透力无比强大。实践证明，无论哪个领域忽略新兴信息技术的发展和融入均可能遭受毁灭性打击，而与其融合发展则会产生极大的融合效应与发展空间。以“大智移云物区”为代表的信息技术改变着人们的工作和生活，改变着社会经济环境和商业模式，推动着新一代产业和新业态的异军突起。同样，它们对会计产生的深刻影响要求我们更积极地思考会计教育改革，识变、想远，并加快行动。在此，就“大智移云物区”背景下的会计教育改革谈几点认识与大家分享。

一、会计环境“智变”

当今改变世界的浪潮中最引人注目的就是信息技术，它是目前全球研发投入最集中、创新最活跃、应用最广泛、辐射带动最显著的技术创新领域。信息技术以其爆裂式的创新和日新月异的发展，驱动人们深入思考，驱动决策应对，创造出巨大价值，同时给会计行业带来了前所未有的机遇和挑战，推动会计实务变革和教育转型。美国注册会计师协会（AICPA）前主席罗伯特认为，如果会计行业不以IT技术重塑自我，将很可能被另一个能创新性收集和分析信息、提供鉴证服务的行业所代替。会计信息化发展势不可当，其引发的变化主要体现在十个方面：业财深度一体化、处理全程自动化、内外系统集成化、操作终端移动化、信息提供频道化、处理规则国际化、会计信息标准化、会计组织共享化、风险威胁扩大化、处理平台云端化。而影响会计信息化发展的动因可归结为“一进步，三发展”，即技术进步与理论发展、管理思想及其应用的发展。

2019年，为了帮助中国会计人员积极应对信息技术带来的挑战，用积极乐观的心态主动拥抱新技术，成为技术大变革时代有所作为的群体，上海国家会计学院携手金蝶软件、元年科技、远光软件、浪潮集团等，在中国会计学会会计信息化专业委员会的指导下，总结了2002年、2017年、2018年三次评选活动的经验，完成2019年影响中国会计从业人员的十大信息技术的评选，评出的“2019影响会计人员的十大信息技术”包括：财务云、电子发票、移动支付、数字挖掘、数字签名、电子档案、在线审计、区块链发票、移动互联网、财务专家系统。另外，根据埃森哲（Accenture）之前的调查，仅2016年，全球已有超过10%的组织引入软件流程自动化（robotic process automation，RPA）技术。RPA即采用软件自动化的方式将在各个行业中本来由人工操作计算机完成的业务，改由软件机器人进行自动处理，尤其对大量重复的、基于规则的工作任务进行处理。埃森哲预测2020年有超过40%的组织将会在财务管理中引入RPA。许多类似RPA的智能技术也不再仅仅是愿景。2017年，国际四大会计师事务所相继推出财务机器人，如德勤率先引进财务智能机器人“小勤人”；毕马威运用RPA使企业减少40%～75%的成本；普华永道将传统的RPA向人工智能（AI）进行升级；安永智能机器人的速度和准确率接近100%，成本降低至原人工执行的1/9……当RPA迅速地变为现实时，会计实务界和教育界为强烈的危机感所笼罩，不少人担心机器人是否会很快取代基础岗位会计人员的工作，会计行业可能出现大量人员失业。

应当说，会计行业正经历着第三次信息化浪潮的洗礼，信息技术为会计人员提供便利的同时，也带来了一系列新的挑战。人们用“大智移云物区”来概括目前信息化大背景的特征，那么，“大智移云物区”对会计的关键影响又是什么呢？

二、会计职业的新需求

信息化浪潮为会计带来一系列新的职业需求，目前会计师的工作领域都有哪些呢？我们将其概括为图1，IT变化和应用贯穿其中。这是大家认识的会计职业吗？是否颠覆了人们对会计师的传统认知？

新时代的会计师也被人们称为“价值工程师”，为胜任其保护价值、创造价值和转换价值的工作，会计师必须实现三个转变。（1）机械工作的员工转

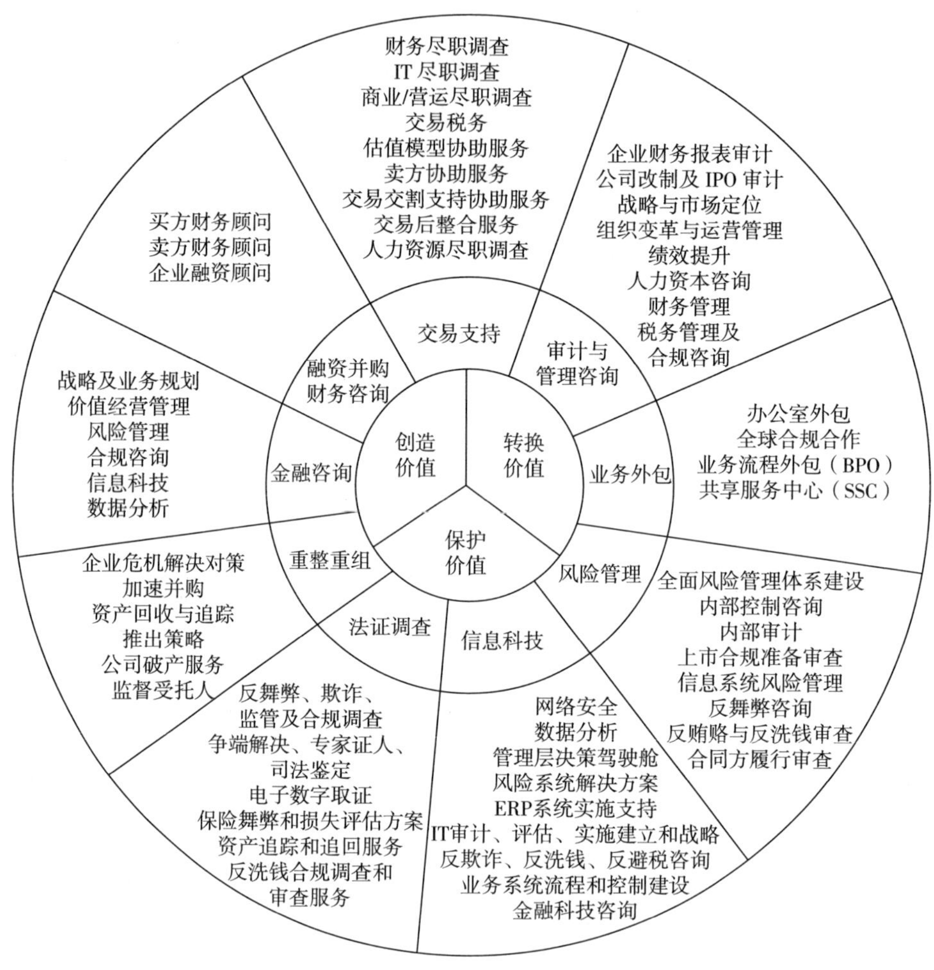

图 1　会计师的工作领域

变为机器人的管理者："大智移云物区"将会计师从简单重复的劳动中解放出来，其工作将更具创造性、参与性和活力，会计业务管控模式将发生改变；会计师应当充分利用工作技巧和能力，重新定义自身的角色，将工作重心转移到更有价值的地方，处理更为关键和精细化的重要工作。（2）从简单被动的"钱管家"变为价值的保护者、创造者与转换者。（3）相应地，其职能也从业务支持者转变为业务的重要引导者。上述哪个方面又离得开信息技术的支撑和应用呢？

所以，新时代的会计师应该具备以下四方面素质。（1）秉持全局观，不拘泥于财务报告，能结合宏观经济、行业情况，站在更高的层面进行经济活动的分析和决策。（2）培养较强的数据获取、分析与使用能力：学会从内外部财务数据中获取更深层次、更有意义的信息；对机器人处理好的数据，能够解读出其背后的关键信息；以价值创造为导向，将其转化为有用的决策。（3）掌握跨领域复合知识，不仅要懂财务，还要懂业务、懂行业。（4）为能高效地实现人机交互，还应掌握IT知识、程序算法化思维或“大智移云物区”思维。

由于财务的未来需要实现人类与机器的全新融合，新型会计师的分析、判断与决策能力是人工智能等所无法取代的。

三、形势倒逼会计教育转型

当席卷全球的信息技术革命和产业变革浪潮奔腾而至之时，作为人才摇篮、科技重镇、人文高地的大学如何做到超前识变、积极应变和主动求变?

从教育部2018年公布的本科专业名单可以看到，诸如数据科学与大数据技术、机器人工程、网络空间安全、信息安全专业获批数众多。仅“数据科学与大数据技术”专业，2016~2017年就有35所高校获批，反映了国家应对新形势的行动。

会计专业在国家目前分类的“四新”专业（新工科、新医科、新农科、新文科）建设中属于新文科建设的组成部分，同样要积极探索与实践融合发展、多元发展、协同发展的新路，加快培养创新型、复合应用型、实用技能型的会计新人才，高标准建设好会计专业的“金专”“金课”。在“大智移云物区”背景下，以现代科学技术改造升级优化传统的会计专业，结合学校的定位和优势，通过交叉融合的路径，着力推进智能会计、智慧财务、大数据审计等交叉培养方向建设，提升专业建设水平。

近年来，国家政策不断促进会计高等教育的信息化发展与变革，推动信息技术与教育教学的深度融合。2015年4月，《教育部关于加强高等学校在线开放课程建设应用与管理的意见》指出，应落实教育规划纲要和《教育信息化十年发展规划（2011—2020年）》；2016年3月，“十三五”规划纲要提出实施“互联网+”行动计划；2016年10月，财政部发布《会计改革与发展“十三五”规划纲要》，提出“十三五”时期会计信息化工作的目标任务和措施。

在“大智移云物区”浪潮下，教育部全力推进慕课、微课、私播课、翻转课堂等新兴课程和教学模式的发展，新兴课程数量井喷式增长，质量飞跃式提高。2019 年 4 月 9 日，教育部为了更好推动慕课建设，在北京发布了《中国慕课行动宣言》。数据显示，我国已经建成 10 多个全国性的慕课平台，有 12500 门慕课上线，超过 2 亿人次学习者，其中 6500 万人次获得慕课学分。慕课数量已经位居全球首位，比第二位的美国多了将近 1000 门；跨区域、跨校、跨专业等各种形式组建的慕课联盟覆盖面逐步扩大。跨校、跨区域在线学习，翻转课堂，线上与线下混合式学习等共享与应用模式不断涌现，我国慕课资源越来越丰富。

可见，会计高等教育和会计信息化教学改革的需求急迫而明确，条件也更为成熟。

四、会计信息化教学改革

在“大智移云物区”背景下会计教育教学改革如何进行，笔者认为以下问题需要思考。

1. 培养目标和定位

目前，部分高校进行了不同层次的会计信息化教育转型的探索。一些学校通过增加计算机类课程的比例，希望实现复合型人才培养目标。目前的问题在于人才培养的定位仍不明晰：我们的侧重点究竟是什么？是需要在会计专业中培养精通数据分析和利用的学生？还是侧重编程技术的学生？

2018 年 1 月，教育部发布《普通高等学校本科专业类教学质量国家标准》，（以下简称《国标》），规定会计专业人才培养定位于博学的专业人士，课程体系应与专业素质和能力要求有效衔接，形成保证专业技能相关性和时效性的持续学习能力与创新能力。会计专业培养目标是向社会提供应用型、复合型、外向型和创新型的专门人才。

应用型是人才培养的基本要求，它构成学生的专业能力框架；复合型要求学生能够将跨学科、跨专业的知识融会贯通；外向型要求学生掌握国际前沿的学科理论与方法，了解国际会计准则，具有国际视野、跨文化沟通能力和国际竞争力；创新型要求学生通过初步学习，具备一定的研究能力或实践中的创新意识和创新能力。

所以，我们的改革既要依据《国标》的“规矩”，同时又要充分利用其给予的可拓“空间”进行顶层设计，应根据学校自身办学条件和目标定位设计人才培养的类型、模式和特色。

2. 课程设计和学时安排

当前会计信息化课程的设置不够科学与全面。在会计教育中如何有效融合信息化课程是不少高校的困惑之一。之前我们提到的影响会计人员的十大信息技术在当下高校的教育课程中很少涉及，大多没有设计专门课程。

建议课程体系设计：（1）通识类课程中要适当增加反映现代科技变化的科技类课程，如互联网应用技术和大数据分析技术课程；（2）学科基础课程中除了经济类、管理类、金融类课程外还应加入管理信息系统课程；（3）专业拓展类课程或选修课应增加包括会计数据和信息的综合分析、利用课程，应提供相关技术和管理类课程供学生选学。综合考虑《国标》规定的本科学时安排，即完成140~160个学时年限是3~8年，理论课不得高于85%，实践课不得低于15%。

3. 课程内容、教学主客体、教学模式与资源

课程内容的改革是关键。（1）由于学时受限，应该增加关键课程，减少课程的重复交叉，还要依托师生教学中的良好互动来实现。（2）师生状态。相当一部分教师未深入了解市场对于会计师的新要求；未深入理解“大智移云物区”时代对会计的冲击；未重视会计领域理论的新拓展；未熟练掌握会计信息化相关知识（计算机科学、信息管理、软件操作等）。（3）教学模式和资源。优质教学资源丰富，但慕课、微课等的实际教学利用率并不高；信息化会计教育的软、硬件配备尚未到位，难以满足新型教学模式的需要；慕课、微课等的开展与考核依然采用传统课堂教学与书面考试为主的方式；教师对网络课堂等新教学模式的本质认识不到位，仍维持着“教师主导、学生被动”的形式，重点关注视频与课件的制作，忽视引导学生自主学习，未充分调动师生互动与合作的积极性。所以，如何用好慕课等新教学资源，提高教育质量成为关键问题。

五、会计教育改革的思考

基于以上对“大智移云物区”时代会计教育改革的思考，主要落实举措包括以下方面。

首先，做好顶层设计。明确方向，构建会计与信息化高度融合的教育体系，并实现“两手抓”：一手抓“信息化理念思维建设”；一手抓“课程设计”。

其次，完善课程体系构建。遵循“因材施教”原则，关注高校定位，厘清不同高校的人才教育目标，究竟是需要培养“宽口径、厚基础、广适应”的会计应用型人才，还是需要培养与某实务岗位无缝对接的会计信息化应用人才，二者之间如何权衡，兼顾。不同的目标显然对应着不同的课程体系设计。要通过增加选修课程、专业群等加大培养计划的柔性，为大规模按需学习创造条件。

再其次，应加强教学团队建设，通过培训促进教师的理念转换与技能提升，实现会计教师由会计专才向多学科交融转化；配套建立并完善信息化会计教学的评价与奖惩机制，激励教师转型。极大地推动了教学改革，改变了传统课堂讲授的教学模式，丰富了教学内容、形式和环境。开展“以学生为中心”的混合式、探究式、合作式教学，调动了学生学习的主动性和能动性。

最后，进一步推进慕课、微课等新型会计教学模式的开展，明确我们面对的学生都是互联网的“原住民”，他们对互联网有一种天然的亲切感，从互联网上获取信息更为他们所接受。因此，利用信息技术的手段和方法改造教学是实现“以学生为中心”的必然要求，也是对教师的重大考验和挑战。所以应加强师生的互动与合作，处理好第一课堂和第二课堂、系统性学习与碎片化学习的关系，课证融合的关系，以提升学生的学习自主性。做好几个整合：校内外教学资源整合、线上线下资源整合、专业内外资源整合。通过完善高校的信息化系统建设，加快对高校现有软件、硬件的更新换代，创建数字化校园，为新型会计教育模式提供技术保障。切实提升“大智移云物区”背景下的会计教育质量。

新时代的未来发展必将实现“万物互联、无处不在、虚实结合、开放共享”，以上认识，希望为推进会计高等教育的内涵式发展，实现会计教育转型和发展尽绵薄之力。

主要参考文献

[1] 林蕙青：《以信息技术推动高等教育高质量内涵式发展》，www. moe.

gov. cn/s78/A08/moe_745/201801/t20180129_325869. html，2018 年 1 月 29 日。

［2］教育部：《中国慕课行动宣言》，www. moe. gov. cn/s78/A08/，2019 年 4 月 9 日。

［3］冯虎：《2019 影响中国会计从业人员的十大 IT 信息技术结果揭晓》，经济日报－中国经济网，2019 年 6 月 30 日。

翻转课堂：高校经管类课程的突破与尝试

李丽琴

信息化时代，网络传媒的迅速普及极大地拓宽了人们获取信息的方式和途径，同时也激发了教学方式的变革和学习主体的自我觉醒。传统的课堂教学方式已经无法满足学习者的需要，狭小的教室、有限的课堂时间、教师主导的师生间单一的“教与学”关系都禁锢了学习者的积极性和主体性。如何借鉴新的理念、模式来有效革新传统课堂教学方式是当前教育改革的热点。美国可汗学院的翻转课堂作为一种新型的教学模式风靡全球，被认为是影响课堂教学的重大技术变革，引起了国内外的广泛关注。我国高等学校经管类课程的教学仍然停留在传统教学方式上，老师讲解，学生接受。这样的教学方式不仅降低了课堂教学的质量，也极大地抑制了学生的积极性与创造性，亟须引入新的教学理念和模式。那么，翻转课堂这一发源于美国的“舶来品”在提高课堂教学质量上有何优势，我国高等院校经管类课程引入这一教学模式是否可行？本文在分析翻转课堂内涵和优势的基础上，尝试设计经管类课程翻转课堂的教学模式，并提出实施过程中面临的挑战和应注意的问题，以期为有效提高经管类课堂教学质量提供经验借鉴。

一、翻转课堂的源起与发展

1. 翻转课堂的含义

所谓翻转课堂，就是在信息化环境中，课程教师提供以教学视频为主要形式的学习资源，学生在课前完成对学习资源的学习，师生在课堂上一起完成作业答疑、协作探究和互动交流等活动的一种新型的教学模式。[①] 然而，借助视

---

① 钟晓流、宋述强、焦丽珍：《信息化环境中基于翻转课堂理念的教学设计研究》，载于《开放教育研究》2013 年第 1 期。

频教学并非翻转课堂的核心，翻转课堂的真正含义是基于“以学生为中心的思考”①，其成功得益于探究性学习和主动性学习（金陵，2012）。

2. 翻转课堂的源起

翻转课堂真正引起人们广泛关注是源于孟加拉裔的美国人萨尔曼·可汗（Salman Khan）。2004 年，可汗将帮助表妹解决数学难题的辅导资料制作成视频并上传到 You Tube 网站上，由于视频短小精炼，而且学习者可以根据自身情况挑战播放进度，因此受到广泛喜爱。此后，可汗制作了更多的教学视频并上传到网站共享，成立了非营利的“可汗学院”。全球视频公开，网络资源的共享成为推动翻转课堂迅速发展的关键性因素。

翻转课堂的理念起源于西点军校课前提前学习教学内容，课堂时间进行批判性思考和小组协作的教学模式，这是翻转课堂的雏形。最早进行翻转课堂理论研究的是哈佛大学的物理教授埃里克·马祖尔，他把学习分为知识传递和知识内化两个阶段，创立了能使教学更有活力的 PI 法（peer instruction），即同侪互助教学方法，并预言计算机将成为协助提升教育质量的重要工具。2000 年迈阿密大学的教授们在讲授“经济学入门”课程时尝试了新的方式，让学生提前观看讲解视频，课堂完成小组协作。这已经具备了翻转课堂的基本形式。同年，韦斯利·贝克提出了翻转课堂更为成熟的模式，但由于缺乏学习的视频资料和相关技术支持，当时并没有得到广泛关注和应用。

3. 翻转课堂的发展

2007 年，美国林地公园高中的两位化学老师进行翻转课堂的教学实践，结果表明翻转课堂改善了传统的师生关系，不仅提高了学习成绩，而且极大地激发了学生的学习兴趣。此后，翻转课堂的教学模式进一步深入推广，越来越多的人加入实践队伍。2011 年翻转课堂被《环球邮报》评为影响课堂教学的重大技术变革，多数受访者表示愿意接受并践行这一教学模式。一时间，翻转课堂在国内外教学改革中被广泛应用。美国石桥小学的数学翻转，高地村小学的“星巴克教室”，克林顿戴尔高中的全校翻转都是国外践行翻转课堂的精彩案例。在我国，翻转课堂也有了初步发展，如重庆市聚奎中学的“翻转课堂”流程，上海市育才中学的“茶馆式”教学探究，山西省新绛中学的“半天授

---

① 关中客：《颠倒教室究竟颠倒了什么》，载于《中国信息技术教育》2012 年第 5 期。

课制”。此外，华东师范大学还成立了慕课中心，专门开发基础教育阶段的教学微视频。

二、翻转课堂的特征与优势

翻转课堂在理论和实践上都显示出巨大的优越性，有利于提高学生成绩，满足学生的个性化要求，增强学生学习的主动性和创造性，同时也有助于密切师生间的关系。与传统的课堂教学相比，翻转课堂具有如下的特征与优势。

1. 突破传统教学模式的局限性

传统教学模式并非差的教学模式，但受限于一定的时间和空间，学生要在固定的时间和固定的地点学习知识。而且，传统教学模式教师讲课都是统一的速度、统一的内容，这样的教学方式不仅局限了学生学习的时间和空间，也难以满足学生个性化的学习需求。翻转课堂将短小精炼的教学视频上传到网络平台，突破了时间和空间的局限性，学生可以选择自己适合的时间和地点进行学习。同时，在观看视频的过程中，学生可以根据自己的需要调整学习进度，兼顾了个性的差异。

2. 突出“以学生为中心”的教学理念

在传统的教学模式中，教师是“主演”，课堂是其展现才华的“舞台”，而学生只是“观众”。这样的教学方式忽视了学生的自主学习能力，偏离了“以学生为中心”的教学理念。翻转课堂中知识的讲授已经通过视频完成了，课堂上教师与学生进行充分的交流，针对不同水平的学生给予有针对性的指导。教师在整个教学过程中充当学习的促进者、指导者和教学资源的制作者，而学生则成为其中的主角，从被动接受知识向主动参与课堂转变。学生在上课前利用视频自主学习，对知识进行初步探索和理解，在课堂上通过与教师的交流及小组间的协作进一步消化知识，充分体现了学习的主动性和自主性。

3. 加深主体间的交互对话

教学过程中主体间的交互对话包括了学生与教师之间、学生与家长之间、教师与家长之间。传统教学模式中，师生间的对话处于不对等的“以师为尊”的状态，家长在教学过程中的参与较少，对于学生学习状态的了解也仅限于教师片面的评价。在翻转课堂的教学模式中，师生间的主体对话更加对等，他们可以自由探讨问题。由于翻转课堂中课前的视频学习在家里完成，家长可以随时了解孩子的学习状态，并参与其中，这样也使得教师与家长的沟通更加具有实效性和针对性。

三、高等院校开展翻转课堂教学模式的可行性分析

从各地开展翻转课堂的实践来看，基础教育阶段各学科的探索较多，而高等院校在这一教学模式上的践行还很不足。笔者认为，相对基础教育阶段，高等教育试行翻转课堂更具可行性。

1. 高等院校具有优质的公共资源和技术平台

随着互联网技术的发展，世界优质的视频资源可以全球共享。世界知名高校开放的教育资源、我国高校开发的国家精品课程和大学视频公开课等共同构建了优质的公共教育资源库，为翻转课堂提供了丰富的教育资源。而现阶段高等院校都拥有自己的校园网络，这为学生观看视频提供了技术支持。

2. 高校教师更具适应性

高校教师知识层次相对较高，相比中小学教师，其更容易接受新的教育理念，而且在现代教育技术和信息技术的应用上也更加熟练。同时，高校教师间的校际合作和资源共享也为高校践行翻转课堂提供了便利。

3. 高校学生更具自主性

大学生的理解、自学能力具有一定优势，在课前的视频学习中，其更有发现问题、解决问题的能力。大学生的群体特征决定了他们具有较强的自主性和探究性，能够在翻转课堂中通过自主学习和课堂协作交流完成知识的学习和内化。

4. 高等院校更具环境优势

相比中小学校，高等院校在办学上拥有较大自主权，在课程设置、教学安排等方面都有较大的灵活性。与中小学较大的升学压力相比，大学课程的内容具有开放性，更适合以翻转课堂的方式在师生的互动交流中共同学习和成长。同时，高校丰富的人才资源、网络设备、图书资源、实验设备等教学设施也为翻转课堂的实现提供了支持。

四、基于翻转课堂的经管类课程教学模式设计

从上文的分析我们可以看出，翻转课堂颠覆了传统的教学流程，突破了传

统教学的局限性，对于构建和谐师生关系，提高学生学习的主动性和创新性具有重要作用。而且，相比中小学，高等院校在践行翻转课堂上更具优势。高等院校的经管类课程与时政热点紧密联系，课程内容开放，在翻转课堂的施行上具有优势。但长期以来，我国高校的经管类课程的讲授仍以教师讲解、学生接受为主，这严重禁锢了学生的积极性和创造性。本文基于翻转课堂的教学流程，尝试设计新型经管类教学模式。

翻转课堂颠覆了传统的教学流程，将课堂知识的传授前置，而将原先课后做作业的活动转移至课堂。美国富兰克林学院的罗伯特·塔尔伯特（Robert Talbert）经过多年的教学实践，总结出了翻转课堂的教学模式结构（见图1）。

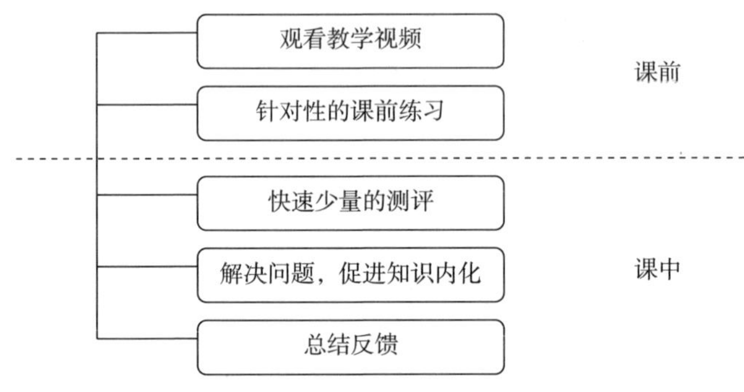

图1　罗伯特·塔尔伯特翻转课堂结构

该模式简单描述了实施翻转课堂的主要环节，但其主要偏向理科操作性较强的学科，而文科的操作过程较少，讨论环节较多。根据翻转课堂的实施流程以及系统化的教学设计，笔者在原有教学流程的基础上构建了适合文科类的翻转课堂教学模型（见图2），并以“财政学”课程中“土地财政”为例设计具体流程。

1. 课前导读与前测

课前一周，教师先布置学习要求，发布学习任务和资源。主要包括两个环节。一是为学生提供学习素材。土地财政是我国财政收入中非税收入的重要组成部分，是地方政府的重要财政来源。教师在视频制作中要通过精炼的讲解将财政收入的组成与结构、土地财政的来源等主要知识点讲解透彻，并让学生提前利用教学平台进行课前学习。二是布置学习任务，要求学生思考导读中提出的问题，并通过查阅资料来尝试解决问题，以激发学生学习的主动性。如在土

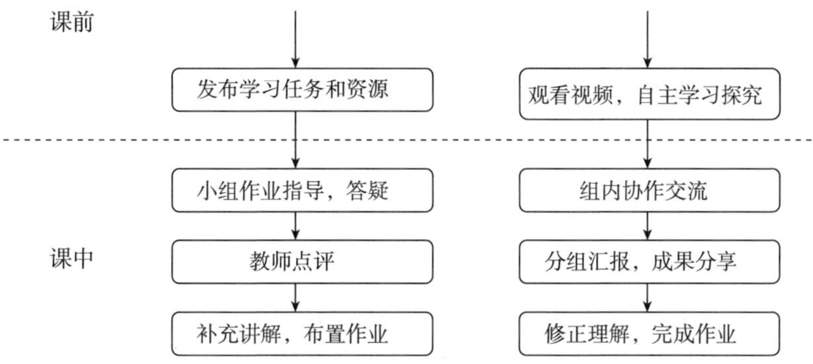

图 2　文科类翻转课堂流程

地财政问题上，为何其会成为地方政府的主要财政来源，其与我国当前房地产市场的走向关系如何，未来改革的方向是什么？在这个过程中，教师要为学生提供相关的视频材料和相关网页以便学生针对导读中的疑问进行自主探究。

2. 课堂组内协作交流，实现知识内化

课堂上，教师通过创设情景让学生在具体情景下开展小组间的协作交流，而教师则从旁点拨并解决学生问题，通过小组间讨论及师生间的交流实现知识的内化。针对土地财政问题，教师可以以历年土地出让金占地方财政收入比重问题创设讨论情景：当前房地产市场走向如何？中央的救市政策频出，其与土地财政的关系如何？这是在导读探究阶段学生对土地财政有一定了解的基础上对该问题结合时政热点的进一步探讨。学生通过小组间的讨论可以加深对这一问题的认识，也可以碰撞出更多的观点。

3. 课堂成果展示，交流分享

在小组协作讨论、师生交流探讨的基础上，让各组派代表进行成果展示，学生将组内讨论的思想观点在课堂上进行分享并接受其他同学的质疑，进行思想上的交锋，从而实现知识的交流与内化。而教师在这一阶段要做好点拨和补充解疑的工作，肯定富有创新性的观点，补充不完整的观点，对有些开放性的观点允许学生有自己的见解。

4. 评价反馈，课堂知识固化

在这一阶段要进行评价反馈，评价的主体不单纯是教师，还包括其他学习者以及家长，针对学生观看视频、完成课前练习、自主探究学习、组间协作讨论以及成果展示等各方面情况综合进行评价。同时，教师根据综合评价反馈的结果适当布置一定量的作业以固化本次课程的知识点。最后，制订下一轮教学计划，为后面的学习内容做准备。

五、高校经管类课程实施翻转课堂应注意的问题

大学生具有学习的主动性和探究性，其能在课外学习、协作交流的教学中得到更好的发展，翻转课堂的教学理念与高等教育的目标相契合，在大学教学中有广阔的应用前景。本文以经管类课程为例，尝试设计基于翻转课堂的教学模式，以期为翻转课堂在高等院校教学中的进一步应用提供借鉴。但我们应该清楚认识到，翻转课堂作为一种“舶来品”，其在“本土化”过程中还面临较多问题。

1. 传统教育观念的约束

在我国，不管是知识的传授者还是接受者，都已经习惯了教师主导型的教学模式，老师讲、学生听是主要的授课方式。受传统教育观念的约束，很多教师在课堂上保持严肃的形象，不愿意与学生进行对话交流，这与翻转课堂的教学模式显然背道而驰。

2. 班级人数的限制

我国高等院校小班专业课的班级人数基本都在 40 ~ 50 人，有些公共课程大班教学人数可达上百人。这样的班级规模对翻转课堂的实施显然是个严峻的挑战，课堂教学中的分组讨论、组间协作交流以及成果分享基本无法实现，更不要说教师对学生实行个性化的辅导。

3. 评价标准的缺失

教育是一个长期工程，很多教育改革的实施并不能带来立竿见影的效果，很多改变是无形的，潜移默化的。但我国现在的教育评价标准仍以考试分数为基准进行定量评价。翻转课堂注重对学生自主学习能力的培养，在自主学习能力提高的基础上提高学习成绩，但这样的成长需要时间的沉淀。单纯以考试分数来评价翻转课堂的实施效果显然有失偏颇，而评价标准的缺失也将影响翻转课堂的施行。

4. 课程内容的适应性问题

由于高等教育的课程更具开放性，其应用翻转课堂的前景比较广阔，但并非所有课程都适合采用翻转课堂的教学模式进行讲授，而且同一课程中，也并

非所有的章节都能施行翻转。笔者认为，在翻转课堂教学模式的应用中，不能一味地为了翻转而翻转，应选择适合的课程和章节率先践行这一教学模式，继而进行推广。

主要参考文献

[1] 曹荣宁：《财务管理案例教学的翻转课堂模式研究》，载于《江苏理工学院学报》2014 年第 2 期。

[2] 马秀麟、赵国庆、邬彤：《大学信息技术公共课翻转课堂教学的实证研究》，载于《远程教育杂志》2013 年第 1 期。

[3] 汪晓东、张晨婧仔：《“翻转课堂”在大学教学中的应用研究》，载于《现代教育技术》2013 年第 8 期。

[4] 左雪梅、周燕：《翻转课堂教学模式在高校管理学教学中的研究与应用》，载于《大学教育》2014 年第 3 期。

[5] 金陵：《“翻转课堂”翻转了什么?》，载于《中国信息技术教育》2012 年第 9 期。

互联网经济时代下的财务管理教学改革问题研究

赵　岩

一、财务管理教学理念转变研究

互联网时代，大数据、云计算、货币管理电子化、交易的平台化、生产的智能化等都在深刻改变企业的财务管理活动，传统财务管理中的筹资活动、投资活动、营运资金管理、利润分配活动的相关理论和方法在互联网时代都显得不合时宜了，树立互联网时代的财务管理理念显得必要而且重要。

互联网时代需要企业树立互联网经济的财务管理理念，用财务管理生态实施企业财务管理活动，这需要与企业深度融合，保障企业运营质量，而企业需要用国际化、大财务、大服务的理念指导企业财务管理实践，提升企业整体价值。在财务管理生态理念下，企业需要建立会计信息平台、资金管理平台、预算管理平台、风险防控平台，持续加强制度建设、人才队伍建设、内控体系建设，系统思考企业财务管理活动，长远谋划企业财务管理工作，推进财务重点工作有序进行。

在企业财务管理理念变革的背景下，高校财务管理教学需要与时俱进，在财务管理教学方面的理念也需要转变，将传统的财务管理教学理念转变到互联网时代的财务管理教学理念，将线上下行教学、课内课外教学、理论教学和案例教学、实验教学和实训教学、校内教学和校外实习相结合。为此，财务管理理念的转变，要求高校财务管理教学方式进行相应的改变。高校可以从以下五个方面进行转变。第一，培养学生的财务战略理念。在生态财务管理理念指导下，培养学生根据企业发展战略、管控体制、财务现状定位企业财务战略，在财务战略的框架下，能够明确融资、投资、收益管理三个方面的政策，教会学生建立集中财务管控体系、利润管理体系、战略落地系统、财务风险管理系统。第二，培养资金集中管理的理念。教会学生“收支两条线”的资金集中管理模式，让学生学会统一资金预算、统一结算、统一资金调度、统一融资、统一监控。第三，确立融资生态化的理念。互联网时代，企业传统的融资理念和融资方式都发生了深刻变革，众筹、互联网金融等新的筹资方式都在改变企业传统的融资方式，互联网时代需要以融资生态的理念解决企业融资问题。第四，培养互联网时代的预算管理理念。互联网时代，改变了以企业为中心的全面预算管理体系，供应链联盟、以客户为中心、客户体验和参与式的经营模式等要求建立以大数据为着眼点、以客户需求预测为起点、以供应链联盟为基础的互联网经济下的预算管理体系。第五，建立互联网环境下时代的会计核算平台理念。互联网经济改变了企业传统的会计工作模式，在互联网时代，客户参与会计核算成为突出的特征，客户成为会计核算的起点，财务软件是会计核算的工具，互联网是会计核算的保障，财务人员是会计核算的整合者。

二、财务管理教学内容改变研究

互联网时代催生企业财务管理理念的转变，财务管理理念的转变倒逼高校财务管理教学内容的改变。高校目前还基本停留在基本理论和基本技能的培养，这使得培养的学生难以适应互联网时代的财务管理需要。在互联网时代，高校需要对财务管理教学内容进行重新设计和充实，用立体的知识结构体系建立高校财务管理教学内容。用财务管理的立体知识结构模式设计财务管理教学内容，也就是在培养学生具备企业财务管理专业技能和方法的同时，培养学生掌握税收、金融、证券及投资专业领域的相关知识，使学生具备企业财务管理工作所需要的具有立体型知识结构的复合型人才。

互联网时代，企业财务管理工作者不但需要具备基本的财务管理专业技能和方法，更需要具有金融、生产管理、营销、人文、哲学等方面的知识，这需要高校重新划分财务管理的通识课和专业课的内容与教学时间，将财务管理专业课的教学内容设定为整个教学时间的1/3，将通识课的教学内容设定为2/3。在财务管理专业课内容方面，首先，淘汰过时的理论和方法，增加互联网时代新的财务管理理论和方法；其次，将管理会计、成本会计、财务会计、财务管理这些课程进行整合，删除重复内容，按照企业财务管理实践的内在逻辑，重构财务管理教学内容体系，改变传统财务管理教学内容的条块化和碎片化，使学生对财务管理教学内容有一个清晰的逻辑体系和知识体系认知，改变目前学生对财务管理理论的碎片化认识。在通识课教学内容重构和设计方面，首先，改变目前政治课、英语课、数学课占用太多时间的局面，精炼这些公共基础课的教学内容，缩减教学时间；其次，对于一些陈旧的数学理论可以放到选学的内容中，这些数学理论对于从事财务管理工作的学生来说，没有现实用处；最后，对于英语课，主要强调口语和财务管理英语两个方面，这是财务管理专业学生毕业后工作的需要，而对于一般的阅读等英语知识，可以放到课外时间，学生如有兴趣可自行学习，没有必要“一刀切”地把英语的所有知识都放到课堂上。互联网时代，学生学习知识的渠道已经发散到课堂之外，互联网给学生获取知识提供了丰富的信息来源和强大的工具，课堂教学也需要和互联网教学结合起来。对于高校财务管理通识课内容的设计和重构，需要考虑高校培养的学生毕业后在互联网时代工作的现实，互联网时代的财务管理工作者，需要泛化的知识结构和体系，既需要精通财务管理专业技能和方法，也需要掌握互联网时代的社会、人文、哲学、心理学等财务管理专业以外的知识。因此，财务管理通识课程的教学内容，需要结合互联网时代对学生知识结构的要求进行重构和设计。

互联网时代，传统企业需要建立一个平台，以顾客价值创造为导向，利用互联网整合采购、生产和销售，企业财务活动与传统财务活动有很多差别，这对企业财务管理经理和财务总监的知识结构和能力提出了许多新的挑战。作为应用型的新建本科高校，财务管理专业的培养目标是为企业培养高级管理人才，自然无法回避这个现实问题，因此需要针对互联网改变了企业高级财务管理者活动的现实，设计和建设互联网时代的企业财务总监或者财务经理专项课程，总结互联网时代财务管理的规律和方法，阐明互联网时代财务总监或财务经理的工作职责、能力结构、知识结构，揭示互联网时代财务总监或者财务经理做好财务管理工作的理论和方法。分析岗位工作内容，整合课程，重构教学模块。财务管理课程的教学需要从主要按照企业财务活动逻辑顺序，重点讲解筹资、投资、营运、分配活动，略讲财务预算和财务分析，转变到重点讲解营运资产管理、筹资成本分析、财务分析和财务预算等。

互联网时代的财务管理实训课程和实验课程也需要深刻变革。财务管理实训课程和财务实验课程是为了让学生从实践的角度理解和应用财务管理理论和方法，互联网时代，传统财务管理理论和方法已无法解决现实财务问题，那么在选择财务管理案例时，自然不能选择过时和陈旧的案例，需要选择近期发生的真实案例。在教学中，通过现实发生的企业资产管理、投融资成功或失败的案例，联系互联网时代新的财务管理规律，将财务管理理论和财务管理实践结合起来，培养学生的财务管理能力。

三、财务管理教学方法转变研究

传统教学方法比较单一，主要是课堂讲授和案例实训，实践教学环节相对薄弱。互联网时代，财务管理环境的变化、财务管理实践的变化都要求财务管理教学方法的转变，这就需要教师努力更新和改善传统的教学观念与方式，提高教学质量，发展多样化教学，强化实践教学方法，探索基于应用能力培养的模块化教学方法，改变“填鸭式”和“灌输式”的教学方法，采用诱导与启发式的教学方法，将案例教学与讲授教学有机结合起来。具体实施办法如下。

1. 课程教学转变

课堂多讲分析思路、Excel 应用，少讲数学公式、模型。财务管理课程本身具有数学公式多、理论模型多的特点，课堂教学过程要轻公式、重应用，轻模型、重思维。课程以理论知识的讲解、信息分享、学生 PPT 演讲、案例分析、课堂提问及讨论和课后作业为主要内容，可以针对不同章节设置不同题型要求学生进行相应练习，以培养学生扎实的专业基本功（基本理论及基本技能）为主，提升学生立体知识结构为辅。鉴于此，在课堂教学过程中，首先花费较短时间和学生分享本周之内发生的重大财务事件，每节课拿出 5 分钟或 10 分钟进行财务管理专题的 PPT 演讲，对学生进行分组，以学生为主导，培养学生阅读最新财务管理信息、分析最新财经信息的能力。针对财务管理相关课程教学过程所发生的国内外重大财经事件，教师设计几个专题，要求学生撰写小论文，培养学生运用财务管理的理论和方法分析现实问题的能力。在财务管理相关课程作业的布置方面，教师结合最新财经资讯设计课程作业，培养学生将现实财经问题提炼为最新的财务管理理论的能力。

2. 模块化教学转变

财务管理培养出来的学生往往从事不同岗位的工作。互联网时代，工作岗位不同，对所需要的知识结构和能力的要求也不同。这就需要财务管理教学方法采用模块化教学模式，就是按照专业培养目标，依据职业岗位群，将所需的知识结构和能力要求分解为各项技能，依此建立若干个教学子模块，从而使每个模块对应目标能力、课程设置和技能训练，将理论教学和技能训练有机地结合来完成教学任务。通过课程各模块的设置可以真正达到干什么学什么、缺什么补什么的教学效果。这样一来，可以整合课程资源，避免重复教育带来的资源浪费。财务管理的模块化教学打破了传统学科的理论和知识体系，将必须掌握的理论融入各技能模块中，从而实现理论为实践服务、知识为技能服务。

3. 案例教学法的转变

财务管理案例教学就是带着具体目的在课堂内建立一个仿真的财务管理工作现场，通过学生对财务问题的发现、分析和解决过程，达到培养学生的财务实践动手能力、熟悉财务理论和认知企业财务管理现实运作等教学目标的一种课堂教学方法。每个财务管理案例对应着一个或者多个财务理论和方法，通过财务管理案例教学，可以将现实世界引入课堂，以便学生能在教师的指导下对实际或现实问题进行“实践”。通过对经典的或者重大的案例进行分析，能够加深学生对抽象理论的理解，以巩固其所学知识，吸引学生的学习兴趣，培养学生分析问题和解决问题的能力。

财务管理案例教学是一种比较有效的教学形式，这就要求教师首先根据教学内容、重点、难点、目的引入真实案例，由学生在课堂上自由讨论，其次教师需要进行恰当引导、提示、总结。这对教师的案例选择和挖掘能力要求比较高，教师需要将复杂、真实、牵涉面广的财务管理事件，经过提炼和挖掘变成一个或者多个完善的财务管理教学案例，还要兼顾真实案例的复杂性与学生理解能力有限的矛盾，引导学生从中挑选有效信息，利用知识分析案例，最终得出结论，使学生完成从理论到实践的飞跃。

4. 实践教学法的转变

互联网时代，经济和社会都在发生深刻变革，财务管理专业旨在培养具有综合能力和全面素质的高级财务管理应用型人才，以此提高学生的就业竞争力。这就要求在教学过程中，不但要注重财务管理的理论知识教学，还需要重视财务管理职业技能的训练，特别需要加强实践教学环节。互联网时代加强财务管理实践教学环节可以从三个方面着手。

首先，深度校企合作，将企业财务人员引入课堂。教师要培养出符合企业需求的学生，自身首先要符合企业需求。因此，一是可以通过有计划地安排专业教师到企业进行长期的实践锻炼，提高其实践工作能力；二是可定期组织教师深入企业进行短期访谈，及时将社会的需求引入教学；三是可通过聘请一批社会知名度高、实践经验丰富的企业业务专家作为兼职教师。

其次，改革实验教学，需要加倍增加实验课时，改变传统的案例分析模式。如转变为“一周世界财经回顾”的演讲讨论式教学，让学生对一周内世界发生的重大财经事件进行演讲（学生可以带演讲稿），教师针对学生演讲的财经内容提炼几个相关的财务管理专题，要求学生参与财务管理专题分析。为保证实验教学效果，实验考核也需要进行相应的改革，实验的成绩由考勤、课堂演讲及参与讨论次数和效果以及专题讨论总结组成，并规定通过本次实验的最低演讲和讨论次数，未完成最低要求者将不能通过本次实验。

最后，组织学生进行财务管理模拟训练。如果现实条件下的校外实习的效果无法令人满意，则学校可以针对财务管理专业的特点在校内建立模拟实验室、模拟公司和证券模拟公司等，学生通过实验室的财务管理模拟系统，了解和适应真实状态下的财务管理活动。模拟训练有助于学生将财务管理理论和方法应用到真实的财务管理实践中，从而为学生营造一个仿真的实践环境。

5. 线上线下互动教学方法的转变

互联网时代，学生获取财务管理专业知识的渠道和途径已经不再局限于课堂了，传统财务管理的理论和方法在互联网上随处可以找到，而且互联网上的财务管理理论和方法比现实中的财务管理教材的内容更丰富、时效性更强。财务管理教师已经不再是财务管理知识权威的代表。再加上现在智能手机的普及，学生随时可以通过网络获取所需要的财务管理理论和方法。互联网和智能化在改变财务管理环境和财务管理活动的同时，也在深刻改变着高校财务管理教学活动，当今时代下的财务管理教学，课堂和校园已经不再是财务管理学习的唯一途径。财务管理教学环境的深刻改变，迫切需要转变教学模式和教学方法，针对互联网时代，财务管理教学不可回避地需要采用线上和线下教学互动的模式和方法。由于有线上的支持，线下教学需要做到内容精炼、模式灵活、方法多样。线上教学，指导学生在线阅读国内外经典的财务理论和方法的教材，研读国内外经典的财务管理案例，了解国内外最新发生的财经事件和资讯。通过线上和线下的教学活动，学生不会再感觉财务管理枯燥且晦涩难懂了。当然，这对财务管理教师的执教能力提出了更高的要求，因此提高财务管理教师的业务水平和实践能力是提高教学效果的关键环节。作为一名合格的财务管理教师，其知识背景中应至少包括会计学、金融学与管理学等学科的内容，并将这些学科的内容深刻领会，融会贯通，才有可能成为一名合格的财务管理教师。财务管理教师也需要多参加一些社会实践活动，通过考察、访问或担任企业职务，为企业出谋划策。只有财务管理教师自觉转变和提升自己，才能胜任互联网时代的教学工作。

四、财务管理课程考核方式改革研究

课程考核方式就像一个指挥棒，直接影响着课程教学的内容、模式、方法等。互联网时代复杂的、动态的财务管理实践决定了财务管理专业的学生需要具有立体的知识结构和复合型的财务管理能力，这在倒逼高校财务管理教学改革的同时，也在倒逼高校财务管理课程考核方式的转变。财务管理学是一门研究如何最佳地控制资金运动和处理财务关系的学科，它以企业资金运动为中心内容，以资金的筹集、投放、耗费、收入和分配为框架，阐明市场经济条件下财务管理的基本理论、基本内容和基本方法。通过对财务管理课程的学习，培养学生正确的理财观念，掌握财务管理基本理论与方法，在熟练掌握公司筹资、投资、资金营运、利润分配等财务基本技能的基础上，能灵活地根据公司特点对企业生产经营过程中的资金运动进行分析、评价及决策。这就要求在财务管理课程教学中必须与实践相结合，坚持理论服务于实践的原则，既要重视财务理论知识的传授，也要重视理论联系实际，增强学生运用科学的理财理论和方法在财务实践中分析问题及解决问题的能力。要求对财务管理课程考核这个重要环节进行转变，采用恰当的考核方式，能够更加客观地检验学生对所学知识和技能的掌握程度。需要高校建构一套客观有效、切实可行的考核改革方案，运用到财务管理课程教学的体系中。但是，目前高校的财务管理课程考核往往是考核功能重结果轻过程、考核内容重理论轻能力，且考核形式单一。鉴于此，互联网经济时代下的财务管理课程考核方式的改革，需要以符合应用型人才培养目标的要求以及遵循该课程自身理论性与实践性较强的特点来进行。改革可以从三个方面进行。

首先，建立过程性考核和终结性考核相互结合的考核制度。针对财务管理课程的特点，为科学而全面地评价学生，应强化过程性考核，把过程性考核与终结性考核结合起来，将考核贯穿于财务管理课程教学的全过程。强化过程性考核，可以及时了解和掌握教师教学效果和学生学习效果，促进教学方法的改进，也能够使学生及时了解对所学知识的掌握程度，及时补缺补差。同时，在考核侧重点方面，过程性考核与终结性考核应有所区别，过程性考核重在考查学生对理论知识的掌握情况，形式可以多样，如平时作业、阶段性测验、课堂专题讨论等，题型设计上以客观题为主。终结性考核重在考查学生把财务管理理论知识运用到实践的能力，题型设计上可以设计一些分析性、论述性、综合性等主观性、拓展性题目。

其次，考核内容需要兼顾知识与能力。财务管理是一门理论与实践性并重的课程，财务管理的教学目标不仅要让学生理解和掌握财务管理的基本理论知识，更要培养学生的理财价值观念以及提升其财务分析、决策、管理的能力，这就要求在课程考核内容的改革上做到知识和能力并重、理论和实践结合，注重考核学生掌握财务管理基本理论知识和灵活运用所学知识解决实际问题的能力。这就要求在理论知识方面可以通过测验的形式进行检查考核，在实践方面则要求采用多样化的考核形式，适当增加主观题比重，即分析题、综合计算题、论述题，建立一种主客观题并存、分值比例合理的测试模式，以锻炼学生的思维能力和创新能力。

最后，构建多次性和多形式相互结合的考核方式。例如，对于财务管理总论和财务管理价值观念章节可以通过小测验的形式考查学生对这些基本原理的掌握情况；对于财务分析章节可以要求学生选择一家上市公司进行财务能力分析并提交财务分析报告；对于筹资方式章节可以要求分析各种筹资方式的特点和不足；对于知识点较多、不难的章节可以要求学生撰写小论文，考查其应用所学知识分析和解决问题的能力；对本课程研究的现实热点问题可以设立创新实践科研项目，鼓励一些有兴趣、有能力的学生参与。

五、研究结论

本文针对互联网经济对企业财务管理环境的深刻改变和财务管理活动的现实，分析了新建应用型本科高校财务管理教学改革的相关问题，分别从转变财务管理教学理念、转变财务管理教学内容、转变财务管理教学方法、转变财务管理课程考核方式方面提出了相关的措施和建议，有利于促进互联网经济时代的财务管理教学改革。

主要参考文献

[1] 刘丽丽、景舒婷、李燕：《基于立体知识结构的独立学院财务管理课程教学改革研究》，载于《企业科技与发展》2014 年第 2 期。

[2] 张波：《树立大财务管理理念 打造价值型财务体系》，载于《中国总会计师》2014 年第 2 期。

[3] 章萍：《高校财务管理课程考核方式改革探讨》，载于《商业会计》2015 年第 1 期。

[4] 章雯华：《高校财务管理改革与创新研究》，载于《商业经济》2014 年第 12 期。

[5] 张艳慧：《高职院校财务管理课程教学方法改革》，载于《河南农业》2014 年第 11 期。

慕课对财务管理教学模式的重构探析

刘建伟

一、引言

在电商、游戏、搜索、新闻、社交等诸多互联网行业日益蓬勃发展的背景下，基于开放教育资源运动（open education resource，OER），利用互联网思维重塑教育模式、内容、工具、方法和体系的互联网教育自2011年以来得到了迅猛发展。其中，以课程时代（coursera）、edX和优达学城（Udaeity）三大平台为先驱和代表的互联网教学平台开发了大规模开放在线课程（massive open online course，MOOC），国内简称为“慕课”，以其免费开放的优质资源、易于使用的平台设计以及独创的生生互评，获得了100多所世界名校的青睐，参与学习者数以百万计。如截至2013年11月，课程时代已经与包括斯坦福大学、普林斯顿大学、宾夕法尼亚大学、香港中文大学等100多所院校与研究机构建立了合作关系，开发出了600多门在线课程，涵盖多国语言，涉及人文、教育、管理、商业、健康与社会、信息技术、生命科学等30多个学科（毕茜和谭江伟，2012）。中国也于2013年正式引进MOOC，清华大学和北京大学于2013年5月加入在线教育平台edX，同年7月上海复旦大学和上海交通大学也相继加入课程时代，同时还积极推出中国本土的MOOC，如学堂在线、慕课网、智慧树、MOOC学院等，在中国学界引起了极大反响。

慕课的到来，不仅检验着我国高等教育的质量，也在挑战着我国高等教育的现有体制。如何在慕课迅速发展的背景下将我国的传统教育与在线教育结合起来，是摆在高等教育工作者面前的一个重要课题。基于此，本文选取MOOC支撑下的混合式教学模式在财务管理教学中的应用这一课题，将基于MOOC的网络学习与面对面的课堂教学相结合，构建基于MOOC的混合式教学模式，以期促进MOOC与课堂深层次整合，线上线下相结合的混合式学习。

二、慕课的特点

慕课起源于基于大数据分析与处理形成和发展起来的开放教育资源运动（OER），它并不是简单地将已有的教育模式、内容、工具、方法、体系用互联网的手段复制一遍，即“把线下搬到线上”，而是主要强调在认识教育本质的基础上用互联网的思维重塑教育模式、内容、工具、方法和体系，根据学生的学习特点和思维方式更好地安排和控制学习进度，并实现学习过程和学习行为的全面跟踪。区别于传统教学模式，MOOC 教学模式具有以下特点。

1. 体现由教师为中心向学习者为中心的转变

MOOC 彻底颠覆了教与学的主从关系，充分体现以学生为主体、教师和网络共同主导这样一种全新的“双主”关系。在传统课堂中，教学多是教师讲授知识，学生接受知识，课后完成作业，交由教师批改讲评。而在 MOOC 中，学生通过观看教学视频课程、阅读相关材料、完成已学过知识内容的习题来为上课做准备。在通过课程内容的学习之后，学生把疑难问题提出并在 MOOC 上贴出他们的问题。教师针对学生提出的问题来安排教学活动，对于学生已经理解掌握的内容，教师可以不用再准备。在课堂上，教师提出问题并引导学生进行讨论，得到问题的解决方法。教师的角色就是倾听学生的讨论并适时进行引导，在必要时参与到学生的讨论中，充分体现学生作为学习过程主体的主动性、积极性与创造性。

2. 促进传统课堂向高效学堂的转变

MOOC 教学模式的重要创新，是推进教学过程、课程资源等的规范化，并强调在有限范围内的自主学习与即时反馈练习，促进传统课堂向高效学堂的转变。与传统在线课程相比，MOOC 在视频设计上独具特色，采取微视频替代传统教材与教师讲授。每堂课分割成几个相关主题的短视频，既方便按主题学习，又便于利用零碎时间观看。就一个完整的知识模块，根据教学大纲，提供标准的编辑模板，结构化地呈现在用户面前，如分章、节、知识点。同时，应该定义最小学习单元，控制在 15 ~ 20 分钟。内容应当运用尽可能丰富的表现形式，包括文本、图片、声音、视频等，目的在于让用户直观快速地完成知识学习。一些 MOOC 视频节点会设置停顿，在停顿处嵌入交互式问题，学生需要针对这个节点回答问题或者提交作业。另外，MOOC 教学团队还需要精心设计模拟、游戏化激励机制（如虚拟奖章），提供个别化、针对性的辅导。

3. 强调应用网络社交软件，提供交互式学习工具

一般 MOOC 的平台设计会有最新公告、课程指引、课程论坛和虚拟在线的同步讨论区，努力构建虚拟的完整的数字化教学环境。此外，有些 MOOC 还提供课程的作业指引和在线评价。强调应用网络社交软件，建立同一职业、专业群体的网络社区，从而使得学习过程社会化。通过社交网络服务的应用，发挥大规模学习者自身的作用，促进学习者相互解答问题，建立学习网络，以社会化弥补个性化的不足。这种 P2P 互动可以避免传统学习中“独学而无友，则孤陋而寡闻”的现象。借助上述交互式网络社交平台，MOOC 教学方式能让师生之间产生个体对个体的授课体验，在线讨论区能及时为每一位学生解惑，在实现随时随地碎片化学习的同时，能够有效保证师生之间和生生之间的教学互动，故而是一种理想的在线教学模式。

4. 多学科交叉的网络化课程教学团队

相比于传统授课模式，慕课对授课教师的要求更高，教师不仅要具备扎实的专业基础和组织教学能力，还要逐步提升其信息化应用能力和团队合作能力，因而更是要求构建课程教学团队。在课程网络教学上线前，教师需要做大量工作，如课程资料整理、试题分析、课程讲授、课程录像、后期制作等。

三、传统财务管理教学模式的弊端

教学模式是指在一定的教学思想、教学理论指导下，在某种环境中展开的具有典型性、稳定性的教学样式，它包括教学过程和相应的教学方法体系。在我国，大多数开设财务管理专业的学校，传统的教学模式多为课堂理论讲授与学生在教师指导下模拟实验相结合。然而，无论是课堂教学还是模拟实验，都是学生先听教师面授，然后完成教师布置的作业，包括理论作业和实践作业。近年来，虽然通过借鉴国外研讨式教学、案例式教学、探究式教学、情景式模拟等方法作了许多革新和有益尝试，但这些革新和尝试仍局限于固定的任课教师和本校课堂之中，主控权一直掌握在教师手中，学生的跟随性学习状态没有发生根本变化。这种着重于传授和吸收知识的教学模式人为割裂财务理论与实务操作的统一性，是一种缺乏双向信息交流、轻视学习环境创造、束缚学生能动性和创新能力培养的教学模式。

另外，传统的财务管理教学模式往往是教师备课、上课几乎都是个体行为，即使同一门课程分模块，往往也是不同任课老师各自上一个模块，采取机械化灌输加标准化考试的工业流水线模式。教学团队建设一般只体现在同一门课程间任课老师在教学大纲、教学进度、教学案例、教材建设、习题考试间的交流，很少涉及兄弟院校同行的合作与交流，校企合作更是流于形式，未能充分发挥校外实践基地行业人士的协同作用，不利于学生对于具体财务管理情境与业务流程结合的认识和体验，也很难让财务管理理论知识与企业 ERP 流程及大数据进行融合。

四、构建 MOOC 支撑下财务管理混合教学模式的建议

MOOC 的兴起为财务管理开展混合式教学模式改革提供了强有力的支撑，也提供了新的思路与方法。混合式财务管理教学既要发挥教师引导、启发、监控教学过程的主导作用，又要充分体现学生作为学习过程主体的主动性、积极性与创造性。因而，笔者认为财务管理教学团队应对网络学习的特点规律进行深入研究和整体把握，并在此规律的指导下，重新梳理现有财务管理教学模块，精心设计各教学模块的学习情境、学习内容与学习目标（如财管目标、风险与收益、证券估值、资本成本、资本结构），开发财务管理的微课教学视频以及与此相适应的学习评价与教学支持智能化学习平台。

每个微课视频应为学生设计“自主学习任务单”，包含学习指南、学习任务、问题设计、建构性学习资源、学习测试、学习档案和学习反思等内容，旨在帮助学生在课前明确自主学习的内容、目标与方法，并提供相应的学习资源。面授课前要求学生先自主学习，观看 MOOC 资源、微视频、PPT 及素材等，通过与教师、同学在线交流等方式进行知识的学习，并进行针对性的课前练习，取得自主学习实效。而后结合面对面的课堂教学，由学生汇报学习成果，由教师引导组织互动讨论，开展补充性讲解，并进行点评和答疑解惑，让学生成为学习的主角，形成新的认知结构，培养学生的综合能力。这样，财务管理混合式教学的主流形式由原来的“课内传授知识，课后完成作业”的教学过程翻转过来，将传统课堂中知识的传授转移至课前，在 MOOC 环境下完成，知识的内化则由原先课后做作业的活动转移至课堂中的学习活动。

五、结束语

当然，要实现以教师为中心向以学习者为中心的转变和传统课堂向高效学堂的转变绝非易事，其基础和前提必须是重新设计财务管理网络课程的学习模式、教学模式、评价管理模式。开发设计的微课视频应具有系统性和层次感，构建“驱动式”新教学任务，在知识结构上要具有一定连续性，难度要适中，并注意与教学案例的不同点和相似点。另外，为避免有些学生不主动学习的情况，可以要求学生将课前的针对性练习成果上传到网络教学平台，或在课内通过随机抽查的方式进行作业展示。同时也要从评价的主体、方法和手段等方面入手构建多元立体评价体系，如开展“学生自评 + 同伴互评 + 教师评价”相结合的方式，让学生在评价中学会自我评价、自我完善，做到相互督促、相互学习。同时，师生之间、生生之间的多元互动机制对于深化师生关系、强化学生的协作意识有一定的积极作用。

主要参考文献

[1] 毕茜、谭江伟：《本科财务管理教学模式改革思考》，载于《教师教育学报》2012 年第 10 期。

[2] 刘和海、李起斌：《“中国式 MOOC” 概念探讨及平台优化策略研究：基于中文 MOOC 平台的调查分析》，载于《现代教育技术》2014 年第 5 期。

[3] 刘继斌、赵晓宇、黄纪军等：《MOOC 对我国大学课程教学改革的启示》，载于《高等教育研究学报》2013 年第 36 期。

[4] 王晓刚：《MOOC 教学方法在传统会计教学中运用》，载于《管理观察》2014 年第 29 期。

[5] 王晓琴：《试论慕课（MOOC）对高等教育教学模式改革的启示》，载于《中小企业管理与科技旬刊》2014 年第 33 期。

构建以职业为导向的会计教学 MOOC 模式

韩春燕

一、引言

“MOOC 元年”（2012 年）开启后，MOOC 海啸席卷全球，当哈佛、斯坦福、普林斯顿、麻省理工等国际顶尖大学联合推出 MOOC 平台以来，立即受到全世界前所未有的追捧，有的 MOOC 平台注册学生竟多达百万之众。2013 年初，北京大学、清华大学、香港大学、上海交通大学等国内顶尖大学加盟其中，或引进国外 MOOC 平台，或创建本土 MOOC 平台。MOOC 突袭，将给传统的教育体制带来巨大冲击，也给以职业为导向的应用型本科会计教育带来机遇与挑战。

MOOC 具有容量大、开放性、互动性、个性化等传统教学无法比拟的优势。MOOC 对所有人开放，没有人数限制，任何人都可以注册学习。MOOC 具有超强的互动性，它颠覆了传统的以教师为中心的教学模式，学生为中心的主体地位突出，实现“翻转课堂”的教学方法，深受学生欢迎。MOOC 教材大都以小视频形式呈现，每段视频时间在 10 分钟以内或者更短。MOOC 的“微课”由许多小问题穿插其中连贯而成，学生只有答对问题才能继续听课，这激发了主体学习的主动性。MOOC 可以根据学生喜好或将要从事的职业所需要的知识进行自由组合和量身定造。

应用型本科会计专业教育具有很强的职业教育特征，其人才培养目标就是要培养适应会计大类的各种职业和职位的应用型、复合性、创新性人才。但现有应用型本科会计教育存在种种弊端，使上述人才培养目标难于实现，而 MOOC 的出现，为以职业为导向的应用型会计本科教育带来了极好的机遇。因此，本文在分析现有应用型本科职业会计教育现状的基础上，提出了以职业为导向的会计教学 MOOC 模式的一些构想。

二、应用型本科会计职业教育的现状分析

1. 教学方式方法与会计职业教育不相适应

在多媒体出现之前，教学方式以“填鸭式”灌输为主，老师的教学手段就是一本教材、一本教案、一支粉笔。自从有了多媒体后，老师的教学手段变成了一本教材加一个 U 盘，老师的劳动强度大为减轻，无须吃粉笔灰，再也不用每堂课下来“灰头土脸”地离开教室。看起来好像教学手段现代化了，但观其实质仅仅是纸质教案换成了电子教案。现在教材供应商为了推销教材，在服务质量上大做文章，只要买教材，赠送包括教案（PPT）、习题答案在内的一整套售后服务，老师乐在其中。这种貌似现代化的教学手段，其实与传统单一的教学方式方法没有本质区别，与会计职业教育要求不相适应。

2. 教材内容体系与会计职业教育脱节

目前，应用型本科会计教材内容体系存在以下几方面问题：过分强调知识结构和理论体系的完整性，追求“大而全”“小而全”；会计专业教材内容与职业标准对接不紧密，职业教育特色不鲜明；教材呈现形式单一，配套资源开发不足；教材建设管理制度不健全，教学服务体系不完善等问题。美国大学商学院联盟提出会计教育应该使学生对各种会计职业具有广泛的适用性，包括公共会计职业与企业、政府及非营利组织的会计工作。

3. 会计职业实践教学流于形式

有些高校会计职业实践教学有名无实，部分校外实践基地无法大批量容纳学生进驻基地实践。毕业实习在有的高校更是流于形式，采取“放羊式”管理，听之任之，相当部分学生待在家里无所事事，返校时递交一份虚假的毕业实习报告，毕业实习指导教师给个评语了事。此外，学校引以为豪的会计职业技能训练也主要依赖校内模拟实验，由于模拟实验课程设置缺乏系统性且脱离实际，加上模拟实验时间偏少等原因，其效果也大打折扣。

4. 教师自身缺乏会计职业实践能力

大多数高校在招聘教师时只注重学历背景，不注重实践能力，高校会计专业的教师绝大多数是从学校毕业后直接到学校任教，实际操作技能严重缺乏。加上教师进入大学任教后被繁重的科研和教学任务压得喘不过气，根本无暇顾及如何提高自身职业实践能力的问题。因此，目前大多数高校会计专业教师专

业理论充裕，会计职业实践能力不足，理论脱离实际，动手能力差，课堂教学往往只能“照本宣科”“纸上谈兵”。这种脱离实际的教学，不仅让学生感觉索然无味，久而久之连老师自己也越来越没有自信。由于教师自身职业实践能力不足，严重制约了学生职业实践能力的培养。

三、构建以职业为导向的会计教学 MOOC 模式

1. 借助 MOOC 平台，构建以职业为导向的会计教学 MOOC 系列

（1）以职业为导向，构建会计课程系列。应用型本科会计专业课程设计脱胎于研究性或综合性大学，其特点是过分强调学科理论体系的系统性和完整性，在课程设置上面面俱到，看起来无可挑剔，但实际上却迷失了自己的办学定位，造成培养出来的学生理论上不如研究型大学的学生，职业技能上不如高职生，在就业竞争中处于非常尴尬的地位。因此，应用型本科大学要旗帜鲜明地坚持职业教育定位，在课程设置方面，构建以职业为导向的会计课程系列，不同职业的课程体系可采用通识课模块加职业导向课模块模式，突出实践教学内容，根据职业体系的变化以及行业发展趋势，不断调整课程体系内容。

（2）构建以职业为导向的会计 MOOC 系列。MOOC 颠覆了传统的以教师为主体的模式，学生真正成为教学的主体，再也不必在拥挤的教室里听课，并且可以任意享受世界顶级高校的优质教育资源。MOOC 一般以 10 分钟为一单元，采用通关模式，随时互动，随时提问，在线解答，还可以采取线上线下相结合的混合模式，激发学生的学习兴趣，提高学习效果，深受学生欢迎。因此，MOOC 必将不断发展壮大，并可能在不久的将来取代传统的课堂教学。面对 MOOC 的迅猛发展，作为应用型本科学校应顺势而为，积极参与其中。一方面引入优质的 MOOC 资源为我所用；另一方面也要创建具有自身特色的适合应用型本科会计职业教育的会计 MOOC 系列。

2. 构建以 MOOC 为背景、职业为导向的会计教材体系

（1）我国现行教材体系存在的主要问题。我国几十年来以专业为背景形成的会计教材体系存在以下主要问题。一是趋同化。所有高校不管是研究型还是应用型大学，会计专业课程几乎千篇一律由会计学、财务会计、成本会计、管理会计、财务管理、审计学等主干课程构成，并且教材内容结构也几乎没有差别。二是内容相互交叉重复。如会计学与财务会计、管理会计与财务管理等

课程有相当部分内容重复。三是与职业标准对接不紧密。多年来本科教育在“宽口径，厚基础”理念的指导下，应用型本科院校为了有别于高职院校，过于强调学科知识的系统性，过多的时间用于原理的推导和分析，教材体系明显偏离职业教育特色。上述问题的存在，直接导致我国会计专业毕业的学生千人一面，职业适应能力较差。

（2）MOOC 背景和职业导向相结合，重新构建会计教材体系。MOOC 应用了信息技术的最新成果作为教学载体，它具有传统教学载体无法比拟的优势。职业导向以市场需求为依托，市场需要什么样的职业人才，学校就在培养什么样的人才；学生希望自己成为什么样的“职业角色”，学校就能为其“量身定制”，实施个性化培养。MOOC 和职业导向紧密结合，可以对每个学生进行个性化培养，彻底打破同一专业毕业生千人一面的现状。因此，以 MOOC 为背景、以职业为导向的会计教材体系必须彻底打破原有的教材体系，新教材体系不应拘泥于学科知识的系统性，不把过多的时间用于原理的推导和分析，而是强调科学知识和方法如何运用于职业实践领域，偏重于那些与实践密切相关的专业知识。新体系必须有很强的分拆性和组合性，根据不同的职业需求任意组合，以适应应用型、复合性、创新性和个性化的会计职业人才培养目标。

3. 打造一支以职业为导向，适应 MOOC 教育的会计师资队伍

传统的教学以教师为中心，老师怎么教，学生怎么学，老师教什么，学生学什么，很多会计专业的老师因为自身缺乏实践经验，只能在电脑前讲解枯燥乏味的会计理论，学生只能无奈地被动接受。MOOC 颠覆了传统的以教师为中心的教学模式，学生成为真正的教学主体，学生可以在线选课，教师由主讲变成了学生的学习伙伴，课堂教学变成了师生互动，解答学生的各种问题。在职业导向驱动下，MOOC 必须按职业角色以“实战”或实际操作场景为教学内容，制作成 10 分钟左右的微课，只有“过关”，才能进入下一课的学习。MOOC 背景下对教师的职业实践经验和实践能力提出了极高的要求，只懂理论没有职业实践能力的教师将无法胜任 MOOC 会计教学。

因此，打造一支以职业为导向，适应 MOOC 教学的会计师资队伍迫在眉睫。首先，在教师招聘上不唯学历论。目前，大多数高校招聘新教师都要求博士研究生学历，对于是否有会计职业实践能力没有要求，这导致教师队伍职业实践能力先天不足。为改变这一现状，今后在应用型本科会计教师招聘中，必须有相当比例从实际工作中选拔的，既有理论水平又有实践能力的教师充实教师队伍。其次，要建立一支相对稳定的来自企业和行政事业单位的财务总监、会计主管、注册会计师、理财规划师等兼职教师队伍，以之作为应用型本科会计教育实践教学师资队伍的有益补充。再其次，应用型本科会计教师必须定期参加职业实践并作为教师考核的重要指标，促使教师不断提高自身的职业实践能力。最后，鼓励应用型本科会计教师积极参加各种会计职业资格考试，大力培养“双师型”会计师资队伍，并在职称评聘上给予优先考虑。

4. 创建一套以 MOOC 为背景、职业为导向的学生成绩认证体系

有学者用“革命”来形容 MOOC 对现行教育体制的冲击，更有学者放言未来全世界只要保持十所顶级高校就足够了，虽然有些言过其实，但也说明了 MOOC 的冲击力不可小觑。MOOC 在教学中的应用与传统的教学内容和方式有根本性区别，如果继续套用过去的教学管理模式，肯定行不通，其中很关键的环节就是学生学习成绩如何认定。与传统教学相比，MOOC 环境下学生可以不必去课堂就能听到国内外最优秀的课程；所有的教育角色，包括学习者、教师团队、教育管理者都可以在云学习环境中完成各自的角色使命；同时，MOOC 支持包括办公室、家庭在内几乎任何场所的学习活动，只要具备一个合适的接收终端。

MOOC 教学如何评定学生成绩，目前全世界没有成熟的模式可借鉴，但绝对不能照搬现在以闭卷考试为主的一考定成绩的模式，而是要建立符合 MOOC 教学特征和职业教育特色的灵活多样的成绩认证体系，比如一门课程可以由在线学习成绩、线下互动学习成绩、理论成绩、职业实践成绩、职业技能成绩等构成。

四、结语

MOOC 是现代信息技术与高等教育相结合的产物，它给平静的现代大学教育制度带来了巨大冲击，美国的世界顶级高校在这场浪潮中已经抢占了先机。我国高校如何在 MOOC 风浪搏击中把握机遇，特别是应用型本科会计专业高校如何找准定位，在 MOOC 浪潮中找到适合自己的生存和发展的道路尤为重要。

主要参考文献

[1] 李晓东:《"MOOC" 对高校教师教学能力的挑战与对策》,载于《南京理工大学学报(社会科学版)》2014 年第 3 期。

[2] 彭凤麟:《高校会计教学 MOOC 模式及其发展建议》,载于《财会月刊》2014 年第 7 期。

[3] 袁松鹤、刘选:《中国大学 MOOC 实践现状及共有问题——来自中国大学 MOOC 实践报告》,载于《现代远程教育研究》2014 年第 4 期。

会计师职业能力培养

——CIMA 的理念和实践

陈川林

一、学校定位

福建江夏学院作为一所省属公办本科大学，由拥有财经行业扎实实践基础的四所学校整合而成，合并后学校转型为省属综合性大学。在现代社会对大学生应用能力的要求不断提高和高等教育向大众教育转变的背景下，学校提出“建设有特色高水平应用型本科大学”的办学定位和“复合性、创新性、应用型”的人才培养目标。结合学校定位和会计学科实践性强的特点，会计学院将本科教育的目标定位为培养有特色、高素质的应用型财务与会计专门人才，其落脚点是就业竞争力。为提升毕业生的就业竞争力，学院进行了四项改革，即专业改革、师资改革、课程改革、教学评价改革，使人才培养能与时代发展全方位适应。

近几年，国内外财务与会计界都非常注重职业能力框架的研究，会计师职业能力框架是会计本科教育由知识型向能力型转变的重要理论指导框架，但学院目前的人才培养和教学模式并未实现和职业能力框架的良好对接，对会计师职业能力的培养缺乏足够的重视。

二、会计师职业能力

会计师职业能力泛指从事会计职业相关活动应具备的专业知识、职业技能、价值观和实务经验的总和。

1. 西方会计职业能力的相关研究

西方对会计职业能力的研究起步较早，相关职业团体、国际组织相继颁布了会计师职业能力标准或胜任能力框架。

国际会计师联合会（International Federation of Accountants，IFAC）发布的《职业会计师国际教育准则》中将职业会计师定义为：一个职业会计师是一个获取、展示和维持会计职业胜任能力且遵守伦理准则的个人，并把胜任能力解构为三个部分，即技术胜任能力（technical competence）、职业技能（professional skills）及职业价值观、伦理和态度（professional values，ethics and attitude）。技术胜任能力要求会计职业人员能够掌握财务报告审计、财务会计报告、智力和风险管理、商业环境、税务、信息技术、商业法律法规和财务管理多方面的技能，职业技能则重视人际交流、个人（自律）和组织能力的培养，职业价值观、伦理和态度要求会计师能致力于公共利益，持有职业怀疑态度以及专业判断，遵循廉正、客观、专业胜任能力，以及谨慎性、保密和专业行为等伦理原则。

美国注册会计师协会（American Institute of Certified Public Accountants，AICPA）在1999年的《进入会计职业的核心胜任能力框架》中提出了三种胜任能力：功能性胜任能力（决策模型、风险分析、计量、报告、发展和加强功能性胜任能力的有效技术）；个人胜任能力（职业风度、问题解决与决策制定、协作、领导、沟通、发展和加强个人胜任能力的有效技术）；广阔的商业视野（战略/批判性思维、行业/部门的视野、全球/国际视野、资源管理、法律/规章视野、市场和客户关注度及发展和加强广阔的商业视野的有效技术）。

加拿大特许会计师协会（Chartered Accountants of Canada，CICA）于2004年发布了《特许会计师能力图》，CICA认为特许会计师除了有专业胜任领域（组织有效性与控制和风险管理、财务、税收、鉴证、业绩评价、信息及信息技术）的专业知识外，还需要培养通用的胜任能力，包括道德行为和职业观（如保护公众利益、正直与公正、独立、保密等）、个性特征（如自我管理、创新、适应能力等）及职业技能（生成计划和信息、检验计划和信息、交流、问题解决等）三部分。

2. 我国会计职业能力的相关研究

2007年中国注册会计师协会发布的《中国注册会计师胜任能力指南》指出，注册会计师应当具备在职业环境中合理、有效的运用专业知识，并保持职业价值观、道德观与态度的各类职业能力，这些能力包括智力技能、会计技术和运用技能、个人技能、人际和沟通技能以及组织和企业管理技能。

会计人员在掌握经济基础知识、企业管理和会计知识的同时，还要具备良好的职业道德、领导能力、人际交往能力、沟通能力、职业判断能力以及在不熟悉的环境下解决各种异常性问题的能力（孟焰和李玲，2007）。

综上所述，西方和国内的研究都意识到随着商业环境的日益复杂，经济全球化的推进，会计职业能力不应局限于传统的记账、算账和报账技能，还应包含更为宽泛和复杂的能力需求。包括：（1）全面系统的专业知识，包括财务会计、管理、商业环境、信息技术、法律、税务等内容；（2）职业技能，包括良好的职业判断能力、信息分析能力、解决问题能力、人际关系技能、获取新知识能力、国际竞争能力等；（3）优良的职业道德素质。

三、CIMA 的理念和课程设计

1. CIMA 简介

英国皇家特许管理会计师公会（The Chartered Institute of Management Accountants，CIMA）是世界上最大的管理会计师资格考试、管理与认证机构，同时它也是国际会计师联合会（IFAC）的创始成员之一，截至 2019 年，拥有 22.7 万名会员和学员，遍布 179 个国家（地区）。

CIMA 管理会计职业资格认证体系享有百年声誉，以知识结构严谨、所学内容实用、融汇财务与战略内容而著称。CIMA 所培养的会员与学员活跃于工商业界、政府部门以及各类非营利机构。

2. CIMA 理念

与多数国际财务资格大多面向财务会计、偏重审计不同的是，CIMA 职业资格立足于为企业培养具有财务知识的管理会计师。CIMA 在培养学员扎实财务技能的同时，重点提高他们参与经营管理和战略决策的能力，实现“财务支持战略决策，战略融于财务管理”的理念。

3. CIMA 职业资格框架及课程设计

CIMA 2015 职业资格大纲于 2014 年初正式发布，更新的大纲将加大对“学生应用知识解决实际问题的能力”的考核。新版大纲包含三大板块：企业板块（enterprise）、绩效板块（performance）和财务板块（finance）。三大板块涵盖了会计、管理、战略、市场、人力资源、信息系统等方方面面的商业知识和技能。

同时根据企业不同层级的会计师所需的职业能力，设置三个层级：运营级、管理级和战略级。运营级对应新入职员工，该级别侧重培养学员扎实的财务与会计专业知识能力，并重在培养执行战略的能力。管理级对应会计主管，在该级别引入战略管理、高级管理会计与高级财务报告的知识，培养学员在企业中监督战略执行的能力。战略级对应高级会计主管和高层管理者，该级别要求学员能够评估组织所处的商业环境，识别评估风险，并制定相应的财务战略。每一阶段的考试通过后，CIMA 都将颁发这一级别的证书，包括管理会计基础证书、管理会计中级证书、管理会计高级证书。

四、CIMA 的特点特色

1. 根据社会职业能力的需求，更新其职业资格认证体系

随着经济全球化以及会计改革的推进，会计问题日益多样化，会计准则不断更新，会计职业的服务范围越来越广泛。因此，社会对会计师职业能力的要求也不断更新。CIMA 职业资格大纲在制定前，征询了全球上百家雇主的需求和建议，确定了新经济环境下企业对财务人员的技能要求，并确保在这一大纲指导下培养出来的管理会计师能够成为推动企业绩效和经营水平的得力人才。

同时，为使 CIMA 学员能适应日益复杂和动态化的会计环境，CIMA 每隔 4 年就要广泛征集全球知名企业以及相关部门的意见，并根据反馈更新其职业资格认证体系。例如，2015 年大纲就增加了大数据、财务转型、财务共享服务等知识。

2. 重在培养实际应用能力，提升就业能力

CIMA 课程体系的设置赋予学生四个方面职业能力的培养：（1）会计和财务核心技能；（2）敏锐的商业头脑；（3）人际能力；（4）领导能力。这些商业能力是众多被调查雇主希望求职者能够具备的。为此，CIMA 新大纲增设每个阶段对应的案例分析考试，其中案例多来源于真实的商业案例，让学员置身职业环境中，并学会综合应用以上四种职业能力。

除此之外，CIMA 每年还在全球包括英国、爱尔兰、南非以及中国等国家举办 CIMA 商业精英国际挑战赛。挑战赛以团队形式参加，参赛团队分析和评估真实的商业案例，运用专业知识制订企业发展的最佳方案。挑战赛激发了学

生自主学习的热情，并有助于提高学生的商业意识、分析技能、沟通技能和团队合作能力。

3. 重视职业道德的教育

CIMA 非常重视学员职业道德的教育，在每个阶段的案例考试部分，都设置了单独的职业道德部分，学员需要掌握五大职业道德原则（诚信、客观、专业胜任能力和应有的关注、保密以及职业行为），并能识别在职业过程中威胁职业道德的情形，提出将威胁降到最低水平的措施，以解决道德冲突问题。

五、CIMA 职业能力培养模式对我校本科会计教育的启示

1. 不断更新人才培养方案，与社会需求相适应

要实现学校“复合性、创新性、应用型”会计人才培养目标，就要注重人才培养与时代变化的全方位适应，注重人才培养与经济社会的深度融合。为此，我们在人才培养方案制订上，可以借鉴 CIMA 的做法，根据不断变化的行业、社会和环境需求，更新人才培养方案，培养学生适应内外部管理环境变化的能力，充分适应经济社会发展对人才素质的要求。

2. 构建科学的课程体系，提升学生会计职业能力

以知识结构为特征设置的“基础课程、专业基础课程和专业课程”的“三层式”课程体系结构，重视对学生专业知识的培养，却没有教会学生如何解决问题、处理人际关系和沟通的技巧，怎样进行逻辑性思维以及怎样解决问题，显然已不适应目前的新环境。

结合会计师职业能力和 CIMA 职业框架体系，笔者认为，首先，需构建以职业能力培养为核心的课程体系，新课程体系在专业知识课程方面强调全面发展的理念，包括系统学习会计、商业环境、信息技术、法律、税务等多方面的综合知识；其次，课程体系设置要重视综合能力的培养，可以将 CIMA 的相关课程嵌入课程体系。

3. 创新教学方法

传统的讲授型教学方法不利于培养学生的职业能力，在以职业能力为导向的会计本科教育体系下，要创新教学方法，在课堂教学中嵌入职业能力训练。多采用案例教学法，把会计实践问题引入会计教学过程，使学生的学习内容同会计实践工作相结合，提高学生的信息分析能力和解决问题的能力。例如，将

CIMA 商业精英国际挑战赛模式引入课程实训环节，将挑战赛案例分发给学生，教师提出需要解决的问题，要求学生开展小组讨论，自主查找相关文献资料，最终提交案例分析报告并在课堂上发表。还应鼓励不同小组相互进行点评，引导学生多维度、多视角分析和解决问题的思维。同时，改变以考试为主的片面评价方式，会计职业人员需要的职业能力是综合性的，传统的考试评价方式使学生只重视专业知识的学习，而忽视了职业能力中职业技能、职业道德这两方面的学习。

4. 培养学生职业道德胜任能力

虽然我校在基础课程“会计学原理”中就专门设置了职业道德章节，后续也开展了相关的教学活动，但收获甚微，学生仅仅停留在对职业道德基本原则的认知阶段，并不具备对职业道德威胁和冲突成因的分析能力，更不具备处理职业道德威胁和冲突的能力。学校可以结合 CIMA 职业道德威胁和挑战的案例，采用职业道德讨论、角色扮演、分组学习、演讲等多种教学方式，激发学生参与的积极性，提高会计职业道德教育的效果。

主要参考文献

[1] 刘黄莉、杨丹：《会计师胜任能力结构及其培养——基于国际会计教育准则的探索》，载于《会计研究》2014 年第 5 期。

[2] 孟焰、李玲：《市场定位下的会计学专业本科课程体系改革——基于我国高校的实践调查证据》，载于《会计研究》2007 年第 3 期。

[3] 王辉：《会计职业能力与“嵌入式”教学模式研究》，载于《财会通讯》2010 年第 10 期。

[4] 杨政、尹俊明、宋雅琴：《会计人才能力需求与本科会计教育改革：利益相关者的调查分析》，载于《会计研究》2012 年第 1 期。

关于应用型本科会计学专业教育教学改革的思考

林建雄

在当前市场经济环境下，会计人员已经由过去的核算型会计发展到集核算、财务管理、内部控制和参与战略决策于一身的管理型会计。同时，随着区域经济建设的快速发展，急需大批接受高等教育的高素质会计人才作支撑。作为应用型本科院校会计专业，应当根据用人单位需求的变化与自身的办学条件，有针对性地进行专业教育教学改革，才能为社会培养具有过硬专业素质和综合职业能力的管理型会计人才。

一、会计学科专业建设存在的问题

经过近些年的发展，应用型本科院校的学科专业建设取得了一定的成绩，但还存在以下几个方面的问题。

第一，学科专业内涵建设方面。学科专业还存在人才培养目标、课程体系、教学内容和教学方式的前瞻性和创新性不强，特色不明显，与其他学科专业间关联性不够强等问题。

第二，师资队伍建设方面。学校的高水平师资不足，学科专业带头人培养明显滞后，教学团队建设薄弱。特别是学科领军人物和拔尖人才仍然十分缺乏，一批有影响力的创新团队和学术骨干还未形成，教学科研经验有限。

第三，科学研究水平方面。受学科专业结构的影响，学校的科研经费投入不足，同时，高层次科研项目和高水平科研成果偏少，国家级层面的科研成果还存在空白，跨学科的协同创新力度不够，与综合性本科高校会计专业相比仍有差距。

第四，服务海西和福建自贸区经济社会发展的能力方面。会计学科专业建设工作在服务地方经济区域产业结构调整、主导产业、战略性新型产业发展的需求上还有不小距离。教师的实践能力和服务地方的实力还有较大差距，还不能很好地适应经济社会发展的新要求，高素质、强能力、创新型教师队伍建设任务艰巨。

二、会计学科专业建设的总体规划

1. 指导思想

以科学发展观为指导，以学科专业建设为龙头，紧紧围绕“建设有特色高水平应用型本科高校的发展目标”的办学定位，坚持“质量优先、内涵发展”的战略主题，以培养“复合性、创新性、应用型人才”为目标，秉承“育人为本、理论为基、应用为重、创新为先”的教育教学理念，立足于学校的办学传统、办学优势和办学定位，明确学科专业特色，构建主动适应区域经济发展需要的人才培养体系。强化专业建设，优化课程体系，推动课程教学范式的根本性转变，深化课堂教学和实践教学改革，优化教学资源配置，把知识传授、能力培养和素质提升贯穿于人才培养的全过程。让每一位学生都拥有强烈的社会责任感、扎实的专业知识、良好的综合素质和终身学习的能力，增强学生的学业成就感和对专业的教育满意度，提高会计学科的综合实力和学生的就业竞争力。

2. 基本原则

一是巩固完善与改革创新、整体优化相结合。在现有本科专业人才培养方案基础上，以学生的成长与培养为核心，立足教学过程全局，充分考虑课程前后衔接的逻辑性，对教学模块进行有机配置、有效组合和合理排序。支持、鼓励学科交叉融合，避免知识传授过程中的重复；加大课程改革与整合的力度，归并、重组部分内容重叠、分散设置的课程。通过学分和课程设置的调整，实现知识结构和课程体系的整体优化。

二是通识教育与专业特色相结合。注重学生素质与能力的全面发展，进一步完善“通识教育 + 专业教育”的人才培养体系，培养融会贯通、知识广博的人才。原则上按照先通识基础教育、后专业基础教育，先专业基础教育、后专业方向教育的原则安排学习进程，确立知识传递、融通应用、拓展创新的梯度教学范式。

三是理论教学与实践教学相结合。四年一贯全程设计实践教学，强化实践教学平台，优化实践教学内容，改革实践教学方法，构建基础技能、专业技能、综合实验实训和创新能力四个层面的实践教学体系，综合理论课程、技能课程和能力拓展课程，建立理论与实践紧密结合的一体化课程体系。

四是专业定位与培养目标相结合。认真分析专业内涵，科学论证专业的优势、不足、特色及核心竞争力，确保专业建设工作、人才培养质量与专业的定位、发展方向及人才培养目标相符合。

五是培养目标与市场需求相结合。以综合能力和素质培养为主导，细化各专业培养人才的能力分析。课程设置和课程内容的选择与安排必须考虑社会的现实需要和学生的成长规律，把课程目标定位在学生综合能力和素质的培养上，把教学内容对应到学生将来的职业领域与社会生活上，强化学生的自主性、探究性学习，提高学生发现问题、分析问题、解决问题的能力。

六是国际化发展与本土化实际相结合。学习国际先进的教育理念、教育方法和教学管理经验，引进国际优质教育资源，提高课程和教材的国际化程度，同时要结合专业的特色和发展方向，进行调整、补充、完善和创新，培养具有国际视野、开放思维、跨文化交流和思考能力，熟练掌握外语，通晓相关专业实务的国际规则与惯例，具有较强国际竞争力的人才。

3. 发展目标

“十三五”期间，在维持相对稳定的前提下，继续调整、优化学科专业结构，全面提高办学水平，办出有特色的会计专业。总体目标：建设一支在省内有重要影响的高水平会计学科研究与创新团队，构建以切实服务区域经济和社会发展为重点，面向区域发展、省内一流的财务与会计技术和服务创新平台。发展和完善协同创新体制和管理运行机制，致力解决区域经济社会可持续发展对会计人才培养与会计创新服务等的需求。本学科建设坚持以财务会计理论教学为基础，突出会计职业能力培养，力争经过 4 ~ 8 年的努力，将会计学办成基础扎实、特色突出、结构合理、优势明显的学科。

学科带头人及主要学术骨干培养方面，拟吸引和聚集国内外优秀人才，创建以国家杰出青年、国家级百千万人才、闽江学者等学术领军人物为核心的科技创新团队，培养一批拔尖创新人才。建立人才柔性流动机制，以破解高层次人才引进难题，积极探索“不求所有，但求所用；不求所在，但求所为”的用人新思路。以论坛讲座、公选课、职业拓展课的形式，邀请高水平专家教授来校讲学，打破高层次人才建设“瓶颈”，增添亮点。会计学院 2016 ~ 2020

年，新增教授3～5人，推荐教师国内外访学6～10人，培养中青年人才攻读博士学位或进行博士后研究工作4～6人。

基地、平台和团队建设方面，会计学科将运用协同创新的科研团队建设理念，协同国内相关领域的优秀学者、专家，整合校内外优质的人力、物力及项目资源，整合现有三个财会方向的科研所，力争办好省级财务与会计研究中心。积极开展科研合作，汇聚多方创新力量，密切跟踪学科前沿问题研究，围绕会计学科确立的三大研究方向，培养一流学术带头人和中青年学术骨干，形成公司理财与企业会计、公共财务与政府会计、内部控制与审计监督三个高水平学术团队。

教学与人才培养方面，深化教学改革，提高教学质量。根据“宽口径、厚基础、精专业、强能力、以就业为导向”的培养模式，不断修订完善会计学科人才培养计划，调整和合理分配使用学分，减少必修课，扩大选修课，增加案例教学和实践教学，实施公共选修课的改革方案，邀请国内外专家和学者以专题讲座的形式开设公选课。运用系统管理理论对招生生源、师资培养、授课计划、实验室与实训基地建设等进行全过程的全面质量管理。要求教师在教学过程中注意基础知识和前沿知识的结合、理论和实际的结合，充分利用多媒体教学设施与实验室进行案例教学，组织好实验室与实训基地的实习。在教学过程中注意定量分析方法与定性分析方法的结合，着重培养学生逻辑思维与综合思维的能力。

学科研究方面，借鉴其他相关管理学、经济学、法学、信息技术等学科的成果和方法，力争在学科理论体系、研究方式方法、成果形式等方面有新的开拓性进展。利用财务与会计协同创新等基地多学科交叉的优势，做大做强会计学科，不断提高学术水平，扩大在国内该学科领域的影响力。

三、构建符合管理型会计人才培养需求的课程体系

全面落实学校推动学科建设的各项措施，在本学科层面，以经费投入的良好保障、科学完善的学科建设制度规范体系、符合学科发展规律的激励创新的体制机制为基础，通过以下具体建设措施，实现规划目标。

一个专业之所以能够成为一个专业，是因为它具有特殊的知识系统，即知识的结构、内容、方法、组织以及理论的历史发展有它自身的独到之处，否

则，它就不能作为一门学科独立存在。课程是知识的载体，课程改革是专业教育教学改革的关键，由于各高等院校会计专业的办学条件不同，在会计专业课程设置上也存在差异，但课程设置应在以下三个方面取得平衡。

1. 职业道德课程

管理型会计人才更需要具备正确的会计职业道德和良好的思想道德品质。坚持以人为本在教育工作中的最集中体现就是育人为本、德育为先。在外部监督力量弱化的环境下，通过强化未来会计人员的自律教育，如开设职业道德案例课程、志愿服务、主题社会实践，为提高未来管理型会计人才的职业道德素养做好保障。

2. 专业知识课程

广博的专业知识和坚实的专业技能是管理型会计人才应具备的基础条件。大学的使命是人才培养、科学研究、社会服务和文化传承，在会计专业教育教学过程中，应根据学生的个性需求，强化其基本理论教育以扩大专业知识面；加强实验、实训、实习教学方法的改进，增加学生接触专业实践的机会，提高实践动手能力；加强会计从业资格、会计技术资格、会计执业资格与专业课程的衔接，提高就业与发展能力。

3. 管理能力课程

现代企业的生产经营活动，要求管理型会计人员具备以下综合职业能力：第一，职业的适应与转岗能力，从基层做起，建立扎实的基层工作经验，具备岗位转换能力，能够把握全局，形成管理策略能力；第二，沟通与协调能力，会计人员需要经常与内外部各单位保持沟通与协调，为本部门和单位创造良好的发展环境；第三，职业判断能力，管理型会计人才要依据会计准则、财经法规与职业道德，结合单位的具体情况，选择合理合法的会计政策和会计处理方法，提高会计信息质量；第四，财务管理能力，管理型会计人才需要有预算编制与执行、成本控制、纳税筹划、市场预测、筹资决策、投资决策等方面的专业能力，提高企业的竞争力。

四、本科会计专业教育教学改革的基本思路——构建管理型会计人才培养模式

不同的人才需要不同的能力结构，不同的能力结构需要不同的课程培养，

构建科学合理的人才培养模式，才能培养出符合需要的会计专业人才。

1. 突出特色，优化学科专业结构，增强核心竞争力

（1）整合资源力量，不断完善学科课程体系。根据国家“十三五”期间产业发展和复合性创新性应用型人才培育的需要，结合学校中长期发展目标，以优势和特色学科建设为引领，重构学科课程设置体系，整合、深化已有教学改革成果，重视对学生应用能力、创新能力和创业能力等综合能力的培养。并逐步将CICPA和国际著名职业证书CIMA课程对接，融入课程体系建设，突出应用型人才培养特色。强化专业课程内部和其他基础课程之间的学科关联，实现交叉融合，相互促进。

（2）加强学科体系建设，不断增强会计学科专业核心竞争力。进一步明确会计学科专业的发展定位和主攻方向。全面提升重点学科的质量和建设水平，真正发挥重点学科在人才培养、科学研究、社会服务、知识创新等方面的辐射、带动和影响作用。坚持分类指导、长短结合、错位竞争的方针，加强对全国同类学科专业和相关产业的分析比较，有针对性地出台支持各层次、各类型学科专业可持续发展的有效措施，提升学科专业和层次，进一步提高本科会计专业办学水平质量。

2. 强化学科建设的特色优势，主动融入区域建设大局

（1）转变思想观念，增强科研意识。强化科研工作对于本科教育、“科教兴国”重要性的认识，增强对科研工作的紧迫感和使命感。完善以创新和质量为导向的科研评价机制，强化科研考核工作，尽快转变教师的科研观念，树立本科院校的科研意识，适应本科院校的科研任务要求。坚持科研兴教、研教结合、以研促教，通过科研带动，不断提高教师的业务素质和教学质量，促进教师教学新的增长点和本科教学特色的形成，实现科研水平和教学质量的相互促进，同步提高。

（2）协同创新，利用研究平台提升科研创新能力。整合校内外优质资源，开展科研合作，汇聚多方创新力量，密切跟踪学科前沿问题研究，培养一流学术带头人和中青年学术骨干，形成高水平学术团队。深化与国内外相关专业研究机构之间的研究合作，积极开展咨询研究、对策研究、科普研究等工作，不断提升科研创新能力和服务经济社会发展的能力。

充分发挥长期以来与政府部门、行业主管部门和实务界形成的密切合作关系，围绕福建省政府的系列财务与会计改革工作重心展开研究工作，以“服务区域经济、服务学科建设、服务人才培养”为宗旨，以“实践、实证、实用”为建设思路，以高质量的应用型科研教学为支撑，以制度建设为保证，建立高效、灵活的高层次人才引进和培养机制。汇聚学风严谨、富有创新精神的学术骨干，立足区域，面向全国，将本学科建设成为在全国具有较大影响力的有特色的学术研究中心、产学研培训中心、决策服务与信息咨询中心，为区域经济的发展提供智力与人才支持，并在学科建设、队伍建设、科学研究等方面取得一批标志性成果。

3. 深化教学质量与教学改革工程建设，培养复合性、创新性、应用型人才

（1）调整培养方案，优化人才培养结构。构建适应复合性创新性应用型人才培养的新模式，注重培养大学生的创新精神与理论应用能力。扎实做好教学模式改革，充分培养学生的实践能力、复合能力和创新能力。优化人才培养方案，重点抓好人才培养过程中的课程体系、教学内容、教学方法等关键要素的改革与创新。

（2）积极探索复合性创新性应用型人才培养模式改革。立足教学过程中的课程体系、教学内容、教学方法、教学管理体制机制等现实而又关键的问题，选择具有基础性、全局性、引导性的项目开展研究，不断吸收优秀教改成果进入培养方案。实施“创业与创新人才培养”计划、“卓越人才”计划等，支持优势专业、特色专业开展专业建设综合改革试点。完善学分制，大力推行大学生导师制。出台鼓励认证教育的有效措施，提高在校生参加各种职业认证考试的通过率。发挥“第二课堂”的育人作用，鼓励在校生参加科研创新活动和学科专业竞赛，加强创业教育。

（3）优化教学内容，以学生为中心，深化教学方法、手段和组织形式改革。加强基础课程建设，优化课程结构，整合课程内容，开发适应社会不同需求和学生学习需求的课程教学模块和实践（实验、实训）课程组群，不断提高学生的创新能力和综合能力。引入灵活多样的教学方法，同时进一步转变会计教学观念，改变传统的“填鸭式”“满堂灌”的教学模式，从以教师为中心、以课堂为中心转变为以学生为中心。提倡开展互动式、启发式、案例式教学和慕课与翻转课堂方式，增强师生双向型交互交流，提高教学效率和效果。此外，教师还可根据课程特点，适当布置一些综合性作业。通过学生课下的充分准备，独立完成并进行课堂演讲、研讨及教师点评，以调动学生学习的积极性和主动性。鼓励开设反映学科前沿性成果的新课程，提高公共选修课程的质量和数量。积极开发和建设一批学生受益面广、影响大和效益高的网络课程。重点开发和建设一批学生受益面广的公共基础课和专业基础课。促进传统基础学科专业课程的“嫁接”改造，使新兴、应用学科专业的人才培养成为亮点。完善多样化的培养机制，为学生提供跨专业选修、主辅修、双专业、双学位等教育形式。

（4）完善教学质量保障和监控体系。重点抓好各个教学环节、各专业的质量标准和合作专业教学工作水平评估方法改革。加强人才需求预测与毕业生后续发展的跟踪，建立人才培养结构与社会需求相适应的动态调控机制，使学校的人才培养目标、专业与课程设置、招生规模确定与人才市场需求相一致。继续加强教学规范建设与教学管理，完善督导评教、学生评教和同行互评为主要形式的教学质量评价机制，提高教学质量评价的科学性和公正性。强化实践教学环节，高标准建设公共基础课实验教学平台和校企合作实践教学基地，提高教师实践教学水平。

4. 实施人才强校工程，建设富有创新精神和实践能力的师资队伍

（1）加强师德建设，提高教师职业道德水平。深入开展科学发展观的学习讨论活动，引导教师树立正确的发展观、教育观、质量观和人才观，树立“以德立身，以德立业”的思想意识，做学生健康成长的引路人。积极开展“三育人”优秀教师评选活动，大力宣传师德建设先进典型，弘扬和倡导爱岗敬业、为人师表、教书育人的师德师风，不断提高教师职业道德水平。建立师德建设与业绩考核挂钩机制，在职称评审和教师教育教学实绩考核中，坚持实行师德考核“一票否决制”。

（2）完善教师培养措施，提升教师业务素质和理论水平。加大教师队伍的学历培养力度，鼓励和支持本科学历教师攻读硕士、博士，努力提升教师的学历层次，鼓励教师参加各类进修和学术交流，支持教师获得各级各类学术称号。不断完善教学、科研考核制度，通过建立行之有效的管理机制，帮助教师提高教学科研水平。重视和加强“双师型”教师培养，鼓励教师积极拓展专业知识范围，努力取得与本专业实际工作相关的专业技术职称或者从业资格，并有计划地选送教师到行业机关和企业挂职锻炼，不断提高实践教学能力。支持和鼓励教师与校外教师合作培养研究生，促进教师提高教学和科学研究水平。加大“青年教师培养工程”和“教学名师工程”实施力度，努力培养一批优秀青年骨干教师和在省内外有一定影响的教学名师。

（3）加大引进力度，优化师资队伍的整体结构。根据学科建设的需要，制定优惠政策，采取有效的措施，大力引进学科带头人。引进专业理论功底扎实、科研能力强的教授和博士，充实教学科研第一线。重视各学科专业教师团队建设，优化教师团队的学历、职称和年龄结构。设立学科带头人和特聘教师岗位，通过岗位导向作用，促进各学科专业教师团队结构的调整和优化，使之符合并满足学科专业建设的需要。同时，按照“相对稳定、合理流动、专兼结合、资源共享”的原则，吸引国内外知名学者、专家到学校兼职，聘请企事业单位和部门实践经验丰富的技术人员，参与学术指导和教学科研工作，开展课题研究合作，拓宽人力资源共享渠道，进一步优化师资队伍的整体结构。

（4）健全教师管理制度，建立有利于吸引和留住人才的管理机制。强化教师管理竞争机制，破除职称聘任终身制，建立“按需设岗、公开考核、平等竞争、择优聘任”的教师职务聘任制度和“以岗定薪、按劳取酬、优劳优酬”的分配制度。健全教师考核制度，坚持把教学、科研、实践能力三者作为衡量教师素质和水平的重要尺度。制定和完善教师教学工作奖励办法、科研工作奖励办法，组织开展各类教学和科研评比活动，对教学科研工作突出的教师给予相应的精神和物质奖励，激发教师的工作热情。不断提高教师地位待遇，建立有利于吸引和留住人才的管理机制，为高层次人才搭建事业平台，提供展示才华的机会，真正做到制度留人、事业留人、待遇留人、感情留人。

5. 加强实验室和实践基地建设，健全支撑保障体系

以会计相关岗位工作过程为基础，以真实的职业环境和业务为载体，按出纳、会计核算等工作岗位进行工作任务分析，开展项目教学；在授课过程中融入职业资格证书考试的内容，整体上实现理论与实践教学一体化，在学生培养过程中融入模拟实训、顶岗实习，实现工学交替。除现有常见的会计操作实验室、会计信息化实验室外，增建集教学、实验、仿真实习、岗位操作等功能为一体的会计实验室、审计实验室、会计信息管理实验室、沙盘推演实验室等，并与多家单位合作开发特色应用软件。深化实训基地及各中小型企业的紧密合作，包括合作开发教材、合作建设课程、共建校内外实习实训基地、互派教师共同承担教学及培训任务、提供顶岗实习和就业岗位等。

（1）调整优化实验室结构和布局，加强实验场地和实验员队伍建设。根据教学单位分布情况，结合各专业基础课的特点和学科性质，调整和优化实验室结构与布局，重视实验员队伍建设，从实验室结构和布局情况出发，按照教学需要配备专职实验人员。

（2）建立科学规范的实验室管理体制。根据实验室的不同功能和类别，建立和完善专业实验室的管理体制。明确实验室各管理部门的职能与职责，形成机制合理、管理科学的运行模式，成立实验室工作委员会，负责指导专业实验室的建设、管理和资源调配。完善实验室及仪器设备管理、日常运行管理等各项规章制度，明确岗位工作职责和实验教学的运行要求，依章办事和管理，促进实验室工作全面走上制度化、规范化的轨道。

（3）深化实验教学改革，推动实验教学示范中心和重点实验室建设。按照专业培养目标要求，优化实验课程结构和教学内容，编写符合本科素质教育和学科发展要求的实验教材，建立相对独立的实验教学课程体系。改革实验内容，改进实验教学手段，开发使用计算机辅助教学实验软件，促进项目更新。在推广运用虚拟、仿真实验技术手段的同时，促进虚拟、仿真实验与实际实验的结合，不断提升实验室功能，建成若干所开放性实验室以及具有较强优势的专业实验室。

（4）建立开放运行的实验室机制，发挥教学、科研和社会服务功能。根据不同层次学生的要求，加大实验室开放范围，延长实验室开放时间，丰富开放内容，定期向师生公布实验运行能力（包括主要仪器设备、数量、可开设实验项目等）。制定和完善实验室开放管理办法，保证实验室开放的顺利实施，为满足学生的技能训练、实现素质教育目标发挥实验室应有的作用。在完成教学、科研任务的同时，最大限度地对社会开放实验室，特别是开放优势重点学科、特色学科实验室，积极为教学实践服务，为科研和社会服务，努力提高投资效益，提高服务水平。

6. 不断创新体制机制，推动学科专业建设高效有序运行

（1）改革学科专业运行管理体制。按照责权利相统一的管理运行机制的要求，推行学科专业建设责任制和目标管理。深化校、院二级管理体制改革，探索教授治学的有效途径，充分发挥教授在学科专业建设中的作用。建立与完善学校、各二级学院学术委员会和教学工作委员会的学科建设、教学建设，同时在建设过程中发挥评议、评审、决策咨询和监督作用。

（2）创新学科专业建设的新体制、新机制。坚持以面向产业与就业为主的办学导向，建立并健全学科专业建设与经济产业发展需要之间的动态关联机制。深化教育交流合作，推动校企合作在学科专业、学术、教师等方面的交流合作和共建共享。积极探索内部管理机制，不断吸引企业、社团、个人参与办学，壮大办学资源，提高办学效益。

（3）弘扬大学精神，营造有利于学科专业持续发展的氛围和文化。大力弘扬育人为本、崇尚学术、开放兼容、追求卓越的大学精神，倡导学术自由、百家争鸣，鼓励科技创新和团队合作，营造崇尚创新、探求真知的学术环境和宽松和谐的文化氛围，进一步规范学术道德，大力加强教风、学风建设，促进学科专业形成人际和谐、代代相承、人才辈出、成果丰硕的良好局面。

7. 落实保障措施，狠抓规划实施

（1）加强组织领导与经费保障。加强学校对学科专业建设工作的统一领导，按照规划的部署和要求，分解目标任务，明确责任分工，共同抓好贯彻落实。设立专项经费，用于人才引进与培训、学科专业整合和平台建设等。按照统一规划、分步实施、专款专用的原则，确保资金足额到位，力争完成规划目标。对重点建设学科、专业，根据财力情况逐步加大投入；对新办学科专业，侧重在图书资料、实验室建设、师资培养等方面加大投入；对规划待建学科专业，预留启动经费，保障专业建设顺利开展。同时积极争取中央财政支持高校发展项目专款经费和校企合作资金用于加强学科专业建设。

（2）加强绩效考核。建立有利于分类指导、简便有效、可操作性强的考核评价体系和重实效、重贡献的绩效评价机制。把贯彻落实院校规划目标作为考核评价各级领导班子和领导干部的综合素质、领导水平和能力的重要依据。在绩效考评中，鼓励优质资源向优秀人才、关键岗位倾斜，建立有利于学科专业平台和优秀团队建设的激励机制，发挥绩效评价的激励导向作用，增强评价的导向性和权威性，保证学科专业建设实现学校的战略意图。

总之，会计高等教育需要立足行业发展的长远目标，整合会计教育、会计研究和会计实践环节，培养学识精通的专业人才。“宽口径、厚基础、精专业、强能力、以就业为导向”，不断修订完善会计学科人才培养计划，调整和合理分配学分，减少必修课，扩大选修课，增加案例教学和实践教学，实施公共选修课的改革方案，邀请国内外专家和学者以专题讲座的形式开设公选课。运用系统管理理论对招生生源、师资培养、授课计划、实验室与实训基地建设等进行全过程的全面质量管理。要求教师在教学过程中注意基础知识和前沿知识的结合，理论和实际的结合，充分利用多媒体教学设施与实验室进行案例教学，组织好实验室与实训基地的管理。在教学过程中注意定量分析方法与定性分析方法的结合，着重培养学生逻辑思维与综合思维的能力。整合专业教学文件、专业教学资料、试题库、教学档案等资源，引进国内外相关行业资源，增加信息深度和广度，建成一个有行业企业共同参与、设计科学规范、使用方便快捷的专业教学资源库，通过建立配套的专业信息门户网站，实现与相关院校优质教学资源的共享，发挥辐射带动作用，以深化教学改革，不断提高会计学科教学质量。

主要参考文献

[1] 高国琴：《应用型本科会计人才能力探析——基于会计职业特征视角》，载于《财会通讯·综合》2012 年第 9 期。

[2] 高巍、牛胜芹、崔仙玉：《会计学专业基于就业需求培养模式的实证分析》，载于《哈尔滨金融学院学报》2011 年第 6 期。

[3] 邵军：《谈改革本科会计教育的课程设置与教学方法》，载于《财会月刊·综合》2008 年第 8 期。

[4] 孙铮：《会计高等教育的改革趋势与路径》，载于《会计研究》2014 年第 11 期。

基于产业链嵌入、协同、开放、创新的审计人才培养模式探讨

严　涌

一、背景

当前，我国进入通过产业结构深度调整、产业转型升级以促进经济发展的新阶段。为了适应我国经济社会对应用型、复合型、创新型人才的培养需求，国家层面2015年先后发布《国务院办公厅关于深化高等学校创新创业教育改革的实施意见》（以下简称《实施意见》）《关于引导部分地方普通本科高校向应用型转变的指导意见》以下简称《指导意见》两份重要文件。《实施意见》要求深化高校创新创业教育改革，突破人才培养薄弱环节，增强学生的创新精神、创业意识和创新创业能力；《指导意见》提出推动地方普通本科高校向应用型本科转变，培养应用型技术技能人才，增强学生就业创业能力，提高高校服务区域经济社会发展和创新驱动发展的能力。审计是社会经济组织结构中一项重要的制度安排，以其特有的功能服务于经济发展和社会进步。在地方普通本科高校向应用型本科转变的大背景下，如何将审计学科专业建设转向服务产业发展，对接产业链人才需求，汇集整合各种教育教学资源，建设人才培养专业群并统筹管理，提高高等学校学科专业服务产业转型和学生创新创业能力，亟须探索提升人才培养能力的新路径。

二、学科群对接产业集群嵌入机理

产业集群已成为我国经济发展中的普遍现象，并成为我国区域经济成长的强大动力。学科集群就是为促进产业集群竞争力提升、满足服务产业集群技术创新活动和人才培养的需要，依据所服务的产业集群性质和需要，某些相关的

或不相关的学科聚合成的一个群体。产业集群的持久活力和竞争力在于集群的创新能力，高校参与的技术创新活动补充和完善了产业集群技术创新链。高校通过技术创新链上活动的参与和协作，把科研服务（技术设备创新、市场和服务创新等）通过对接组织载体嵌入产业链研发活动中，利用产业集群作为实践基地，实现人才培养规格的调整，实现学科集群与产业集群的对接。企业、高校在产业链、技术创新链、学科链各环节上的融合与协作创新如图1所示。

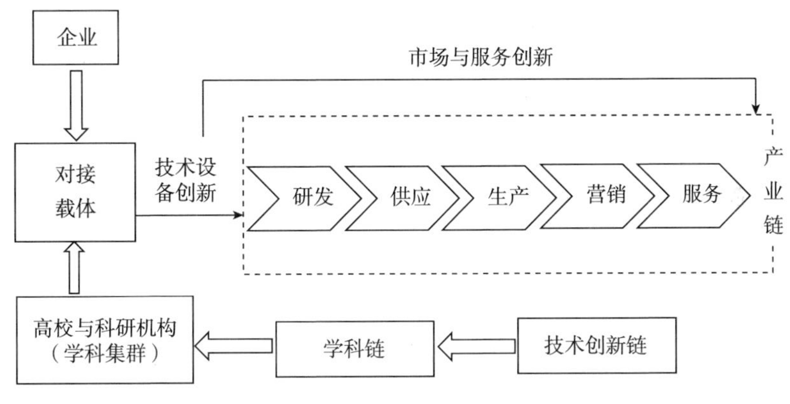

图1　学科集群对接产业集群的嵌入机理

高校对产业集群的服务是以技术创新服务、人才培养为主要形式体现的，高校通过课程群的设置，为产业集群培养所需的人才；同时，产业集群企业为高校提供人才培养的相关实践场所并为学生实践活动提供便利。审计服务属于现代服务业，产业链各环节需要审计提供监督、鉴证、评价服务，审计服务嵌入产业链，为产业集群服务，需以“专业嵌入产业链，产业哺育专业群”为思路，构建适应现代产业链及上下相关产业发展需要，创新本科审计专业人才培养模式。

三、嵌入产业链的审计人才培养理念创新

创新培养理念，是构建嵌入产业链的本科审计人才培养模式的前提与切入点。创新培养理念要将以知识点传授为主的供应式教育理念向适应职业岗位需求为主的需求式教育理念转化，实现“三个提升”：提升审计学科专业与产业发展契合度，服务于区域经济社会发展及产业转型升级，匹配产业链各环节对

审计技术技能人才的需求；提升人才培养与产业结构匹配度，强化内涵式建设，优化审计职业教育结构，改革人才培养模式，建立需求导向的学科专业结构和创业就业导向的人才培养机制，提高人才培养质量；提升学生的创新意识、创业精神和创业能力，提高学生应用能力、创新意识、创新思维和创业能力，就业后对产业链中经济监督、鉴证、评价相关的审计问题具有较强解决能力。成为能嵌入产业链的“应用型、复合型、创新型”本科审计技术技能人才。

四、嵌入产业链的审计人才培养模式实施路径

本科审计人才培养模式创新，需要将传统的本科审计专业人才培养模式，改造成嵌入产业链的融学历教育与职业教育于一体的审计人才培养模式，对培养目标、课程体系设置、实践教学、教学团队等方面进行与之相对应的系统性改革并付诸实施。

1. 调整审计本科教育培养目标

审计本科培养目标有四个层次，首先，从本科生培养层次明确审计本科学生培养的总体要求。例如“德智体全面发展的、服务区域和行业发展需求的‘应用型、复合型、创新型’人才”。其次，从财经类本科学生培养层次明确审计本科学生培养要求，例如“具备经济学、管理学、法学等方面的知识”。再其次，从审计本科学生培养层面明确审计本科学生培养的要求。例如“具备从事审计职业的胜任能力”。最后，从审计本科学生具体的方向层次明确审计本科学生培养的要求。这一层次的培养要求最为关键，体现了差异化。这一层次，按照普通本科高校培养应用型人才的定位，围绕职业能力为核心目标，从审计岗位的实际需要出发，确定能力目标，围绕能力目标制订人才培养方案；同时结合人才需求的特征，让人才需求方参与到本科审计人才培养目标的确定过程中，降低审计人才需求与供给的不平衡，以缩小人才培养目标与社会职业能力需求的差距，并将社会需求体现在人才培养方案中。

2. 协同开放创新人才培养机制

探索审计人才“产学研政企”协同培养新机制，实现“人才培养优势互补、人才培养资源共享、人才培养能力同步”创新效应。协同创新人才培养模式的核心要求是以协同创新模式为纽带，通过探索适应不同需求、形式多样

的协同创新模式，促进校校、校所、校企、校地以及国际化的深度融合，积极推动与用人单位的协同创新，提升本科审计人才的创新能力和就业能力，探索与用人单位开展订单培养审计人才模式，实现校内审计教育资源与校外审计教育资源充分融合、全方位开放的育人机制。

3. 重构、优化课程体系

课程是教学内容的载体，影响培养目标的实现程度。依据宽口径、厚基础的原则，课程体系设置应做到通识课要通、专业基础课要厚、专业课要精且富有特色。课程结构上，基础课程与专业课程并重，理论课程与实践课程并重，适当将资格考试课程嵌入本科教学内容。

（1）厚基础、宽口径的学科基础课程。应用型本科教育是为学生搭建可塑性的知识框架，对学生掌握知识要求较高，强调以通识为基础的深厚专业理论基础、宽广的知识面和较强的创新应用能力。培养学生知识转化能力、职业行为能力、团队合作能力。

（2）审计专业主干课程与多元化应用融合，开展整合性学习。课程体系设置上要重点突出管理类课程和统筹兼顾不同审计业务类型。针对审计职能的多元性，适应政府审计、民间审计、内部审计、管理咨询的职业能力要求，明确审计专业主干课程，业务主干课程的设置应注意培养学生的审计方法、审计工具和基本思路，以扩大专业适应性，专业选修课和跨专业选修课程设置要顺应审计培养目标的转变，结合社会对内外部审计功能的需求。

（3）开设特色课程或方向。针对不同行业、不同审计业务的特征，找准定位，明确目标，有针对性地开设相关课程和专业方向，才能充分满足多元化的经济管理人才需求。审计学专业应依托本校教育资源在不同年级开设各有侧重的特色化课程。如工程管理专业涉及工程造价方向，许多专业课程可供审计专业学生选修，根据社会对工程审计的需求和学校条件，可在审计专业开设工程审计等课程，以提高毕业生的就业能力。

（4）教材和教学资源立体化。立体化就是以传统纸质教材为基础，多媒介、多层次、多形态、多用途的一整套教学解决方案。它与多媒体网络教学相适应，通过计算机及网络技术创新教学手段和教学环境，以期达到提高审计学教学质量的目的。将信息技术与审计学课程相整合，在学科教学过程中把信息技术、信息资源和审计专业课程内容有机结合。

4. 改进教学方法和考核方式

强化学科思维能力培养。从传授知识到训练学科思维习惯，在教学中强化对学生学科思维习惯的训练，开展启发式、讨论式、参与式教学，优化学生思维结构。在结合教学目标和规律的基础上，按照实际审计工作流程来设计和选用审计案例教学，以提高审计教学质量，培养具备较强实务操作能力的审计人才。

掌握不同学生的学习需求和规律，为学生自主学习提供更加丰富多样的教育资源。改革考试考核内容和方式，注重考查学生运用知识分析、解决问题的能力，探索非标准答案考试，破除“高分低能”积弊。

5. 强化实践教学

审计实践教学，一方面帮助学生更深入地掌握相关审计知识；另一方面引导学生熟悉并养成审计思维模式。实践能力培养，旨在培养学生的知识转化能力、职业行为能力和团队合作能力。

校内实践教学方面。首先，加强硬件建设。加强实验教学平台建设，开放资源促进共享；加强专业实验室建设，促进实验教学平台开放共享。其次，完善实训体系。实现递进式实验教学体系，即实现实训、实验、实习的三位一体，呈现课程实验、专业模拟综合实验、跨学科综合实验三个层次。最后，建设院系间实验的协同教学，实验项目为导向的跨课程、跨学院的综合性实验教学体系。

校外实践教学方面。学校和企事业单位、科研院所及政府有关部门共同建设教学实践基地，并由校企双方领导担任实践基地负责人。基地的基础设施利用企业现有工作场所，日常运转经费主要由企业提供，教育主管部门、行业主管部门提供专项经费补助支持，企事业单位可以提供赞助支持。校企合作共同建设校外实践教育的课程体系和教学内容，共同组织实施校外实践教育的培养过程，共同评价校外实践教育的质量。实践基地应以人才培养为目标，根据实际情况探索建立可持续发展的管理模式和运行机制，建立有关校外实践教育的教学运行、学生管理和安全保障等规章制度。

6. 教学团队建设

“引进来教”和“走出去学”，建设技能型、“双师型”教学团队。鼓励相关教师参加审计领域的专业技术资格考试和执业资格考试，成为既具备理论知识又具备社会实践所需专业技能的“双师型”人才。同时，有计划地安排具有双师资格的教师接受企事业单位的实践锻炼，提高其实践教学能力，学校对从事实践教学的教师给予薪酬、职称评定、业绩考核等方面的支持。并积极拓宽审计教师的入口，调整教师结构，从企事业单位中选拔业务能力强、理论素养高、实践经验丰富的人员经过培训后担任项目指导教师，充实师资队伍。

主要参考文献

［1］蔡则祥、张维：《高校通识教育的演变与课程改革创新——以南京审计学院实施“通识教育”人才培养方案为例》，载于《南京审计学院学报》2010 年第 3 期。

［2］唐菊：《应用型本科审计学专业三维渗透式人才培养模式改革探析》，载于《财会学习》2018 年第 21 期。

［3］赵丽洲、李平、孙铁：《学科集群对接产业集群的嵌入机理及策略——基于学科链嵌入产业链的视角》，载于《现代教育管理》2014 年第 12 期。

“以学生为中心”的课程范式改革探究

——以会计课程教学为例

詹二妹

一、引言

我国高等教育长期采用以书本知识传授为核心、以教师讲授为中心的传统课程范式。其教学基本特征可概括为：教师为中心、课本为中心、课堂为中心。传统课程范式中教师通常采用“一言堂”和灌输式的讲授方式，教师是教学活动的主体，重在“授人以鱼”；学习过程相对封闭、保守，学生以接受知识为主，师生交流大多是单向的，不利于学生自主学习能力、辨别思维和创新性能力的培养。“以学生为中心”的课程范式是卡尔·罗杰斯于1952年在“课程教学如何影响人的行为”的主题研讨会上提出的观点，为课程建设领域改革提供了新的视角。经过几十年的积累沉淀和不断整合，在西方教育领域得到广泛应用并于20世纪90年代在建构主义思潮的推动下引入我国。

“以学生为中心”的课程范式的基本特征可概括为：学生发展为中心、学生学习为中心、学习效果为中心。与传统课程范式相比有着本质区别，它是以“问题”为中心，在教师的整体把握和指导下，发挥“问题”对学习过程的指导作用，强调学生的主动参与，偏向“授人以渔”；让学生置身于具体的问题情境中，在探究情境中更深刻地掌握所学的知识，真正实现从“知识中心型”向“能力中心型”的教育模式转变，培养学生的创新性思维。

“以学生为中心”的教育理念已被普遍接受，然而，当前国内高校在“以学生为中心”的教学工作落实方面与国外还存有一定差距。课程范式改革已成为我国高等院校教育教学改革必须突破的“瓶颈”。如何结合高校自身发展、学科特点、专业要求及课程性质，积极开展“以学生为中心”的课程范式探索是我国高校教学改革的一项重要内容。

二、“以学生为中心”课程范式的基本框架

课程作为按照某种特定的理念对教学内容进行组织后的“知识体”，它是师生共同开展教学活动、构建学习共同体的载体，同时也是将教学理念转化为现实的核心纽带。“以学生为中心”课程范式的确立，为课程建设提供了新的视角和框架。

1. 基本观点

“以学生为中心”课程范式要求关注学生的现实生活和可能生活，并使课程成为沟通学生现实生活与可能生活的桥梁。其基本的课程理念体现在以下两个方面。

（1）本科教育应当致力于学生的创新思维能力和问题解决能力的培养。随着脑科学、学习科学的进步及信息革命带来的技术进步，记忆不再重要，问题解决能力和创造性等成为当代人才培养的基本要求。本科教育不是普通教育的自然延伸，而是一个专门领域。专业教学的核心是专业能力的培养，也就是把生手变成专家的教育进程。

（2）课程设计应当基于学生的发展需求。生活世界是课程内容确立的基本依据，而对于学生来说，生活世界包含着现实生活世界与可能生活世界。因此，“以学生为中心”的课程设计就是要满足学生完满生活的需要，通过专业能力、方法能力、社会能力的综合培养，让学生既能适应当下的生活，也能适应可能变迁的生活。

2. 教学设计

（1）课程教学目标设定。课程教学目标对课程教学具有导向作用。“以学生为中心”的课程建设要首先分析学生的发展需求，尤其是结合与学生职业相关的生活世界的能力需求分析，从而确定课程目标。对某一专业课程而言，所设定的教学目标应当明确而且具体地陈述学生应达到的学习效果。一般根据专业培养目标及课程教学大纲要求，通过课程的教学，应使学生在掌握基础知识的基础之上，学会相关分析、设计、计算方法，获得初步分析和解决实际问题的能力。

（2）课程内容重构。根据课程的核心模块及课程教学目标的要求，对规

定的教学内容进行重新优选和提炼，围绕课程教学目标，合理规划教学内容及进程安排。教学内容的选取要凸显“新、宽、少、精”的原则。“新”是要求教学内容要体现本专业的新方法、新理论和新技术成果；“宽”是要求教学目标、教学途径和教学适应面要宽阔，并以通识教育的观点整合教学内容；“少”则是内容精简；“精”是要求加强对学生创新意识和创新能力的培养。授课过程中教师恰当把握讲授深度，重点讲解该课程的要点和难点，突出重点、把握主线，实行精讲；结合先进的多媒体教学方式，丰富教学内容，并为学生提供与教学内容相对应的参考资料；介绍学科的前沿领域与最新研究进展，并及时把最新研究成果引入教学中。

（3）设计情境问题。学习情境是在实际的生活世界与可能的生活世界中，将学习要素进行优化组合，使其中的能力目标、素质目标和教学内容通过教学描述，构成主题学习单元。在具体设计过程中，要注重如何选择学习情境的载体、教学组织形式和教学方法等来具体分析学习情境。在此基础上，需要明确不同学习情境载体之间的关系，确定选择什么样的学习情境载体、如何表述和排列学习情境等，这些都关系到学习效果的达成。“问题”是学习的起点，也是选择知识的依据，以知识系统性为前提、以问题为基础，一切学习活动围绕“问题”来开展，为学生创设相应的问题情境。引导学生开展积极思考，使学生在解决实际问题的教学实践活动中，主动探究，创造性地解决问题。

（4）建立形式多样，以学生为主体、教师为主导的互动式教学模式。“以学生为中心”课程范式强调教师和学生的全面参与，不再将学生视为被动的知识接受者，而是更强调学生在课程实施过程中的主动性。建立形式多样的，以学生为主体、教师为主导的互动式教学模式，强化对于学生基本素质、基本能力、基本知识、基本技能的培养。在教学过程中对每节课做出详细具体的教学方案，主要内容包括明确教学目标、安排教学内容、制定教学程序和选择教学方法等，从这些方面引导学生采用最佳的学习方式。通过探究式、启发式、讨论式等教学方法，充分激发学生主动学习的兴趣，引导学生自由提问、探究和讨论问题。强化案例教学作用，通过案例的分析，使学生养成认真严谨的学习态度；通过对案例自讲和展示，提高学生的心理素质和表达能力。

（5）学生学业成绩的考核评价。考核评价方式通常在很大程度上影响着学生的学习态度与学习策略。以教学目标为依据，对学生学业成绩的考核评价应是多元化的，既包括考核评价形式的多元化，也包括考核评价内容与考核评价主体的多元化。以学生的发展需求为评价依据，将学生的自我评价、教师的过程评价以及社会、企业的评价有机整合起来。

三、以学生为中心的会计课程教学改革

会计是一项充满判断的挑战性工作，一方面，随着社会和经济的发展，会计环境日益复杂多变，不确定性交易和事项日益增多，需要会计人员做出选择和判断；另一方面，以原则为基础的会计准则涉及大量会计职业判断，如确定会计政策、运用会计估计等。因此，会计教学应摒弃以教师传授知识为主的模式，转向“教”与“学”并重，由告知结果转向过程训练，强化学生的自主学习能力，提升其职业判断能力和专业综合素养。而如何提高学生的职业判断能力，训练学生分析问题和解决问题的能力是摆在会计教育工作者面前的一个重要任务。传统的会计课堂侧重于灌输知识的“填鸭式”教学，注重会计方法和经济交易事项的处理，不注重培养学生的职业判断能力；注重交易或事项的会计处理，不注重交易或事项与财务报告的联系；注重数字和数据处理，不注重数字代表的经济现象和经济实质。因此，会计课堂教学必须“以学生为中心”，充分发挥学生的主观能动性，调动学生参与教学过程的热情和积极性，注重培养学生的思辨能力和判断能力。

1. 既要讲授怎么做，更要讲授为什么

“知道怎么做”和“知道为什么要这样做”是学习的两种不同境界。“以学生为中心”的教学范式要求，不但要教会学生怎么做，更要弄清楚为什么这样做。学生不但要清楚具体交易或事项的会计处理，更要理解这样做的原因和依据，理解数字背后的经济内涵和实质。例如，在固定资产计提折旧的教学过程中，不仅要介绍折旧的计算方法，更是要把折旧的本质、影响因素、折旧对资产计价和报表的影响等内容讲透，深入理解折旧所代表的经济现象和经济实质，使学生知其然且知其所以然才是教学应达到的境界。

2. 以问题为导向，积极开展互动式教学

学生是学习的主体，是课堂的参与者和合作伙伴，而不是被动的听受者。互动式教学是培养学生职业判断能力的重要途径，互动式教学要求教师不断提高自己的课堂驾驭能力，激发学生的学习兴趣和求知欲。教师课前可以先让学

生预习，提出问题然后带着问题去学习，让学生自己主动去探索知识，充分发挥学生的主动性、参与性和创造性。在课堂上，提问要适时、适度，既能面向全体同学，又能顾及不同层次学生的水平；对学生的评价既要积极肯定，又要能够指出不足和需改进之处；点评时，陈述清晰准确，措辞恰当，语速适度。例如，在固定资产列报与披露的教学中，教师可以用来提问、设计案例和情景素材的主题包括：表内列报和附注披露有什么区别？固定资产的哪些信息必须在表内列报？固定资产的哪些信息必须在附注中披露？固定资产的附注披露有什么作用？为什么说固定资产的表内列报必须结合附注披露才能反映固定资产的完整信息？持有待售的固定资产为什么需要单独列报和披露？等等。引导学生打破思维定式，从不同角度去思考问题、解决问题，培养学生的职业判断能力。

3. 注重培养学生运用财务会计概念框架进行系统思维的能力

财务会计概念框架是由一系列说明财务会计并为财务会计所应用的基本概念构成的理论体系，包括财务报告目标、会计信息质量特征、财务报表要素、要素的确认和计量、会计原则、会计假设及限制性因素等。财务会计概念框架能够说明和评价财务会计及财务报告的性质、功能和局限，能够评估现有会计准则、指导和发展未来会计准则。系统思维要求对事情全面思考，不只就事论事，要把结果、过程、影响因素、过程优化及对未来的影响等一系列因素作为一个整体进行综合考虑。财务会计概念框架是引导会计人员进行职业判断的最高层次的依据，联系财务会计概念框架组织教学能够使学生在更深层次上更全面地认知和理解会计，启发会计学专业学生进行系统思维。

4. 引入案例教学，培养和提高学生的职业判断能力

教师在教学过程中可以多引入案例教学，选取合适的教学素材，让学生通过案例背景资料的阅读、理解、分析和讨论，自己分析问题和解决问题，最后由教师进行评述和归纳总结。案例教学通过学生之间、师生之间的研讨，相互启发、教学相长，深刻理解教材内容，完成教学任务。引入案例教学，通过对具体问题的解析，可以促使学生将所学的会计理论知识应用于具体实践，有利于培养学生发现问题、分析问题和解决问题的能力，将理论知识运用于具体情境中，使学生能够举一反三、触类旁通。教师在运用案例教学的过程中应注意：精心选取案例素材；强调学生课外提前阅读和理解案例资料；安排学生分组讨论案例；留给学生课堂展示和汇报讨论结果的时间和机会；教师应对各组学生的发言进行点评、总结和补充，对案例讨论的成果进行总结。

5. 训练学生的批判性思维

批判性思维是学生职业判断能力的重要体现。在传统会计教学模式下，由于课堂信息量很大，讲课内容全面，导致很多学生只能被动接受，导致很多会计学专业毕业生走向工作岗位后创新力不足，思维过于死板，要改变这种局面，会计学教师应努力训练学生的批判性思维。在课堂教学中，教师可以通过引导学生逆向分析或在具体情景中让学生扮演不同的角色，激活学生思维，引发学生对问题进行批判性思考，培养学生的辩证思维能力。有经验的教师都很注意通过质疑问难、创设问题情境，让学生在这些问题面前自求自得，探索思悟。可采用提问法，直接将问题摆到学生面前；或用演示法，使学生因惊叹结果的微妙而去推论其原因所在等。

四、几点思考

“以学生为中心”既是一种教学范式，又是一种教学理念与教学价值观。对教师而言是转变教学观念、提升教学能力与专业素质、促进自身专业发展的有效途径；对于学生而言则是提高学习效率和分析能力，提升思维能力、创新能力和自主学习能力的重要策略。

1. 教师角色的重新定位

“以学生为中心”对教师最大的影响是教师角色的转变。传统教学中教师的角色是传授取向的，关注的是忠实地将课程大纲传授给学生的功能。而“以学生为中心”中的教师的角色是互动取向的，关注的是学生对课程大纲理解和思考的不同方式，帮助学生确定自己的学习需要，帮助学生保持顺畅的小组学习流程，帮助学生实现多层次、多角度的综合发展目标。这就对教师的知识结构、教学理念与能力等都提出了更高要求，它需要教师更多的技能和花费更多的时间与精力，要求教师具备很高的理论水平和实践能力。多数教师已经习惯传统的教学范式，一方面，教师要积极地转变自身角色，改进教学方法，有效地引导学生进行研究性学习；另一方面，管理部门要转变工作方式，加深对“以学生为中心”的理解并对进一步有效实施辅以一定的实质性激励措施，为更好地促进教师教学能力的发展和提高，提供制度保障和相应的条件支持。

2. 学生的认识和适应

“以学生为中心”的课程范式要求学生参与整个解决问题的过程。对学生而言，需要通过自身的主动学习广泛涉猎感兴趣的内容、消除薄弱知识环节。学生在学习过程中，需做到有的放矢，通过讨论加深对基本知识点的理解，在充分查阅相关文献的基础上积极参加讨论并提出自身见解，培养终身学习、合作学习、独立学习与自主发展的能力。长期接受传统模式教育的学生已习惯于被动接受而不是主动获取，多以通过考试为学习目的，学习存在惰性，因此对“以学生为中心”的教学的认识和适应也会有一个过程。

主要参考文献

[1] 胡万钟：《PBL 教学法、历史渊源及目前存在的局限》，载于《中国高等医学教育》2012 年第 8 期。

[2] 何玉润、李晓慧：《我国高校会计人才培养模式研究——基于美国十所高校会计学教育的实地调研》，载于《会计研究》2013 年第 4 期。

[3] 刘永泽、池国华：《中国会计教育改革 30 年评价：成就、问题与对策》，载于《会计研究》2009 年第 8 期。

[4] 谢合明、张小南：《基于提升会计职业判断能力的校地合作培养模式研究》，载于《学术探索》2012 年第 5 期。

[5] 许燕：《基于职业能力培养的基础会计教学方法的改进》，载于《山西财经大学学报》2013 年第 9 期。

对如何提升教学效果的几点思考

姜金花

良好的课堂效果是保障教学质量的重要前提，也是每一位教师不断追求的目标和理想。在实际课堂中，让老师们无奈和头疼的通常有低头族、手机党、睡觉族、旷课族等学生群体。因此，课堂效果好坏应该可以用学生课堂参与度以及学生对课堂内容的吸收程度来评价。

一线教师都知道，大学生听不听讲，很大程度上取决于老师上课是否能激发学生兴趣，能否吸引学生注意力。教师的学术水平、语言表达、人格魅力、教学方法、考评机制等多种因素，都会影响大学生的听课效果。作为教师，一味指责与埋怨学生不仅没有任何作用，而且可能会引发逆反心理。所谓有效的教育无法依靠强制，强扭的瓜不甜。对于如何提高课堂教学效果，提高学生的课堂参与度和内容吸收程度，笔者认为可以从以下几个方面努力。

一、做一个勤劳的老师

教学过程是一个创造的过程，课堂讲授是一种创造性和艺术性的活动，只有经过精心备课，做好充分的心理准备，讲课才能从容自如，顺理成章（刘李伟，1999）。所谓备课是教师根据学科课程标准的要求和本门课程的特点，结合学生的具体情况，选择最合适的表达方法和顺序，以保证学生有效学习。备好课是上好课的前提，对教师而言，备好课可以加强教学的计划性和针对性，有利于教师充分发挥主导作用。备课的内容主要包括备教材、备学生、备教法等。

1. 备教材

（1）立足于整个课程体系。备课应该一章一章地备，一本书、一本书地备，而不是孤立地一节节备，把这个课放到整本书里，整个章节中去备课，放到整门课的大体系中，打破原始的章节分布，使前后知识得到融会贯通，并进一步帮助学生在头脑中建立起这门课的知识体系。

（2）与学术前沿相联结。备课中要广泛阅读有关资料，经常阅读本专业学术刊物和最新学术著作，关注学术前沿动态，以善于接受新知识的开放态度，既能把课本以外的知识及时介绍给学生，也可以培养学生对新事物开放的思想观念。同时，积极收集补充教学教材，根据学时和教学环节的安排，将教学内容进行科学适当地组织和调整，确定每次讲课内容的分量、重点和难点，并动手写讲义或教学提纲，用自己的思路、自己的认识和自己的语言来对理论、概念进行阐述。讲义要体现教师的学术水平和思想水平。教师要有意识地将课堂教学与科研相结合，从而更有利于各种知识的融会贯通，更有利于把知识理解透、讲透。

（3）与现实生活相联结。在吃透教材的前提下，研究教材内容与现实生活的最佳落脚点，巧设教学情境，激发学生兴趣，引入新知。创设良好的学习情境，激发学生的学习需要和兴趣。要把知识放到特定情境中，构建仿真的情境，将知识与已学知识联结、与已有的生活经验联结，从而逐步过渡到新知。

首先，课堂中更多地使用素材和案例。素材和案例应该来源于现实生活，要求教师平时多一点留心、多一点积累。例如，上就业课的过程中，直接把学校毕业生的例子拿出来讲，如考银行、找公司、进公务员系统以及当村干部；上简历课，直接拿出学校毕业班学生制作的简历来给学生改。

其次，课堂上要重视激发学生学习的动力。学习动机越强，学习效果越好，尤其在课堂导入中，将本节课程的主要内容与现实生活实例进行联结，有助于调动学生学习的积极性，让学生感受到本节课内容的重要性与必要性。例如，会计学教师应引导学生加强对会计专业的认识，了解会计专业的应用范围、会计人员的社会地位、社会贡献等，激发学生对会计专业的热爱。

2. 备学生

孔子在两千多年前就强调“因材施教”，但在目前的实际教学过程中，教师备教材往往多于备学生。实际上，备学生是一个工程量大且非常复杂的过程（徐红勤，2005）。每个学生、每个班级的特点都不太一样，有的班级课堂气氛沉闷一些，有些班级课堂气氛比较活跃，针对不同的班级特点，需要在教学过程中有针对性地进行教学调整。备学生不但要求教师分析学生原有的认知水平、认识结构以及平均水平是否能落实本课程的教学目标，还要求把握学生的情感走向和审美需求等多种因素，根据学生个体及不同班级的具体特点、实际情况对教学过程进行实时调整。

3. 备教法

学生课堂的注意力是有限的，需要采用灵活多样的教学方法，可充分应用视频、故事、案例、小组讨论、头脑风暴、辩论、情景模拟等多种方式，将学生充分调动起来，参与到知识探索与分享的过程中。充分发挥现代教育技术和传统教学手段各自的优势，取长补短、有机结合，不断提高自身使用多媒体技术的能力，使多媒体工具服务于课堂教学效果的提升。

二、做一个“懒惰”的老师

教学过程是一个以智慧开启智慧的过程，在课堂上要充分发挥学生的主体地位，把课堂交给学生。

1. 教学的三种境界：获得知识、掌握方法、学会创造

教师切忌在课堂中过分展示自己所学的知识，把思路、过程直接讲出来，讲得“轰轰烈烈”，接着又是下一个知识点，而学生学到了什么？掌握了什么？教师不清楚。课堂中要教给学生什么呢？笔者认为课堂中除了教给学生知识外，更重要的是教会方法、学科的思维方式、解题的基本技能以及学习的良好习惯等。中国科学院院士、著名力学家白以龙先生曾经谈到，“对我日后的科学研究训练有很大帮助的是代数老师刘祖炽，他用严密的逻辑推理方式授课，并且要求我们用同样的方式做作业。再一位是物理老师李家驹，他教我们如何进行形象直观的物理思考。另一位是三角老师，因为她要求我们反复背诵、运用公式，必须一丝不苟，我们背后叫她‘三角老太太’。回想起来，这三方面的教育，培育出我日后从事研究工作的基本素质”。①

2. 打破“教师中心论”，把课堂还给学生，学生才是课堂教学的主体

我们要相信学生的能力，建立有效的合作学习方式，进行任务型、合作型、自主探索型学习。

有人说过，勤劳的老师会教出懒惰的学生，这句话是说，在课堂上，一个老师越是辛苦，讲得越多，学生反而收获得越少。一个孩子能学好，能成才，

① 李如密：《论教学风格的稳定性和发展性》，载于《教学与管理》2004 年第 10 期。

绝不是教师教出来的，而是靠学生自己学出来的。知识不让学生主动去感悟获取，问题不让学生自己去探讨解决，疑难也是老师包办，这样你的学生就像一个带着口袋装东西的人，更像一个等吃等喝的饭店客人。慢慢地他们就没有了学习的主动性，甚至不会学习了，这样的课堂能收到好的效果吗？只有自己亲身体悟过、参与过，获得的东西才是最深刻的。

因此，我们倡导老师在课堂上“懒惰”一些，让学生作课堂的主人，让每个学生都动起来，都参与到学习中来，如表演、辩论、品读、竞赛、当老师、做发言人等。要达到的效果就是把问题交给学生去讨论解决，把要点教给学生去归纳总结，方法让学生自己去体会和琢磨，还可以让学生大胆猜想，有疑问也可以让学生互相解答，还可以保留和认可一些有分歧的意见，只在学生的思维出现说不清、道不明或者无法准确表达时，老师才给予适当的点拨、启发和引导。就算有时候一堂课没有按照我们原来的设计完成，或者说预先设定的任务没有完成，但是只要学生在这堂课收获了方法，激发了探索的兴趣，为以后的主动学习打下了基础，就体现了课堂效益最本质的要求。

把课堂还给学生，首要的是要求老师彻底转变观念。老师要从高高的讲台上走下来，与学生平等，做一个课堂的组织者、学生学习的促进者，或者说首席发言人和答疑者，这对于我们有几千年师道尊严传统意识的老师来说，确实需要勇气和经历阵痛。新课程的理念之一就是合作学习，把以教为主转变为以学为主，把课堂还给学生，让学生做课堂的主人，一堂课的成败，不是看你讲得有多好，而是看学生学得有多好。不是看你教给了学生多少知识，而是看你的学生掌握了多少获取知识的方法。课堂教学怎样才叫作完成教学任务？不是教师讲完了讲清了就行了，只有学生学会了才算完成教学任务。课堂上，老师讲得再好，而你的学生根本就没学会、没学懂，就成了老师在唱独角戏，这样的课堂就是无效课堂。因此，教学过程中应充分注重引导学生体验知识生成的过程，调动学生学习的积极性，启发学生打开思路、思考问题，自觉主动地获取知识。

三、做一个有魅力的老师

提高课堂教学效果首先要让自己成为一个有魅力的老师，让学生喜欢你，才能进一步喜欢你的课。提升教师个人魅力可从以下几方面做起。

1. 尊重每一个学生，建立良好的师生关系

良好的师生关系是教育教学活动取得成功的重要保证。学生与自己喜欢的老师相处，有助于学生在教育过程中形成一种良好的心理准备状态，从而激发学生积极的认知活动，并能转化为接受教育的内在动力，有利于学生学习任务的完成，提高课堂教学效果。

教师在课堂教学过程中，要充分尊重每一个学生，与学生平等交流，积极关注学生在听课中的微小反应，用一些小小的动作，如微笑、点头、眼神等对学生表示赞赏和肯定，及时对学生的积极表现进行表扬和鼓励，增强学生学习的主动性。

2. 用幽默风趣的课堂语言吸引学生

生动自然、恰到好处的课堂教学语言是获得良好课堂效果的助推器。作为一名合格的教师，要具有较强的语言表达能力。首先，教师要对所教授的知识理解透彻，并将专业化的知识、专业化的表述通过通俗的、生动的、学生喜欢的语言深入浅出地表达出来。

此外，教师的语言要简明、准确、生动、鲜明，甚至风趣幽默，要具有启发性、针对性、灵活性和教育性，节奏要鲜明，抑扬顿挫，切忌一节课一个调，恰到好处的语言是课堂气氛的润滑剂，有助于营造轻松活泼的课堂气氛，从而提升课堂效果。

3. 用激情感染学生

教师的一个板书、一种教态、一个微笑、一个手势都能渲染出不一样的课堂气氛。在课堂中，如果教师仅仅是投入教学内容中，那不是真正的投入，教师的投入是指在课堂中教师要对学生倾注一定的情感，要时刻关注学生的学习状况和精神状态，要通过教师个人的激情带动激发学生的学习动力，通过教师的情绪感染学生的状态，从而提升课堂教学效果。

主要参考文献

[1] 刘李伟：《教学过程是一个创造过程》，载于《华南师范大学学报（社会科学版）》1999 年第 5 期。

[2] 徐红勤：《对高职教学中实现良好课堂效果的思考》，载于《中国职业技术教育》2005 年第 25 期。

会计信息化课程教学改革创新之探

林建雄

随着信息化技术的发展，会计大环境的变化迫切呼唤教学内容和教学方法的革新。会计信息化是会计发展的必然趋势，这相应要求会计信息化教学，尤其是实践教学环节的改革。

一、当前高校会计信息化教学和实践的不足

当前，国内大多高校本科会计信息化课程教师仍存在重理论教学、轻实践应用，或理论教学和实践教学都很重视，但实践应用方式陈旧、实践内容较为简单等问题，造成会计信息化教学在理论教学和实践应用方面都存在不当之处，导致学生会计信息化技能不强，学习主动性不高，不能迅速适应当前信息时代对会计人才的需求。

1. 教育教学理念较陈旧

会计信息化教学在我国起步较晚，多数院校把会计信息化作为一门专业课来设置，且课程教学目标定位还不明确。20 世纪 90 年代后，各种原因导致其发展在一定程度上停滞不前。会计信息化教学目标受制于任课教师，由于任课教师决定课程教学目标和教学教材的选用，受“唯师是从”的以教师为中心的教育观念的影响，教师授课偏重会计理论，“一言堂”“满堂灌”而忽视学生的自学能力培养，缺少教与学的互动，疏于对学生创新创造能力的挖掘。

2. 教学目标定位不准确

由于教学理念陈旧导致目标定位不够准确，当前本科会计信息化教学的内容不确定。多数院校在会计信息化课程中融入计算机基础、会计、管理、数据库管理系统、软件工程等多门学科知识，且仅设置一学期的会计信息系统课程，没有前期课的基础和后续课程的扩展，课程间连贯和系统性差，培养的学生一般不会设计和开发会计软件，甚至不能熟练掌握财会软件的操作，更谈不

上维护财会软件。

3. 教学方法较传统

"以教为主，以学为辅"，从"老师讲、演示"→"学生听、看"→"学生操作"，这种教学方法注重传授知识，对学生动手能力的锻炼和智能开发重视不足，教学方法单一，应用范围狭窄，应用层次低，学生主动参与度低，学习兴趣不高。

4. 教学内容较单一、陈旧

会计信息化选用教材和内容没有统一的规范。自从 1984 年我国出现"会计电算化"一词，许多学校就采用了"会计电算化"的课程名称，后又采用了"电算化会计""计算机会计学""会计信息系统""财会软件应用""会计信息化"等十多种课程名称。由于会计教学没有跟上企业信息化发展的需要，会计信息化教学和实践内容主要针对"单一财务会计系统"模块操作，学生主要担任某项业务、某个岗位的角色，无法全面了解企业的会计业务流程，不利于全面提升学生综合素质，不能很好地满足企业管理信息化发展的需要。会计信息化教材或侧重财会软件应用操作、或介绍财会程序设计和软件开发与软件维护等，深浅不一使得教学内容混乱，授课老师凭自己的偏好和水平来上课，随意性大大影响教学效果。

5. 教学手段存在不足

目前，校内集中封闭式模拟实践是大多数高校的主要实践手段，教学方式单一，学生不能很好地将几年所学的会计、审计、财务和税务等相关知识融会贯通、综合运用，未能切实做好仿真演练，实现毕业就业无缝连接。

6. 教学实践过程管理不科学

虽然高校越来越重视会计信息化实践教学，但在会计实践教学过程中，指导教师对学生的引导性不强，未能及时有效地纠正学生实践过程中所犯的错误。同时，学生在实践中组织纪律性差及实践基地管理上的不足等也影响了实践教学的效果。

7. 教学考核方法不尽完善

会计信息化实践教学中，学校一般要求学生提交实践报告或账务凭证等文件数据。但由于实验时间短促、人数多、指导教师精力有限，导致考核过于追求结果准确，对学生职业判断能力的培养不够，学生照搬照抄，实验过程较为盲目被动和应付，缺乏对独立思考能力和再学习探索能力的培养。评分标准和方法也不尽科学和统一，这对学生学习积极性和参与度造成不好的影响，从而降低了教学的效果。

二、会计信息化教学模式创新思路

针对当前会计信息化教学存在的缺陷，进行教学创新改革势在必行，应重视锻炼学生的动手实践能力，以适应会计岗位工作的需要，培养解决复杂实际问题的会计职业通才。其创新思路如图 1 所示。

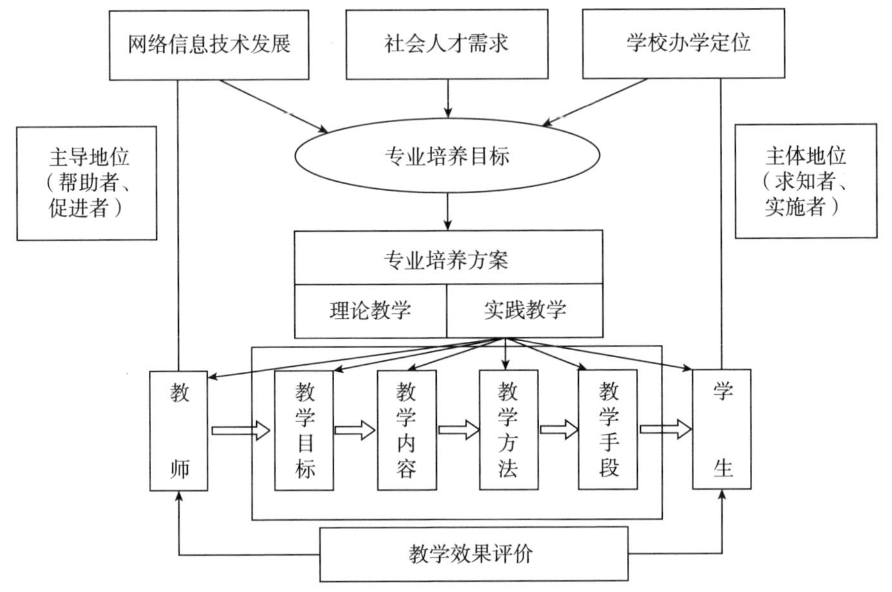

图 1　会计信息化教学模式创新思路

1. 教育理念的创新——教学创新的行动指南

教学创新，是指利用新的教育教学理念、教学计划和教学方法，创新教学，提高教学质量。教学应当与时俱进，根据当前网络信息技术的发展、社会对高素质应用型会计人才的需求和高校办学的定位来决定学生专业培养方案，适时更新教师的教育观念，这是实施会计教学改革创新的力量源泉和行为指南。

（1）以生为本，相信人人有才。改变教育观念，从以教师为中心转变为以学生为中心。教学过程中以学生为本，以教师为主导。相信人人有才，细心挖掘每个学生的闪光点，正确引导，促使人人成才。

（2）关爱学生，培养学生的财会情感。亲近学生，尊重学生，关爱学生，变课堂教师“一言堂”为教师和学生参与的“众言堂”。尊重学生的无知，帮助他们及时进行错误分析，发现其细微进步，不断鼓励以树立其信心，促进他们的全面成长。同时，关爱学生能增进师生感情，而师生间的信任感会更容易促使学生理解和掌握教师的教导，更好地激发学习热情和兴趣，促进学生成长。

（3）从以教主为转向以学为主，教学相长。提高学生的自学能力，提升其主动获取知识的能力，以及将知识转变为技能和综合素养的能力。教学时要求学生课前预习，主动搜集相关专业知识信息，教师在课堂应将“满堂灌”转变为“引导式”教学，通过课程相应的重点难点来组织学生进行集体讨论，并总结学习要点，调动课堂学习氛围，激发学生学习的兴趣，布置课后操作实例以巩固所学内容，通过动手和独立思考达到事半功倍、教学相长的效果。

2. 教学目标的变革——教学创新的动力

只有将所学专业知识转化为应用技能，将知识、能力和素质三者有机结合，学生才能受用终身。随着网络信息技术日新月异，社会对会计人才需求提出了更高的要求，高校应适时调整课程培养目标——以就业为导向。会计信息化课程的培养目标应侧重于学生实践应用能力的培养，掌握管理信息系统开发的基本理论，以培养通用财会软件操作能力为基础，以掌握账务报表系统和日常维护管理能力为主，达到能够按照企业要求进行软件二次开发，或能结合企业实际提出合理建议等综合信息化应用的能力。同时倡导教学目标多元化，实现个性化教学，以适应当前社会对会计人才的多样化和高素质培养的要求，促进会计事业蓬勃发展。

（1）激发学生学习兴趣，想学会计。“经济越发展，会计越重要”，会计与经济、管理等学科是密不可分的。加强学生对经管知识方面的教育和引导，带领学生到各会计师事务所或公司、企业参观调查和体验，以激发学生对会计信息化课程的学习兴趣。

（2）提高学生的动手操作能力，学会会计。会计工作是一项操作性很强的工作，利用学校会计信息化实验室模拟设置相关职能部门及岗位。引导学生扮演各种会计角色，进行模拟仿真实习并轮岗实践，从而更清晰地了解企业会计组织和管理，更透彻地理解各核算岗位的业务操作具体要求。

（3）提升学生职业判断能力，学好会计。随着市场经济中新的会计事项不断涌现，相应新的财务会计制度、法规也在不断更新。这就要求教师在教学过程中不仅要授学生以“鱼”，更重要的是授之以“渔”。指导教师应着重培养学生的职业判断能力，让学生学会会计分析，养成独立思考和不断学习的习惯，有意识地主动联系实际，积累工作经验，形成职业判断能力。从而无论会计环境如何变化，学生都能融会贯通，学以致用。

3. 教学内容的创新——教学创新的关键

融入互联网环境的会计信息化教学，应重新构建会计信息化课程体系，差异化并丰富实验内容，融入诚信教育，培育职业精神，重视学生团队精神的培养，学会如何与他人打交道，增强其社交能力。不仅学会做事，更要学会做人，团结协作，提高适应社会的综合能力。

（1）重新构建会计信息化课程体系。将会计信息系统的单一课程改设为三门课程，即会计信息系统、财务软件应用和 Excel 在财会中的应用。会计信息系统课程主要以企业管理信息化为目标，运用会计管理决策职能，在当前信息技术环境下按现代管理模式重组会计组织和会计流程，重构财会模型，支持网上企业、虚拟公司等电子商务组织形式和管理模式。财会软件应用主要介绍各主流品牌通用财务软件，如用友 ERP 系列 U872 软件或金蝶财务软件等，以提高学生的岗位适应能力。Excel 在财会中的应用则通过介绍 Excel 在账务报表、财务分析、财务预算和预测管理中的应用等，用 Excel 模型分析、预测、预算和决策，为管理者预测决策等提供财务数据的支持与帮助。实践内容以财务会计、管理会计和财务管理综合案例为基础，运用通用财会软件和 Excel 软件进行实践操作，掌握财务业务一体化解决方案的集成处理技术，并能够利用网络信息技术实现企业管理相关数据的共享。

（2）差异化实践内容，实现实验数据动态变化。设计因人而异的账套数据，实验数据与学生学号相关联等。建议由原来仅 1 个月的实验内容扩大为 2 ~ 3 个月，会计期间从上一年度 12 月至本年度 1 月或 2 月，增强学生跨年度、跨月份账务处理能力。实时更新实验数据，如股票价格或外汇汇率等数据可据实更新，增强实验的真实性和提高学生的会计职业判断能力，防止学生抄袭和偷懒。

（3）丰富会计信息化实验内容，增强实践教学的仿真性。用丰富的会计信息更新实验内容，提高模拟实践教学的仿真性。实验内容不仅具有会计核算（反映）和监督（控制）两大基本的会计职能，而且要强化会计分析、预测（预算）实践，提升经济决策能力。这样才能培养学生对会计工作整体感和管理的全局意识，变被动会计（事后反映）为提高效益的主动会计，使会计工作更具有创造性的乐趣。在会计信息化实践教学中，加大会计模块练习，丰富学生在实践中扮演的角色，使其通晓企业整套会计业务流程和流程中各角色间的联系与区别。在教学中要不断完善和创新教学内容，精心编写实验案例材料，增加书本没有的常识和技能，提高实践教学的综合性和真实性。

（4）重视实践教学，融入诚信教育。会计信息化课程是一门应用性学科，具有很强的实用性，教学中应注重动手实践操作能力的培养，构建立体式集成化的会计信息化实践教学体系，包括会计信息化实验教学、会计信息化综合实训和毕业实习等。此外，会计信息化教学实践过程中，要融入诚信教育，有意识地将有关会计法律、法规内容穿插融入课堂教学，让学生学会思考，同时聘请相关的企、事业单位会计人员来校讲座或座谈，通过实例来加深学生对会计职业的经验体会，从德、能、勤、公、廉、俭六个方面全面提高学生素质，提高自身道德感和危机意识，具备抵抗利益诱惑和领导权威的能力，严守法规，保证会计信息的真实、可靠。

4. 教学方法的创新——实现会计信息化教学目标的利刃

理论讲授和示范演练是目前会计信息化教学的主要方法，教师主要是操作演示，学生跟随操作，由于这仅限于既定场景、既定角色的应用，学生难以达到融会贯通。应使用科学合理的教学方法，以讲授教学方法、启发式教学、项目教学法、案例教学、导入式教学、实践教学等诸多教学方法，保证会计信息化课程教学目标的实现。会计信息化课程组的教师们在多年的教学实践中，根据不同的教学任务，灵活采取多种教学方法，课程开篇应用启发引导式教学，教学组织贯彻循序渐进原则，运用案例分析法、模拟仿真法贯穿教学的全部内容，采用真实体验法、设错教学法、基于互联网的角色扮演教学法等进行综合实训演练，积极调动学生的求知欲，让学生在情景教学环境中学习、体验并创新，有效提高教学效果，使会计信息化教学和实践更具活力。

（1）以动为主，以教为辅。会计信息化教学应以“动”为主，以学生为主体，鼓励学生积极参与信息化实践教学。会计信息化以实务操作为主，培养学生的动手实践能力，对于实践操作中的错误，教师应及时纠正，并要求学生学会学习和思考问题，切实懂得如何分析问题和解决问题，避免再次发生错误，使自己的专业知识和技能不断提高。建议利用ERP沙盘模拟实训，采用ERP管理软件进行企业管理决策，体验抽象复杂的财会和经管理论，学习体验和积累管理经验，提高综合管理能力；毕业实习应集中强化顶岗训练，注意查漏补缺，尤其是重视培养团队协作精神。

（2）采取验证式实训教学。验证式实训教学是学习一定的知识点后，应立即到教室或进行课后实验。例如，在“16+2”教学模式中，最后两周进行会计信息化综合实训，将以往所学的会计、财务、税法等相关知识，进行直观真实的账务业务一体化的综合性实验。让学生全面了解会计和业务活动的全过程和规律，进行系统全面的会计信息化处理，提高学生网络化、信息化动手操作能力，提升会计信息的分析、预测和解决问题的能力。

（3）加强教学管理，引导循序渐进式学习。更新会计信息化人才培养目标，加强对教学大纲、教学计划和实践环节的管理。对教师教学中教学大纲、教学进度、教学组织和教学效果等多方面实施定期和不定期的教学监督检查，保障实践教学效果。同时，信息化操作分为软件操作员、软件维护员、软件开发程序员三个层次，引导学生进行循序渐进的学习。首先，一般会计人员应掌握基本的电脑操作，并能熟练进行会计软件的操作，达到软件操作员级别；其次，要求懂得软硬件维护知识和出错解决措施等，成为软件维护人员；最后，争取学会软件开发，成为软件开发程序员，对自身发展提出更高的要求。

（4）教法灵活多样，倡导教学互动。以启发式教学、情景模拟教学法、主题教学法、案例教学法、团队互助教学法、探究式教学法、在线开放式教学、虚拟仿真教学、远程教学和游戏教学等灵活多样的信息化教学方法，激发学生对知识的渴望和追求，做到课堂理论教学与会计实务操作紧密结合，学以致用。实施会计信息化综合仿真模拟实践，增加学生上机实验课时，通过具体会计和管理的实务案例教与学，挖掘学生主动学习的能力，倡导教学互动，教学相长，活跃课堂教学氛围。同时，通过财务软件或Excel等工具进行财务预测、决策、管理控制等，使学生由被动接受知识学习转变为主动探索，身临其境，体验不同的会计角色，提高分析、决策和解决问题的职业能力，使学生的综合素质得到提高。

5. 教学手段的创新——会计信息化教学目标实现的保障

以学生为主体，实施以“教、学、做一体化”、“理实一体化”和“项目导向、任务驱动”的教学模式，根据会计信息化课程的特点，采用现代信息化教学手段，采取课内课外、理论与实践、校内校外实训的教、学、做等相结合的一体化立体式教学手段。

（1）教学手段信息化。在当前网络信息环境下，要广泛应用多媒体、网络等信息技术进行会计信息化教学。“教师—网络—学生”把教、学、练融为一体，利用信息技术把教学内容制成幻灯片或多媒体教学软件进行计算机辅助教学和多媒体网络教学，能直观形象地展现教学内容，图文声像并茂、内容丰富、直观易懂、生动有趣，教学效率和质量得以提高。同时，教师“教”与“学”的交流不仅限于课堂，将有助于调动学生积极性，因材施教，提高教学效率。

（2）教、学、做一体化立体式教学。当前，劳动力市场对技能型人才的需求日益增大，学生终究要毕业服务于社会，对其适应社会和工作需要的实践能力培养，是社会对高校教育最根本的要求。科学设计学习性工作任务，以能力为导向，强调理论联系实际，教、学、做一体化，使会计信息化教学更好地适应社会经济发展和劳动力就业的需要。加强同财会、审计、管理等软件开发公司和各企事业单位的联系与合作，请资深软件技术人员或操作人员来做演讲报告，讲述项目开发实施或具体操作中遇到的问题和解决方法，或是对目前财务软件的介绍与未来发展的探讨。通过这些感性经验的宣讲，让学生对财会软件、审计软件和信息化内部控制等有更深入的认识和理解，激发学习兴趣。同时，建立内外部相结合的培训基地，教、学、做一体化的实践教学体系，拓展教学空间，调动学生学习积极性、锻炼教师全面教学能力，以达到全面提高学生综合能力的目的。

（3）倡导会计在线教学与在线实验。构筑信息化实验教学平台，开展在线会计教学和实验，实现数字化、网络化、开放式、互动式会计实验。针对当前会计教学存在的种种局限，在校园网站构建会计教学信息系统，集中学科优势，在网络分享优秀教学视频和课件，要求学生课前预习，并链接知名高校优势教学资源，购置仿真教学软件等，构建互动式在线会计教学实验平台。通过计算机网络仿真现实会计实习工作，学生可在系统中扮演实习生的角色，模拟与人打交道、外出办事、完成会计相关经济业务等。建立互动式在线会计教学实验平台，突破了传统会计教学实验方式。运用一系列在线会计教学学习和仿真实验练习巩固学习知识，融入互动、在线等创新点，并优化了实验内容，降低了实验软件的购置和维护成本，可将使用范围由校内会计专业学生扩展到所有会计学习者，推进高校会计实验教学改革，促进会计从业人员业务素质的提高。

6. 考评方式的创新——会计信息化教学创新的升华

考评应注重对实际操作能力和实践能力的评估，不追求实验结果标准的唯一性，重视在实验过程积累工作经验，允许犯错和不同的会计判断结果。实现理论成绩和实验（训）成绩评定的分离，理论考核采用百分制，实训评定采用优、良、中、合格和不合格五个等级。会计信息化课程的时效性、综合性、实践性强，课程考核要对学习过程、操作能力以及期末综合能力三者进行通盘考核。为增强平时练习和期末考试的独立性与公正、公平性，建议练习习题和考题由系统随机生成一生一题（至少题目数据因人而异），减少抄袭作弊的可能。期末考评采取基本技能、理论、操作各占一定比例的方式，同时考虑学生的日常考勤、学习态度和实践完成情况，评价指标全面涵盖学生知识、素质、态度、能力和团体协作等各方面。

建议：第一阶段，会计信息化课程练习过程，利用信息化教学软件在实验室或家中在线仿真练习，按照教学演示或软件提示要求亦步亦趋，模仿练习，完成任务后提交，由系统自动阅卷给出成绩并提示出错之处；第二阶段，利用国内外管理软件（如用友 U8 或金蝶 K3 等系列软件）进行综合信息化会计实务操作；第三阶段，到企事业单位或学校实训基地进行顶岗工作，体验真实的会计工作。尤其要重视实际操作能力和实践运用能力的考核，从学生的实验态度、实验准备、实验过程、实验报告、动手能力及实验心得体会与收效等多方位进行综合评价。

7. 提高教师实践操作能力——会计信息化教学创新的根本保障

会计信息化教学和实践归根结底依赖于任课教师的落实，会计信息化课程教师素质的高低决定了该课程教学创新的成败。因此，提高会计信息化教师的教学能力和素质是教学创新的关键。首先，教师应转变教育教学观念、不断完善充实信息化教学内容，尝试运用现代化教学手段，丰富教学方法，加强教学过程管理和考核方式的创新，引导学生循序渐进地学习，实现会计专业培养目标。其次，通过教师自我学习和接受学校组织的各类培训进修，提高会计专业教师信息化和网络教学水平，提高教师实践教学的能力，采用“走出去”和“引进来”两种方式提升教师学历层次，打造高素质的“双师型”复合性创新型信息化会计教师队伍，提高教学质量。

三、结语

互联网信息时代推动着会计信息化的快速发展，对现有会计制度、会计理论和实务以及思想观念产生了巨大冲击。高校会计专业培养目标要顺应时代发展的潮流，紧跟信息化时代发展步伐，根据社会需求和技术可能来适时修订专业培养目标，从教学理念、教学目标、理论和实践教学方法、考核评价方法等方面全面进行改革创新，以学生为主体，以教师为主导，充分调动两者的积极性，实现教学相长，切实致力于提高任课教师的实践操作能力，才能培养出高素质的复合性创新型会计专业人才。须牢记，会计信息化教学模式决不能一成不变，应当随着会计环境的变化而不断发展变革，推陈出新。穷则变，变则通，如此方能紧跟信息化时代发展的步伐，不断取得优秀的教学成果。

主要参考文献

［1］胡伟：《会计信息化教学改革的新思路》，载于《会计之友》2006 年第 10 期。

［2］李波、刘梅玲：《高校会计学专业会计信息化课程体系的探讨》，载于《中国管理信息化》2009 年第 19 期。

［3］李燕：《会计信息化教学改革研究》，载于《中国管理信息化》2009 年第 14 期。

［4］李婉琼：《高校会计信息化教学现状与改革探讨》，载于《中国总会计师》2013 年第 6 期。

［5］魏祥健：《ERP 环境下会计信息一体化教学体系改革研究》，载于《中国管理信息化》2009 年第 13 期。

［6］胡伟：《会计信息化教学改革的新思路》，载于《会计之友》2006 年第 10 期。

［7］张玉红：《新建本科院校会计信息化教学体系改革探讨》，载于《湖北经济学院学报（哲学社会科学版）》2010 年第 2 期。

应用型大学本科教育建设的几点建议

李晓霞

作为一名应用型大学教师，为开拓自身知识领域，学习先进的教学方法与理念，提高业务水平和工作能力，更好地完成教学工作，笔者于 2015 年 3 月被学校选送到中国人民大学进修会计专业教学。进修培训的主要课程包括：政府会计、财务分析、高级财务管理。除在中国人民大学一个学期的有计划的学习，课程之外，笔者还旁听了论文写作、企业财务会计、财务管理概论、内部控制与风险管理等课程，参加了人民大学、清华大学、北京大学的一些经济学讲座。通过这一学期的学习，开阔了视野，拓展了思路，对中国人民大学良好的本科教育培养模式也深有体会。

多数应用型本科大学由地方高职高专院校合并而来，转型时间较短，对于适应应用型大学的本科教育建设，尚在探索之中，“他山之石，可以攻玉”，本文拟基于中国人民大学的本科教育培养模式，从教学过程设计与考核形式、教学风格与方法、教学育人理念、开设“论文写作”课程、教学管理与服务水平、图书馆培训与资源六方面进行探讨，以期对应用型本科大学的建设提供参考借鉴。

一、完善的教学过程设计与合理的考核形式

教学过程设计是课堂教学是否成功的关键，合理的考核形式又促进了教学过程设计的有效实行。在人民大学学习的半年，恰好给了自己一个从学生的视角看教学的机会，也给了自己反思的空间。人民大学的教学过程设计通常分为三个部分：课前准备、课堂讲授、课下作业及演讲准备。

课前准备。人大的课程教学大纲、教学课件和相关案例习题，学生可通过“微人大”进行下载，以便于学生课前对相关教学内容进行预习，以及课后完成相关作业和分组演讲。通常提前对学生进行分组，5 ~ 6 人一组，为课堂演

讲做准备。

课堂讲授。教师课堂讲授时间约占课堂时间的2/3，教师讲授时，因为有了提前预习，学生对于教学内容有更好地理解，教师的课堂提问，学生也有很好的互动回应，最后教师预留下次作业。学生PPT演讲时间占课堂时间的1/3左右，几乎每次课都需演讲，主要针对教师上次预留的作业、案例分析、讨论专题进行，演讲后其他组可以提问，教师最后进行点评，真正做到教学相长。

课下作业及演讲准备。课下学生要分组完成教师课堂上预留的演讲及作业，为演讲内容查找资料，并把资料进行整合，做成PPT。作业一般下周上课前交，由教学助理完成批改。

考核形式。为鼓励学生平时课堂认真学习，不期末考试时临时突击，平时成绩占总成绩的50%左右。这就从考核形式上要求学生不随意旷课，用心准备演讲，按时按质完成作业，在其他组演讲时认真倾听与思考，而考勤、演讲、提问、作业都作为平时成绩的一部分。

当然，人民大学学生的素质之高及学习能力也令人震撼，他们思维敏捷，课堂很活跃，可以很好地利用丰富的图书资料。以课堂学生演讲为例（主要是大三学生），演讲时PPT做得相当漂亮，资料的内容组织与逻辑结构，演讲者语速与表达，对其他组同学提问的即时反应，可以说是相当优秀，其他组同学提的问题往往也能切中要害。如在演讲《国美股权的陈黄之争》时，演讲者被问到有没有易出现类似股权之争的上市公司时，马上回答出“万科股权极度分散，大股东华润也只有10%多一点的股权比例，也容易出现管理层与大股东之争”。这一切都显示学生在课下确实对相关问题进行了深入了解与研究，花了很多精力来用心准备。

二、多样的教学风格与方法

完善的教学设计离不开高素质的教师，在这次进修中，选修和旁听课程的教师都非常优秀，大部分具有在上市公司兼职的经历，因此有着丰富的实践经验，熟悉相关专业的最新知识进展，教学方法灵活多变，笔者从这些教师身上获益良多。下面写出印象较深刻的几位教师的教学风格与方法，以供借鉴。

如讲授“政府会计”的王彦老师，对于最新的政府会计改革——财政部的《政府会计准则——基本准则》（征求意见稿）非常熟悉，不仅讲授如何进行会计核算，还引导学生分析核算背后体现的会计理论及其不足之处，即不仅要知道政府资金业务应如何进行会计处理，还要知道为什么要如此进行会计处理，现行的财务处理制度还有哪些不合理之处需要改进。

讲授“财务分析学”的王建英老师，则不仅局限于各种财务比率与杜邦分析体系，而是从经营现金流与财务报表重构的角度，通过不同的案例资料引导学生进行财务分析与评估企业价值。一般是每次上课留给学生一个案例资料，让学生进行不同专题的分析，下次上课让每组学生进行演讲，教师再进行评讲。

“内部控制与风险管理”这门课，是公认的枯燥与难讲，张玉周老师在讲授之外，穿插了大量案例，引导学生分组分专题演讲，其他组学生依次进行提问，演讲的学生即时回答，最后张玉周老师再进行综合评述，给出演讲成绩。这种教学形式能真正做到边听讲边思考，及时反馈，教学相长。

联合讲授“高级财务管理”的王化成、姜付秀两位老师，也是本次进修令笔者印象最深刻的。不采用固定教材，由两位老师各上课三次，每次一个专题，最后再由学生自定主题，分八组用 PPT 演讲。两位老师对高级财务管理理论见解独到，专题既系统有深度地讲述某一问题，很多理论又能结合中国实际，引导启发学生思考，语言风趣幽默。最后演讲时，两位老师与其他学生都会就相关问题向演讲组提问，有时两位老师的观点还会有所冲突，课堂互动热烈，深受学生欢迎。

如姜付秀老师讲授“公司治理”专题时，不是简单地讲述公司治理概念，外部治理机制和内部治理机制的组成及作用，而是通过引入案例与上市公司的大样本回归分析，提出自己基于案例与数据的见解，并对很多传统观点提出质疑，不简单照搬西方理论，而是在中国特殊的制度背景下进行分析。如一般认为机构投资者的引入可以改善公司的治理结构，但姜付秀老师认为这在中国并不完全适用。因为机构投资者有双重角色，即可以作为长期投资者来监督大股东和经营者，通过提升企业价值获利，也可以作为短期投资者通过交易获利。但在国有上市公司“一股独大”的背景下，与国有大股东相比，机构投资者持有股权比例过低，没有能力与动机去监督大股东与经营者，只能作为短期投资者，通过交易获利，这从 A 股市场机构投资者的高换手率可见一斑。

尽管教学风格各异，有的妙趣横生，有的理性严谨，有的平易近人，但共同之处是老师们都有渊博的知识，保持着学习的热情，掌握了相关领域最前沿的动态，对讲授的专业知识有系统梳理和独到思考。同时在整个教学过程中以学生为主体，把演讲、提问和回答都记入成绩，引导学生理解和掌握所学知识，并通过独立思考，形成自己的见解。

三、教学育人理念的差异

人民大学的育人理念是培养精英，而应用型大学是以培养应用型人才为主。学生的入口情况不同，培养目标自然差异很大。因此，人民大学在教学时，以指导和研究为主，重视对学生的启发；而应用型大学则更重视基础知识的传授，这种育人的结果当然是显而易见的。

这二者都没错，都是因材施教，不过从人才培养的角度，尽管应用型大学的学生在入口时的确与一流高校学生有较大差距，学习能力相比可能较弱。但是，学校依然可以通过引导，让他们养成良好的学习习惯，并学会学习方法，这在大一、大二阶段很重要；到了大三、大四，则应该注重对学生的启发，甚至让他们参与或独立做一些可行的研究，当然这肯定只是一部分对专业很有兴趣而且有一定基础的学生。换句话说，应用型大学的教学也应分年级、分层次，既关注对普通学生的培养，也要努力培养一部分所谓的精英，让学生在学习过程中自然分层，而且这并不是简单的“分数”分层，而是学术研究与应用型人才的分层。

四、专门开设“论文写作”课程

相信多数应用型大学的教师，对于指导本科学生的毕业论文，都觉得非常吃力。因为学生在此前基本未接触过学术论文，熟悉的都是课本教材，所以对于如何选题、如何查找资料，以及开题报告的内容、毕业论文的结构与写法，往往不知如何下手，也经常不能按教师的要求修改论文。

人民大学在学生大三的下学期都会开设 16 学时的“论文写作”课程，每次 2 学时，共 8 周，系统讲解毕业论文如何选题、如何查找参考资料、如何撰写开题报告与任务书，以及实证论文与规范性论文大体由哪几部分构成，引言与文献综述主要写哪些方面的内容，论文的标准格式有哪些要求，如何写摘要与关键词，如何用知网查重等。每一步讲解都配有相应的示例说明，还会发给学生一本当年的人民大学学报，让学生通过阅读揣摩讲解的内容。这样，大四上半学期开始着手毕业论文时，无论是学生还是指导教师，都会较轻松地完成相关的各项工作。

五、较高的教学管理与服务水平。

大部分应用型大学都从高职高专院校合并而来，基本沿用原来的管理模式，教学管理与服务水平比较落后。因此，应提高教学管理与服务水平，给师生提供一个较完善的学习教学环境。

相信到人民大学进修的教师都有这种感受，人大的教学管理与服务水平很高。这种高水平体现在以下方面：教学楼每间教室配有空调，每层楼配有提供热水的设施，设备损坏及时维修；教室管理上除了管理教室卫生，还对教室内的多媒体设备进行管理，每学期开学前对设备进行检修，设备报修后基本是当天修好；教师对教学有绝对的主导权，可采取较为灵活的教学方式；由助教完成课前开启多媒体设备、批改作业、登记成绩等日常工作，大大减轻了教师的工作负担，从而可以让教师把更多的精力放在课堂教学准备和科研课题的研究上。

六、图书馆培训与丰富的图书馆资源

很多应用型大学经常存在一方面大力投入图书馆建设，另一方面使用率较低的尴尬，很多学生甚至老师，不能有效地使用图书馆资源，造成资源的浪费。人民大学的图书馆培训制度，提供了参考解决方案。

人民大学图书馆资源极其丰富，除各种书籍外，还提供各种数据库，师生在此可以找到所需的各种资料，如中国知网数据库、CSMAR 经济金融研究数据库、方正中国年鉴资源全文数据库等，师生无论是为做作业、演讲而查资料，学习课本之外的知识，还是进行专题研究，做科研撰写论文，使用都非常方便。

为了提高图书馆资源的使用效率，人民大学图书馆每学期都会开展一系列培训讲座，基本每周一次，既有针对初入学学生的《图书馆使用知识》《图书馆资料的使用》的入门级讲座，也有针对高年级学生的《中外电子期刊资料的获取》《中外文电子图书的获取》等为课堂演讲及作业获取资料需要提供的讲座，还有针对毕业生的《开题报告前文献的获取》《免费学术信息的获取》《期刊网的使用》等为毕业论文写作提供的讲座，以及为研究生及教师写科研论文提供的《硕博论文的获取》《统计数据的获取》《投稿》《SPSS 统计入门》等讲座。

主要参考文献

［1］冯虹、刘文忠：《对应用型大学的探讨》，载于《北京联合大学学报（自然科学版）》2005 年第 2 期。

［2］刘军：《地方本科院校转型发展中的人才培养与人文教育——关于技术应用型大学建设的文化思考》，载于《洛阳师范学院学报》2015 年第 34 期。

高校会计双语教学模式探讨

——基于会计国际化背景下人才培养的思考

吴　思

随着全球经济一体化和科技革命的推动，经济活动空间不断拓展，经济主体逐渐多元化、复杂化。为适应国际经济发展的新形势，各国会计准则逐步趋同，以达到国际间会计行为的相互沟通、协调、规范和统一。中国自 2007 年起在上市公司执行与国际准则趋同的新准则体系。因此，在当前经济背景下，与时俱进地更新会计专业教育理念，制定适合国际化发展要求的会计人才培养方案，开展国际会计双语教学势在必行。

2007 年《教育部 财政部关于实施高等学校本科教学质量与教学改革工程的意见》中明确提出要鼓励高校开展双语教学，“推动双语教学课程建设，探索有效的教学方法和模式，切实提高大学生的专业英语水平和直接使用英语从事科研的能力”。双语教学的有效开展有利于学生获取前沿学科专业知识、掌握专业领域英语术语、提高英语水平，从而推进国际化、复合型人才的培养，在我国高校的人才培养格局中发挥着重要作用。

一、高校会计双语教学的现状及影响因素

会计是一门国际通用的商务语言，伴随着会计国际化的进程，会计行业迫切需要具备国际视野和英文沟通能力，熟练掌握会计专业知识的高素质、复合型的国际会计人才。高校会计专业双语教学也日益受到重视。经调查发现，自 1989 年上海财经大学率先开展会计双语教学课程以来，在教育部的大力推动下，各高校会计专业和国际学院相关专业进行双语教学的课程主要有“会计学”“国际会计”“财务管理”“管理会计”“审计”等，甚至某些高校还开设了 ACCA、CMA、CGA、CIMA 等专业或方向班，希望培养更多的国际会计优

秀人才，使会计这门国际通用的商务语言发挥更大的作用。

会计双语教学实质是指使用两种语言进行会计教学，其目的是训练学生会计专业知识的英语交流能力。目前，各国采用的双语教学模式主要有侵入式、过渡式和保持式。侵入式主要以加拿大为代表，在这种教学模式下，所授课程全部采用外语进行教学；过渡式的特点是学生进入学校后部分或全部使用母语，然后逐步转变为只使用第二语言进行教学，以新加坡、中国香港等地的教学为主要代表；保持式即学生刚进入学校时使用母语，然后逐渐使用第二语言进行部分学科的教学，该模式强调在学习应用外语的同时，要以母语来维持课堂师生间的理解与交流。基于我国的语言环境、教育特点和师生水平，我国大部分高校采用保持式教学模式。

根据杨亚西和杨波（2011）的调查显示，从学生的角度分析，影响会计英语的教学质量和效果的因素按重要性排序依次为：教学方法、学生英语水平、教材、教学内容、教师英语水平、教学环境和条件。教学方法被认为是最重要的影响因素。然而，目前大部分高校的双语教学仍然以传统的课堂讲解为主，仅小部分融入案例分析、小组讨论、情景式教学等现代教学模式，总体上教学模式过于单一。而课堂授课内容主要是给学生翻译英文专业词汇和语句，混淆了“语言教学”和“双语教学”的界限，使得师生在双语教学中缺乏互动交流，学生课堂主动参与度不高，难以激发学生对会计双语学习的积极性。同时，大量调查发现，超过50%的学生在双语教学中对课程的理解存在困难，主要原因是学生自身的英文水平有限以及专业词汇储备不足，语言问题在某种程度上影响了学生的学习主动性。俞理明和韩建侠（2011）基于卡明斯的阈限假设理论认为精通双语将对个体的认知发展产生正面效应，对学生英语水平对双语教学效果的影响展开了实证研究，结果表明如果学生有足够的外语储备，他们能通过使用自己的弱势语言掌握好学科知识。

而在双语教学的教材选择上，大部分高校采用英文原版教材，保留了教材的原汁原味，但同时也对学生的英文水平有较高要求，对于一些英文水平有限的学生在理解上可能会存在困难，以至于产生负面效果。授课语言也是影响双语教学效果的一个重要因素。据调查，由于受各方面条件限制，超过80%的双语教学仍采用中文为主、英文为辅的模式。这种方式虽然在短期内让学生更容易接受专业课程的学习，但一定程度上忽视了双语教学的本质，对于提高学生英文水平、专业英文运用能力、国际化视野起不到促进作用。另外，作为会计双语教学主体之一，兼具丰富教学经验和英文运用能力的教师有限，影响了双语教学课程的大力开展，这也是大部分高校采用中文为主、英文为辅的教学模式的主要原因。

二、以学生为核心的会计双语教学培养目标

会计双语教学的总目标就是培养具有会计基本理论素养及较强的英语运用能力的复合型人才。国际会计双语课程教学改革的落脚点在于学生职业能力的培育，教学改革的实施也应围绕学生能力的培养进行，这要求对局限于知识传授的传统教学进行改革。

1. 会计专业素质的培养

基于会计职业发展的视角，会计双语教学的核心目标在于国际化的专业素养的提升，学生通过会计双语课程的学习，掌握基本会计专业术语的英文表达。做到能够运用英语处理基础的会计实务，能够看懂并编制英文财务报表，能够用英语交流会计知识和信息，能够阅读与会计专业相关的文章并浏览前沿动态，了解国际会计准则和操作指南，并对中外会计准则的差异进行对比。

2. 跨文化交际能力的培养

国际会计双语教学的目的不仅是学习专业单词或具备翻译能力，更重要的是通过双语教学加强英语与学科的渗透，通过对各国会计模式的比较，培养学生的跨文化意识，促进学生对不同文化的理解与适应。浸入式教学法通过选用英文原版教材，以及其他原汁原味的学习资料，使学生浸染在另一种文化氛围之中，在潜移默化中了解不同文化的深层次内涵，培养其跨文化沟通的能力。只有具备了这种能力才能真正成为国际化会计人才。

3. 会计职业能力的培养

会计双语课程大部分针对会计专业的高年级学生，他们已经具备了专业知识以及使用现有知识解决问题的能力，存在职业能力深入培养的需求。即要求学生具备职业判断能力、分析解决问题的能力、专业胜任能力、知识的运用和信息处理能力等，通过双语教学中英文案例的学习及小组讨论，开阔思维，建立国际化的视野和思考方式，了解发达国家相关领域的发展状况，有利于培养学生运用专业知识分析处理问题的能力。特别像 ACCA、CIMA 等资格认证课

程的开设，以职业发展为导向，将会计高等教育与会计职业资格认证完美衔接，有利于学生职业能力的全面提升。

三、改进会计双语教学模式的探讨

在教育大众化的时代，学生作为高校最为直接的利益相关者，高校被要求从以教师为中心的投入模式，转向以学生为中心的产出模式。学生作为会计双语教学的核心主体，在整个教学环节中至关重要。学生的动机、需求、态度、兴趣、学习行为、焦虑感、外语水平和对学科的认知程度等都会对双语教学效果产生重要影响。因此，从学生的视角出发，基于本土化双语教学的现状，通过借鉴国外先进的教学模式，本文拟探讨改进中国式会计双语教学模式的对策。

1. 大学基础英语与双语教学课程的衔接

目前，大学英语教学与双语教学在目标定位、教学内容、教学方法、学习策略等方面严重脱节，学生一时难以适应从以提高英语水平为目标的大学英语教学突然转变到以英语为媒介学习专业内容的双语教学。因此，应协调大学英语教师和双语教师之间的联系，以专业英语作为衔接大学基础英语和双语教学的桥梁，构建大学公共英语基础阶段（语言基础课）、大学公共英语提高阶段（通识类英语选修课）和专业英语阶段（会计英语）“三位一体”的大学英语教学模式，为双语教学打下良好的基础。

2. 采用差别化的教学模式

在双语教学实践中应以学生为本，充分考虑学生的英文水平及对双语课程的接受程度，实施教学准入标准，根据学生水平实施分班制度，采用不同的教学模式。可以借鉴大学英语分级分层教学的成功经验：对于英语基础好（通过CET 6）、学习意愿强烈的学生采用英文原版教材进行全英文浸入式双语教学；对于英语基础一般（通过 CET 4）的学生可先允许在教学中加入部分中文，再随着学生英语水平的提高逐步过渡到全英文教学；对于英语基础较弱（未通过 CET 4）的学生在教学中适当降低英文授课比例，在外文原版教材的基础上增加辅助的中文讲义解析，并在课外增加辅修的专业英语课程来帮助学生提高英文水平，为双语课程学习奠定基础。

另外，在实证研究中发现，对于一些专业词汇较多、概念较为抽象、认知能力要求较高的课程，在教学中宜使用部分中文加以解释；而对于专业词汇较少、情景语境丰富、认知能力要求较低的课程，则较高层次的浸入式双语教学更为合适。

3. 运用多元化的教学方法

以课程教学目标为导向，以教师为主导，以学生为主体，教学方法从以往单一的“填鸭式”传授知识扩展为现行的启发式、自主式、互动式以及讲授式等多种教学手段的有机结合，灵活运用多元化的现代教学模式，根据教学内容应用案例分析法、小组讨论法、实践教学法、情景式教学法等，充分激发学生对双语课程的学习主动性。

在会计双语课程教学中，运用案例教学法和小组讨论教学法，不仅能够培养学生成为主动、积极的知识探究者，还能将英语的听、说、写和专业知识的学习紧密结合起来，促使学生用英文思维来解决问题，培养学生主动用英语表达的习惯，提高学生应用会计专业英语的能力。教师可以将二者结合，用于讲授会计信息质量要求、财务报表分析和中外会计准则的比较分析等内容。例如，在财务管理双语课程中，教师可以将学生分组，分别分析伦敦证券交易所上市公司的年报，运用双语课程中所学的知识对年报中的数据进行处理分析，并撰写分析报告和制作成 PPT，并用英文在课堂上陈述。教师在整个过程中仅起到引导和帮助学生正确运用知识点的作用。

目前，虽然各类实践教学在各大高校普遍开展，但很少应用于双语教学课程中，而双语教学仍以传统理论教学模式为主。实践教学法和情景式教学法能让学生在真实或模拟的场所参与实际工作，使学生在实践中获得感性认识，能培养学生应用英语处理基本会计实务的能力。会计循环、主要会计要素的账务处理和财务报表编制等内容的讲授可适当采用实践教学法和情景式教学法。例如，教师在课堂上向学生展示会计英语原始凭证、日记账、分类账和财务报表等直观道具；组织学生到外企财务部门参观学习；在会计实验室进行外企账务处理的模拟实践，或设计一个特定的商务环境，让学生扮演出纳、记账、财务经理等角色，进行会计信息的交流和处理会计专业问题等。这些都能激发学生的学习兴趣，培养学生的实践能力。

另外，应充分发挥互联网的优势，通过网络平台构建课后智能辅导系统，开发课程区、课程拓展区、讨论区等模块。学生通过智能辅导系统下载教学大纲、课件、习题、案例等，了解前沿课程相关的专业资料，查看各类外文文献，通过视频教学补充学习，并在讨论区和教师进行及时沟通。以学生为核心，形成课上课下双位一体的动态网络化教学模式。

4. 建立合理的反馈与评价体系

目前，大部分高校仍以终结性考核作为学生学习情况评估的主要标准，而在某种程度上忽视了形成性评价对于学生学习的正面效应。形成性评价指对学生学习过程及其结果的全方位评价，并通过这种评价来影响学习过程。例如，通过增加考核的频率，及时衡量学生的学习状况和进度；拓展评价体系，不单纯以期末考核作为主要评价标准，而应结合多元化教学模式，形成评估学生在案例分析陈述、实践教学表现、小组讨论贡献、期中测评等多个环节表现的多层次评价体系，以激发学生在整个教学过程的参与度和积极性。

主要参考文献

[1] 曲燕、王振波、王建军：《中国高校双语教学模式研究现状》，载于《高等理科教育》2014 年第 2 期。

[2] 杨亚西、杨波：《会计英语教学的调查与思考》，载于《财会教育》2011 年第 5 期。

[3] 张正勇、徐刚：《我国会计双语教学现状及发展对策研究》，载于《湖南财经经济学院学报》2013 年第 4 期。

[4] 李春华：《会计双语教学方法实践研究》，载于《财会教育》2014 年第 8 期。

[5] 俞理明、韩建侠：《初始英语水平对全英语双语教学效果的影响》，载于《中国外语》2011 年第 3 期。

[6] 郑大湖、戴炜华：《我国高校双语教学研究十年：回顾与展望》，载于《外语界》2013 年第 1 期。

英式教育模式探析及对双语教学的思考

卞　佳

近年来我国敞开国门，走向世界，随之而来的是日益激烈的市场竞争，对大学教育模式进行改革的呼声更是日渐高涨，要求提高大学教育水准，培养符合市场经济发展需要的高素质人才。与此同时，随着国民收入的提高，出国留学、感受国外教学模式也不再是少数人享有的权利。如何才能培养出素质高、专业强，能够熟练进行外语交流、与国际接轨，能在国际竞争中占有一席之地的复合型人才，是当前我国高等院校的人才培养目标，也是教学改革的重点方向之一。早在 2001 年，教育部就提出了推广高校双语教学，但双语教学在目前的实践中仍存在一些问题，有必要引进国外先进的教学理念和方法，取其精华，去其糟粕，实现双语教学的发展。本文拟分析英式教学模式，借鉴其教育经验，提出改革我国双语教学模式的可行路径。

一、英式教学模式的特点

中式教学与英式教学并没有高低之说，实质都是传道授业，但在双语教学的问题上需要思考的是，是否可以结合英式教学，让学生更快地融入国际化学习当中，吸取英式教学模式的优点。

1. 授课方式

英国的教学课堂有三种形式。一是传统的授课。在课堂教学中，教师将要讲的理论知识授予学生。二是除了日常课堂教学之外，还给每次课堂教学配一次小班教学。在小班教学中，教师提供练习或案例，让学生在课前先自行学习和完成练习，而在课堂上，教师更多的是给学生提供思考问题的方向，以及解决问题的技巧。教师在小班课上提问题，注重师生之间的互动，学生回答，或者是针对某个案例进行演讲。在这样的教学环境下，学生对于知识的吸收具有主动性，并且更加有自己的理解和想法。三是课后解答的时间。每周教师会在办公室用 1 ~2 个小时的固定时间，为对课堂知识或课后练习有疑问的学生进行解答，解决学生在学习过程中遇到的无法自行理解的问题。上述多种课堂结合的形式，提供给学生更多掌握知识的机会，有利于培养学生的学习能力和思考能力。

2. 考核方式

在英国，期末考核学生学习成果的方式有很多种。除了中式教育中常用的期末考试（开卷或闭卷）以外，英国教师还可以选择论文、期末演讲、论文加考试等方式来结课。学生在选课时能提前知道课程期末的结课方式，可选择自身较为擅长的考核方法的课程。通过多种方式考核学生的学习情况，也锻炼了学生的综合能力。学生既要牢记理论知识来进行传统考试，又要有研究能力会写论文，还要懂得表达完成演讲。

3. 教学理念

英式教学重视学生的批判性思考能力及团队协作能力。英国的教师并不会照本宣科地给出一个明确的答案，而是在提出一个问题之后，先让学生畅谈自己的看法。然后，教师针对学生们不同的想法再进行评论和讲解，鼓励学生有自己的不同见解，尤其是开放性的题目，不会给一个所谓的正确答案。另外，英国很多课程作业都是以团队作业的形式布置的，教师也鼓励学生集思广益，结合每个人的思想闪光点来完成作业。这同时也能很好地锻炼学生的团体合作能力和沟通交流能力。

4. 教学结果

相对于国内严进宽出的高校教学，英国教育的毕业难度较高，某些专业课程的通过率甚至低于 2/3，这要求学生更加重视学习成绩。此外，不同于国内人人毕业证书都是一模一样的情况，英国的学位证书是分等级的，本科学位证书分为一等一级荣誉学位、二等一级荣誉学位、二等二级荣誉学位和三等学位；硕士学位分为一等学位、二等学位和三等学位。学生学习成绩的好坏直接体现在学位证书上，可直观地认识学生在校期间的学习成果。同时，在找工作的时候，英国企业也很看重学位等级。

二、我国双语教学的现状

在双语教学过程当中，教师使用两种或以上语言作为教学语言进行知识传递，同时所用的语言是用来教授相关学科知识，而不是单单学习语言。根据我国的具体情况，现行双语教学的教学目标定位是用英文和中文共同教学，培养学生的学科知识和学习能力。同时，在学生掌握知识的前提下，也针对学生的具体情况，提高外语交流能力和学习思考能力。根据教育部印发的《关于加强高等学校本科教学工作 提高教学质量的若干意见》的精神，我国虽然一直以来积极致力于推动国内双语教学，但目前双语教学过程中仍存在一些问题，导致双语教学模式是否达到预期效果仍值得探讨。

1. 专业课成英语课

双语教学教授的本应是专业学科知识，但在很多情况下，学校开展双语教学往往以英语为重点，更多强调的是让学生记住专业词汇对应的英文单词。教师在教学过程中仍然是以中文为主要语言进行专业知识的教授，而在学生掌握专业知识之后，再以英语进行翻译，学生只需记住相关英文即可。如此一来，教学重点偏离了双语教学的内容，本末倒置，将语言放在了首位。

这种情况其实与国内学生的英语水平密切相关。当学生英语水平没有达到能够熟练地听取用英语教授的专业知识的时候，教师在双语教学中只能先把知识分解为汉语部分的教学和英语部分的教学，全部学习过程中的重点难点都只能以学生能听得懂的语言来传授。

2. 学生接受程度低

学生整体语言水平不足也导致学生对双语教学的接受程度较低。根据李荣宝等（2000）的研究，英语与汉语表达方式的不同会影响一些原本英语水平较低的学习者对于阅读内容的理解能力。王初明（2001）认为，如果本身对于语言有排斥的心理和情感，会形成学习上的恶性循环，因此在语言学习过程中需要考虑学生的情感因素。结合语言学习的情感影响，孙冀萍（2015）提出，双语教授专业知识时，学生对于语言是否排斥会直接影响教学效果。

因此，如果学生由于语言水平不高，而在双语教学中担心听不懂课程，无法集中精力学习，以及不自信等情感因素的干扰，双语教学的教学内容也较难为学生所接受。

3. 纯粹的输出知识

双语教学还面临的一个问题是，受到传统教学的影响，双语教学仍旧停留在课堂式教学的模式上，教师在课堂上用英文将原有的中文内容重复教给学生。学生大量地吸收知识，却无法有自身的独立思考，只是单纯地背诵和记忆。除此之外，学生仅仅在课堂上听讲，依靠“听”来提高第二语言的能力，却没有加强“说”的能力。这也是中式语言教育的缺失部分，学生在交流能力上还是不足，而为了培养国际化人才，能够走向世界，更好地与国际企业接轨，双语教学不能忽视这部分能力的培养。

三、双语教学的可行性研究

考虑到双语教学的现行问题，并结合英式教学的优势，双语教学的教学改革可以在以下几方面有所发展。

1. 依据学生语言能力教学，选择合适的教材

在英式教育过程中，学校注重因材施教，而国内双语教学中存在的问题很大程度上来自学生语言能力没有达到双语教学所需的水平。因此，针对学生的语言情况进行教学十分关键。在教学安排的顺序上，可以考虑是否要修完大学英语课程或者达到一定语言水平之后，再选修双语教学的课程。

同时，一门优秀的课程需要一本合适的教材，双语教学的教材可以有两种选择：一是国内双语教材；二是国外原版教材。两种教材各有利弊，国内教材价格便宜，逻辑思维更符合中国学生的思考方式；而国外教材语言准确，案例更加丰富。在选择教材的时候，应考虑学生的具体情况。如果学生语言能达到一定水平，国外教材是更好的选择，教材中有更多引导性的问题，锻炼学生不同的思维方式。同时，丰富的案例也能够让学生更好地了解理论的实际运用情况。

2. 给予学生发展听说读写能力的空间

中国学生相对于国外学生来说，更多的是在认真听课，这是由不同的教学方式造成的。在一般情况下，上课时学生安静听讲有助于教师正常上课，但是对于学生自身素质和能力的培养却没有更大好处。在听、说、读、写四种能力中，中国学生做得最好的是“听”的能力，然而，双语教学过程中，应当学习国外教学中考核方式多样化的优势。

在双语课堂上，教师可以针对相关知识，给学生进行课堂演讲的机会，让学生尝试用英文表达演讲内容，从而练习“说”的水平。另外，教师可布置长篇案例给学生课后自行分析，到课堂上再与学生一起讨论案例，让学生写出案例分析，这样学生不仅锻炼了阅读能力，也提高了写作水平。

3. 增加讨论式教学模式，培养学生独立思考的能力

中国学生的课堂互动性相对于国外学生比较弱，学生更多地想从课堂上获得所谓正确的答案。在双语教学中，教师应当增加案例分析和解决问题的教学模式，鼓励学生在课堂上讨论问题。讨论过程中，学生可以自由发挥，讨论结束后，教师对学生的发言进行点评，而不是给出一个解答问题的明确答案。这样能使学生树立起“没有标准答案”的理念，有助于培养学生批判式思考的能力。

同时，提高学生的独立思考能力，也有助于学生更扎实地掌握和理解学习内容，对提高课堂教学效果更有帮助。学生在思考如何回答案例问题时，需要自行探索书本知识，并将理论知识转化为实践中解决问题的方法，可以增加学生知识的深度和广度。

四、结论

双语教学顺应了经济社会发展的要求。我国双语教学发展至今，面临着以翻译英语为主、知识传授量小、学生投入程度低、培养模式单一等问题，需要进行教育教学模式的改革。英式教学有其一定的优势，引进英国先进的教学方式和理念，中西合璧，能够弥补国内教育缺失的部分，有助于提高教育教学质量。同时，通过改进教学模式，致力于培养学生多方面的能力，更有利于推动双语教学的可持续发展。

主要参考文献

［1］李晓慧：《会计教学体系研究：来自英国大学的借鉴》，载于《会计研究》2009 年第 10 期。

［2］李荣宝、彭聃龄、李嵬：《双语者第二语言表征的形成与发展》，载于《外国语（上海外国语大学学报）》2000 年第 4 期。

［3］孙冀萍：《普通高校会计双语教学的应用导向模式研究——基于“情感”视角》，载于《太原师范学院学报》2015 年第 11 期。

［4］王初明：《影响外语学习的两大因素与外语教学》，载于《外语界》2001 年第 6 期。

［5］陶黎娟：《双语会计教学的困惑与对策——以青岛大学会计系为例》，载于《财会月刊》2015 年第 9 期。

高等院校虚拟仿真实验教学中心建设框架探索

林　琳

一、引言

21 世纪以来，信息化浪潮席卷全球，信息技术对各行各业形成了深度渗透。我国在教育部的主导之下，教育信息化步伐不断加快。《国家中长期教育改革和发展规划纲要（2010—2020）》指出，“信息技术对教育发展具有革命性影响”。《教育信息化十年发展规划（2011—2020 年）》指出，推动信息技术与高等教育深度融合，以教育信息化带动教育现代化，促进教育创新与变革，加快从教育大国向教育强国迈进。《教育部关于全面提高高等教育质量的若干意见》指出，“加快推进教育信息化进程，加强数字校园、数据中心、现代教学环境等信息化条件建设”。2013 年 8 月，教育部高等教育司发布了《关于开展国家级虚拟仿真实验教学中心建设工作的通知》（以下简称“94 号文”），指出虚拟仿真实验教学是学科专业与信息技术深度融合的产物，以全面提高高校学生创新精神和实践能力为宗旨，以共享优质实验教学资源为核心，以建设信息化实验教学资源为重点，持续推进实验教学信息化建设。94 号文拉开了全国高校虚拟仿真实验教学中心建设的序幕，这是我国教育部对教育信息化进程的深度推进和积极运用先进技术在高等教育领域的高端探索。

按照分批建设的原则，2013 年和 2014 年，教育部两度批准了发挥示范引领作用的各 100 家国家级虚拟仿真实验教学中心，未来预计共建成 500 家国家级中心。如何把握难得的建设契机，跟进国家教育改革和创新的大趋势，积极运用先进技术推动教育信息化进程，变革高等教育理念和模式，创新高等教育体系和方法，培养符合国家经济发展要求的创新型高素质人才，成为摆在全国高校面前的紧迫任务。本文拟紧密依据 94 号文“科学规划、共享资源、突出重点、提高效益、持续发展”的指导思想，探索虚拟仿真实验教学中心的建设思路和预期效益等，力争为我国高校虚拟仿真实验教学中心的建设提供借鉴。在当前我国多数高校虚拟仿真实验教学中心建设仍处于落后地位、存在不少误区的背景下，本文的探索具有现实指导意义。

二、虚拟仿真实验教学中心建设的主要思路

94 号文指出：虚拟仿真实验教学指依托虚拟现实、多媒体、人机交互、数据库和网络通信等技术，构建高度仿真的虚拟实验环境和实验对象，学生在虚拟环境中开展实验，达到教学大纲所要求的教学效果。虚拟仿真实验教学中心的建设任务是：实现真实实验不具备或难以完成的教学功能。建设内容包括四个方面：虚拟仿真实验教学资源、虚拟仿真实验教学的管理和共享平台、虚拟仿真实验教学和管理队伍以及虚拟仿真实验教学中心的管理体系。以上均为虚拟仿真实验教学中心建设思路的提炼提供了指引。

1. 科学规划，强化顶层设计

虚拟仿真实验教学中心的建设要求将虚拟现实、人机交互、数字通信等先进技术与学科专业实验教学深度融合，其建设周期长，软硬件投入成本巨大。各高校应当聘请学科带头人、行业专家等组成专家指导委员会指导中心发展规划、建设目标和总体建设思路等的制定，为中心的发展方向和建设进程掌好舵、把好关。

强化顶层设计，是指在制定虚拟仿真实验教学中心的发展规划和建设蓝图时，应当密切契合教育部历次文件的核心精神，服务于区域经济发展、高校自身发展和学科专业发展等各层级关键目标的实现，充分考虑学科前沿动态和行业实务需求，统揽全局、紧扣目标，对中心建设的各方面、各要素等进行统筹安排，贯彻自上而下的规划理念和自高端向低端展开的设计方法，以顶层精神和目标指导发展规划的科学拟定和建设进程的有效推进，以宏观指导微观，充分调动各项资源进行高水平建设，以期高效实现各层级目标。注重顶层设计强调应当站在高校甚至区域全局的高度，统筹规划，有效调动人力和物力资源，在高校内部乃至区域范围内进行虚拟仿真实验教学资源建设的部署。使得各单位在建设过程中根据自身学科优势和专业特色重点着力，所建设完成的资源形成有机互补的局面，避免出现低层次建设、重复建设的情况。虚拟仿真实验教学中心作为新时期高等教育人才培养理念革新和模式创新的有形载体，作为培

养创新性高级人才的重要阵地，承担任务的艰巨性、目标实现的紧迫性和中心全盘建设的复杂性使得科学规划和顶层设计至关重要。

2. 突出特色，创建优秀虚拟仿真实验教学资源

显然，虚拟仿真实验教学资源是虚拟仿真实验教学中心建设的首要内容。各高校在着手建设虚拟仿真实验教学中心之初，应当对本校的主要学科优势及专业特色进行凝练和归纳，重新梳理现有实验教学体系，以培养学生创新精神和综合实践能力为出发点，切实遵循“虚实结合、相互补充、能实不虚”的原则，对于因成本高、涉及机密或具危险性等原因现实中难以开展的实验创建虚拟仿真实验教学资源，对虚拟仿真实验教学资源的建设方案和内容筛选形成明确的指南。

虚拟仿真实验教学资源包括：虚拟仿真实验项目、虚拟仿真实验课程，以及实验教学慕课、微课、演示视频、课件等。所谓优秀虚拟仿真实验教学资源，是指虚拟仿真实验教学资源应当具有鲜明的学科专业特色和深厚的理论基础，能够积极反映学科发展动态和行业实务前进的方向，并恰当运用虚拟现实、人机交互和互联网通信等技术，构造生动逼真的虚拟现实场景，营造积极宽松的学习氛围，实现甚至超越真实实验的功能，具有独创性、前瞻性、先进性和示范引领性，从而收获良好的教学效果。94 号文将实验教学资源分为三类：软件共享虚拟实验、仪器共享虚拟实验和远程控制虚拟实验。文科类院校应更多进行软件共享虚拟实验教学资源的开发；理工科院校应更多着力于仪器共享虚拟实验和远程控制虚拟实验的研发，且以高校自主研发或合作研发获得知识产权为主，购置商业软件为辅。通过高水平的虚拟仿真实验教学资源达到提高教学能力、丰富教学内容、拓展实验实践领域、降低成本和风险、开展绿色实验教学的目的。值得强调的是，所开发的实验教学资源还应当具有可扩展性和兼容性，以为后续的持续改进、功能拓展和性能提升奠定基础，实现优秀虚拟仿真实验教学资源的可持续发展和可循环利用的目标。

3. 智能互动，构造虚拟仿真实验教学管理平台

虚拟仿真实验教学管理平台是承载优秀虚拟仿真实验教学资源的载体，各项资源通过平台对外发布并得以远程组合和利用，平台的功能设计对于资源利用的效率和效果具有巨大影响。虚拟仿真实验教学管理平台应当具有良好的智能性和互动性，集身份认证、知识门户、虚拟实验、虚拟课堂、互动交流、资源管理及成果展示等功能于一体，作为高校面向地区、国内乃至国际的资源聚合平台，为本校师生、校外同行及各类学习者等提供便捷的入口。

其中，身份认证指对访问者身份进行认定、管理和权限设定等；知识门户指通过平台实现对学科专业知识、行业实务动态及相关实验知识的整合、共享和传播，提供推送、订阅和点播功能，以实现知识的双向推拉，可创建二级知识门户，对不同专业知识进行分类管理和细化加工；虚拟实验指通过平台上依特定逻辑，如知识进阶或能力培养链条方式组织的各项实验教学资源，访问者可根据需求自行点播或自主搭配完成在线虚拟实验，所构建的实验场景及实验对象高度仿真，使学生如临其境，收获相关经验和新知；虚拟课堂指运用虚拟化技术赋予教师在线创建虚拟课堂的权力，师生不受物理空间的局限，实时进入虚拟教室完成线上实验教学和理论教学任务；互动交流指运用在线流媒体点播、论坛和邮件等功能进行虚拟仿真实验的课前准备、课内交流和课后研讨等互动环节，以学生为主体，倡导自主式学习和研究式学习，学生可及时获得教师的点拨和指导，达到翻转课堂的效果；资源管理指平台应当具备对现有实验教学资源的管理功能，如对资源使用的申请、审批、跟踪和统计功能，促进各项实验教学资源使用效益的提高，确保虚拟仿真实验教学中心的投入取得最大收益；成果展示指对虚拟仿真实验教学中心建设取得的社会效益、经济效益和获得的荣誉等进行展示，以集中反映中心建设成就，扩大中心影响力。

4. 师资保障，打造高效精干的虚拟仿真实验教学和管理队伍

虚拟仿真实验教学中心的建设实质上是先进技术与传统实验教学深度融合并迸发出创新火花的过程，这对师资力量及其素质提出了更高要求。为打造一支勇于创新、高效精干的实验教师队伍和技能过硬、业务娴熟的实验教学管理队伍，应当创新人才的引进、培养和激励机制。

创新人才引进机制，指在人才引进方面应优先考虑人才的知识水平和知识结构配置，保证中心的教学科研水平。例如，鼓励教育理念先进、学术水平高的教授投入中心的建设工作，为中心实验教学奠定扎实的学科专业理论功底；聘请实务界资深专家加入中心师资队伍，以其丰富的专业经验和高超的专业技能提供实务支撑，引导学生实践能力和综合素质的全面提高；而实验教学管理岗位应注重引进精通信息技术的人才，以在虚拟仿真实验教学资源的开发过程中发挥其技术优势。创新人才培养机制，指运用多种途径促进中心人才的知识积累和理念革新。例如，定期选送实验教师和管理人员，尤其是中青年骨干参加进修培训或参观兄弟院校的国家级或省级实验教学示范中心和虚拟仿真实验教学中心，以拓展思路、拓宽视野，学习同行的先进经验；大力倡导实验教师参加教研和科研项目，积极投入实验教学改革和实验模式创新的研究，以深入的研究为虚拟仿真实验教学内容和体系的创新提供动能。创新人才激励机制，指运用更具鼓励性的机制推动中心人才不断进取，取得优秀实验教学成果。例如，制定明确的绩效评价制度，对实验教师及管理人员开发的创新实验教学资源、取得的优秀实验教学研究成果、获得的相关奖项等给予物质奖励和表彰，并作为职称晋升和优秀人才推选的重要依据，从而有效引导虚拟仿真实验教学内容、模式和方法的全面创新。

5. 全力支持，完善虚拟仿真实验教学管理体系

完善的管理体系将为虚拟仿真实验教学中心的高效运行发挥全方位的支持作用。组织保障、制度保障和经费保障构成管理体系的三大内容。

组织保障指对虚拟仿真实验教学中心提供适当的组织机构和人员方面的保障。例如，实行校院二级管理机制，中心负责人由校人事部门任命和考核，中心的建设发展及实验教学工作由负责人牵头、校教务部门指导并落实到学院予以组织和实施。中心的年度绩效由校教务部门考核评价，并实行实验教师负责制，由骨干教师负责保证现有虚拟仿真实验项目的正常开设和新型实验项目的研发等。制度保障指制定完善的管理制度为中心教师和学生提供行动指南和行为规范，保证中心各项工作规范、有序、高效开展，为中心取得预期效益奠定制度基础。包括：制定《虚拟仿真实验教学中心章程》《经费使用制度》《虚拟仿真实验教学资源库建设办法》《虚拟仿真实验教学研究项目管理办法》《虚拟仿真实验教师工作准则》《虚拟仿真实验教师绩效考核办法》《虚拟仿真实验教学质量评价办法》等制度。经费保障指应当为虚拟仿真实验教学中心设立建设和发展专项基金，每年学校给予专项优先拨款，同时，应积极创造条件申请中央和地方财政以及校外共建单位的资助，多渠道筹措资金，为中心软硬件装备水平的提升、高水平实验教学资源库的建设、实验教学内容和体系的创新提供充分的资金支持。

三、虚拟仿真实验教学中心预期效益的构想

上文述及，建设虚拟仿真实验教学中心可以获得“降低成本和风险，开

展绿色实验教学”的收益。实质上，其将为高校带来多重预期效益，包括通过互联网大范围开放共享扩大辐射力带来的社会效益、适当计费弥补研发成本产生合理利润的经济效益以及优秀虚拟仿真实验教学资源利用率提高而随之形成的声誉效益等。

1. 校企合作，双方共赢

94 号文件指出，“探索校企共建共管的新模式和新途径”，“积极利用企业的开发实力和支持服务能力”，为虚拟仿真实验教学中心开展校企合作指明了方向。校企合作将为虚拟仿真实验教学中心注入来自企业的雄厚技术力量，引进成本效益观念，为中心的维护、升级和持续发展提供外源动力。

校企合作指既充分发挥高校的学科专业优势和实验实践教学经验，为中心建设提供智力支持，又积极利用企业的开发实力和支持服务能力，为中心建设提供运营支持，汇聚高校和合作企业的软硬件资源，探索优势力量互补、优质资源融合、校企联合培养人才的虚拟仿真实验教学运行新模式。由高校基于其学科专业理论功底和科研力量负责虚拟仿真实验教学内容的研发、提升、内涵创新和模式方法的改革探索，而将虚拟仿真实验项目的实现，实验教学管理平台的建设、维护、更新等技术性任务和实验教学运营管理等支持性服务工作交给企业承担，充分整合双方资源，校企共建共管，为保证虚拟仿真实验的独创性、先进性、前瞻性和适用性提供机制保证。双方共赢体现在：高校与企业集中优势力量各司其职，创造优质产出，建立研发与运营相对独立的运行机制。一方面，高校专注研发和改革探索将收获更多高水平的虚拟仿真实验教学资源产出和模式方法创新，摒除自行开发维护的技术性困难和相关风险，且由于虚拟实验高度仿真而不依赖现实的特性，长期开展势必带来成本节约的好处；另一方面，企业也将由于与高校的密切合作而拓展经营业务、提升经营绩效。应当明确的是，校企合作是以高校为主、企业为辅的合作模式，通过合作使高校获得自主知识产权或合作产权且双方共同获得收益是合作的优化结果。

2. 开放共享，最大化受益面

94 号文指出，虚拟仿真实验教学中心的建设要“以共享优质实验教学资源为核心”，“建设具有扩展性、兼容性、前瞻性的管理和共享平台，实现校内外、本地区及更广范围内的实验教学资源共享，满足多地区、多学校和多学科专业的虚拟仿真实验教学需求”。可见，通过在高校之间、区域甚至全国范围内开放共享优秀虚拟仿真实验教学资源，达到资源充分利用、成本集约及受益面最大化，是中心建设的核心目标。

根据94号文，虚拟实验包括三类：软件共享虚拟实验、仪器共享虚拟实验和远程控制虚拟实验。现有软硬件实验资源将在投入不变的前提下通过共享迅速增加使用者群体，产生更大的对外辐射效应。其中，软件共享虚拟实验指拥有软件产权的高校通过虚拟仿真实验教学管理平台开放虚拟仿真实验教学软件，使用者可通过互联网远程调用该软件，且软件具有高度虚拟现实的效果，使用者可在逼真的实验场景中完成实验，获得与真实实验同等甚至更佳的实验感受；仪器共享虚拟实验指拥有大型精密仪器的高校通过虚拟仿真实验教学管理平台公布仪器的功能、使用说明、技术参数、收费标准和开放时段等信息，同时提供在线预约和审批功能，使用者可通过平台在线预约实验，并在适当时段运用仪器完成实验；远程控制虚拟实验指虚拟仿真实验教学管理平台提供对大型精密仪器远程控制的专用软件，使用者可通过其客户端远程操纵仪器完成实验并得到实验结果。

根据共享范围，虚拟实验可分为校内共享、区域共享和国内共享三个层次。分别指虚拟仿真实验教学资源在校内不同学院之间、本地区不同高校之间以及在全国范围不同高校之间甚至全行业的共享。为提升虚拟仿真实验教学资源的共享程度、扩大共享范围，应当建立有利于开放共享的管理机制。例如，学分互认机制。即高校间签订协议，对教学大纲要求开展的实验课程，学生可选择利用本校或其他高校的虚拟仿真实验教学资源完成实验，高校间互相承认学生所获得的学分。这将使得优秀资源在学生这一主要使用群体中得到最大范围利用，开发院校的声誉有望随之得以提升，也有助于激发各高校建设精品资源的积极性。同时，教育部等部门应牵头制定虚拟仿真实验教学资源和平台的技术标准。目前，各高校对虚拟仿真实验教学资源和平台的开发，存在各自为政、缺乏统一技术规范的现象。这使得资源的兼容性不强且二次开发难度增大，不仅不利于扩大共享范围，而且不利于资源后续的升级。因此，有必要制定相关规范使虚拟仿真实验教学资源和平台的开发步入标准化轨道，为在全国实现大范围共享扫除技术障碍。

3. 取得效益，实现可持续发展

94号文提出了“提高效益”的指导思想，在国家级虚拟仿真实验教学中心的遴选要求中，亦列出了“用户身份管理、认证和计费管理系统”的要求。可见，教育部允许甚至鼓励高校在开放共享优质虚拟仿真实验教学资源的同时，通过一定计费标准，收取适当费用以弥补开发支出，为优质资源的开发者带来合理的收益。

这突破了以往“无偿共享”的认识误区。然而，如何制定计费标准以达到既对优秀资源的开发形成激励又不致对使用者尤其是大学生使用群体造成负担，这值得探讨，本文建议采用专家审查和用户评价相结合的方式。首先，建立由本学科专业专家组成的评价组，高校须将拟计费的虚拟仿真实验教学资源提交给专家评价组，由专家对资源的独创性、前瞻性、先进性和适用性等进行评价并确定优秀等级，规定每一等级相应的固定计费标准；其次，在虚拟仿真实验教学管理平台上提供用户评价专栏，由使用者根据使用感受对资源进行评价，当好评率达到一定比例时，可在固定计费标准基础上上浮一定费率。由于优秀虚拟仿真实验教学资源的建设需要投入大量成本，设立合理的计费标准由用户支付适当费用的做法，不仅有助于提高资源的利用效率，而且也将为开发者不断推陈出新继续推出更多优秀资源形成必要的资金补充和激励，使高校虚拟仿真实验教学中心的建设产生良好的社会效益和经济效益，促进中心建设不断走上新台阶，实现长期可持续发展。

综上所述，本文密切依据 94 号文精神对虚拟仿真实验教学中心的建设框架，包括建设思路和预期效益进行了梳理和构想。根据上文的论述，虚拟仿真实验教学中心的建设框架可以归纳为三个层次：规划层、实施层和效益层，如图 1 所示。

四、结束语

自 2013 年 8 月，教育部高等教育司发布《关于开展国家级虚拟仿真实验教学中心建设工作的通知》以来，全国高校掀起了虚拟仿真实验教学中心建设的热潮，众多专家学者对中心建设将带来的包括成本节约、共享面大、社会效益和经济效益高等寄予了厚望。然而，教育部的有关调查表明，各高校在中心建设过程中仍存在不少误区，包括对 94 号文精神的领会不准确，对虚拟仿真实验教学中心建设的目标定位模糊，建设方法如虚拟仿真实验教学资源的创建和共享方法、校企合作模式等方面存在诸多偏颇等。仍有大量高校在虚拟仿

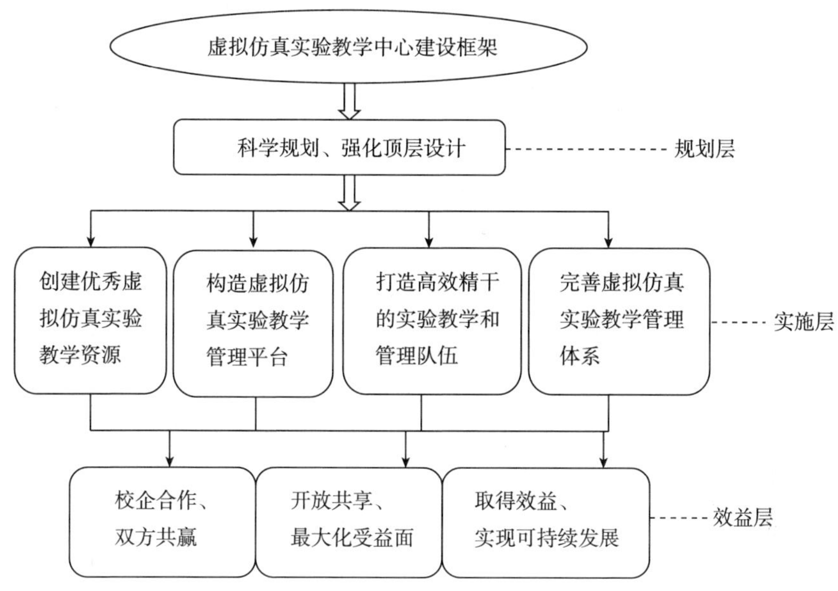

图1　虚拟仿真实验教学中心建设框架图

真实验教学中心的建设进程中处于落后地位。如何把握国家高等教育大改革的契机，积极进行学科专业与信息技术深度融合的探索，抓紧做好虚拟仿真实验教学中心的建设，勇于创新实验教学内容和体系，为国家经济发展培育具有创新精神和实践能力的高素质人才，成为摆在众多高校面前的紧迫任务。本文基于对94号文精神和内容要点的研读，对高校虚拟仿真实验教学中心的建设框架，包括规划层、实施层和效益层进行了构想和理论阐释，旨在为我国高校成功建设虚拟仿真实验教学中心，深入推进实验教学信息化进程，运用先进技术创新人才培养模式和方法，并收获应有的社会和经济效益提供可行的思路。

主要参考文献

[1] 陈萍、周会超、周虚：《构建虚拟仿真实验平台，探索创新人才培养模式》，载于《实验技术与管理》2011年第3期。

[2] 初汉芳、朱燕空：《创业虚拟仿真实验教学中心的实践与探索》，载于《实验技术与管理》2014年第12期。

[3] 郭馨梅、房成鑫：《国家级经济管理虚拟仿真实验教学中心建设的经验借鉴》，载于《实验技术与管理》2014年第11期。

[4] 胡今鸿、李鸿飞、黄涛：《高校虚拟仿真实验教学资源开放共享机制探究》，载于《实验室研究与探索》2015 年第 2 期。

[5] 李平、毛昌杰、徐进：《开展国家级虚拟仿真实验教学中心建设，提高高校实验教学信息化水平》，载于《实验室研究与探索》2013 年第 11 期。

[6] 鹿晓阳、李明弟、李轶：《创新实验教学体系的研究与实践——国家虚拟仿真实验教学中心和国家实验教学示范中心建设》，载于《山东高等教育》2015 年第 3 期。

[7] 蒲丹、周舟、任安杰：《多层次综合性虚拟仿真实验教学中心建设经验初探》，载于《实验技术与管理》2014 年第 3 期。

[8] 王卫国：《虚拟仿真实验教学中心建设思考与建议》，载于《实验室研究与探索》2013 年第 12 期。

[9] 郑双、吴海东、陈朝晖、李顺辉：《企业经济活动虚拟仿真实验教学中心的建设探索》，载于《实验技术与管理》2014 年第 11 期。

基于虚拟实验室的实践教学模式探析

卢民荣　许邓艳

一、引言

随着计算机软硬件的迅速发展，近年来，国内各大高校购置了大量计算机硬件设备和相应教学软件，如福建江夏学院已建设93个实验室（32个公共基础实验室、61个专业实验室），计算机软硬件的配备为高校培养大学生实践能力提供了重要保障。同时，计算机软件版本不断升级，对硬件的要求也越来越高，而实验室中计算机因使用率过高，老化速度较快，实验室中计算机硬件逐渐跟不上软件要求，高校为了满足实践教学要求不得不增加经费建设新的实验室，导致计算机报废率较高，造成一定的资源浪费，不利于低碳化管理。在计算机虚拟技术出现以来，业界一直在探讨和实现计算机资源共享、优化计算机性能和延长计算机服务年限等，其技术已经应用于航空航天、机械制造、教育科研、金融等领域，在高校教育科研方面，计算机已经是现代化教学的重要工具之一，而且以计算机虚拟实验为实验教学改革的主导方向是有效的、成功的。在培养大学生的实践能力方面，如何深化实践教学改革和探索虚拟实验室教学模式将是高校今后面临的重要任务，为此，国务院在《“十二五”国家自主创新能力建设规划》中提出加强教育信息化应用体系建设，《教育部办公厅关于开展2014年国家级虚拟仿真实验教学中心建设工作的通知》中明确指出虚拟仿真实验教学是高等教育信息化建设和实验教学示范中心建设的重要内容。

近年来，应用型本科院校和高职院校积极探索应用型本科人才培养和技能性专业人才培养，把企业行为中的职业能力和教学目标结合起来，注重教学的实践能力培养，这就要求高校创新教学管理模式。以“就业为导向”设计实践教学环节和实践教学内容，将是应用型本科人才培养和职业能力提升的关键点，甚至会成为准则，各大高校以此设计相应的培养方案，逐步探索适合高等教育现状的实践教学模式。本文结合福建江夏学院会计学院实验教学中心的特点，以“央地共建”研究型实验平台为背景，以会计学院虚拟实验室建设为契机，分析对比传统实践教学和虚拟实验室教学模式；从实践教学方面对照财务会计相关职业的资格标准，围绕会计专业知识结构和实践教学体系，探讨基于虚拟实验室的教学模式转变，并对高校开放实验室进行了探索与实践。

二、传统财务会计实践教学模式

1. 实践教学现状分析

财务会计是操作性较强的学科之一，在理论教学方面主要围绕基本概念和基本原理展开，大多数理论教学可以通过现有教材和教学环境实现，在实践教学方面侧重培养从事实际会计工作的基本技能，设计良好的实践操作环节和实验环境能有效提高实践教学过程的实施。目前，福建江夏学院会计学院在财会实践教学方面作了很大的努力，投入了大量人力物力改善教学环境，包括两间会计电算化实验室、两间手工模拟实验室，还设有模拟银行实验室、审计实验室、税收筹划实验室、ERP 财务管理实验室各一间；其配置的财务会计软件有用友 U872、网中网模拟银行、创业者等实践性很强且应用面较广的操作软件，为设计实践操作环节提供了较有力的实验环境支撑。但是，随着知识经济和新型工业化发展，财务软件不断升级，各大高校在现有教学条件下也开始暴露出一些比较共性的实践教学问题。

（1）教师队伍实践能力不高。从实践能力上，企业工作人员长期从事会计工作，其实践和应用能力优于高校教师，但是高校管理体制下，企业工作人员在文凭、职称方面的限制，以及缺乏教师授课技巧，使高校较难引进企业高级会计人才；而高校教师由于职称、科研方面的压力，也很难进行长期的社会兼职，实践能力从外部环境上也较难实现质的提升。因此，许多高校“双师型”教师往往达不到相应的指标。

（2）实践载体不够真实、权威。在教学上，知名企业真实的财务信息较难渗入到教学中，数据的权威性不够，其实践环节设计和实践内容大多数依赖于教材，学生体验到的数据比较理论化。学生前期学习财会知识时因部分知识比较抽象较难掌握，多数学生直到实习期间，才有机会初步体验到企业的财务工作，此时再来弥补知识缺漏已为时过晚。因此，财务数据真实性和实践内容按工作流程标准化，在教材和教学设计上仍然存在一定的差距。

（3）缺乏实践基地的场景教育。高校为了提升课程的实践力度，积极开展了各种校企合作，建立了各种校内、校外实训（实践）基地，从一定程度上提升了实践层次。然而，多数企业提供的（正式挂牌的）校外实训（实践）基地与学校距离比较远，出于学生安全考虑，学生在校学习期间参观都成问题，更谈不上深入了解实际工作流程。校内的实训（实践）基地从硬件上可以模仿实际工作环境，但没有入驻企业相关工作人员，实际的财务工作思想较难从硬件上体现出来，还需要进一步提升场景式教育。

2. 传统实验环境限制

目前，高校实验环境与实际工作环境区别较大，财务会计实验环境大体分为两类：手工模拟实验室和计算机实验室。手工类实验室主要是让学生在掌握财务会计、成本会计等知识的基础上，熟练掌握会计业务流程的基本操作，便于学生模拟会计实务操作，而实验室大多比较简陋，只配置账本资料柜、装订机、算盘等简单设备。计算机实验室主要是让学生熟悉商品化会计软件的基本操作和掌握会计软件的基本使用方法，建账数据单一，训练过程相对也比较统一，财务人员涉及的各种角色演练不到位，学生体验不到工作过程中的各种差异，与实际财务工作环境仍然相差较大。财会的各个实践环节比较紧凑且具有一定的连续性，学生很难在实验场所完成所有实验要求，课后又很难在脱离实验环境后完成。传统实验环境一方面受制于实验室开放程度不够，各种实验室开放制度不完善；另一方面实验室配备的财会软件有些是 C/S 模式（client/server，客户/服务器）无法在校园内部共享，如用友 U8 或 T3000，学生在宿舍无法完成课后练习；有些是 B/S 模式（brower/server，浏览器/服务器），可以提供学生课外访问，如网中网的银行会计实训教学平台，但由于服务器性能原因，无法保证较多学生同时访问，缺乏稳定性。为了方便实验室维护，实验室计算机一般都设有还原功能，不能存储学生操作的数据，学生在实验过程中如出现死机、重启、断电等情况，实验只能重新开始，不利于学生完成实验。传统实验环境限制导致实验教学模式不够完善，基本处于教师演示和学生模仿状态，学生的动手能力和创新思维能力没有得到有效的训练与培养。

三、基于虚拟实验室的实践教学模式

1. 虚拟实验室设计

虚拟实验室是基于虚拟原型技术的计算机虚拟实验室，常见道路工程虚拟实验室、土建工程虚拟实验室、电子工程虚拟实验室等，随着教学形象化需求的扩大，在高校中探索财务会计虚拟仿真、3D 实训等越来越普遍。本文讨论的财务会计虚拟仿真实验室主要包括两方面的建设：硬件虚拟化（服务器虚拟系统）和软件虚拟化（课程实验仿真系统和虚拟实验教学系统），运用计算机图形学、计算机仿真技术以及传感技术的沉浸式体验模拟财务会计工作环境，并提供交互功能，使得视景系统和仿真系统有机结合。

（1）硬件虚拟化设计。计算机硬件资源包括服务器、存储设备、网络设备等，计算机虚拟实验室需要重点实现服务器资源的虚拟化。利用服务器虚拟化技术，将现有服务器物理资源抽象成一个拥有巨大计算能力的“云”资源池，不管使用硬件虚拟模式还是逻辑虚拟模式，都能将服务器硬件资源有效虚拟化，当应用系统运行时可以动态调用这个“池”中的所有资源，部分资源超负载时能自动调用其他闲置资源。针对数据中心性能评估的报告指出，全球各大数据中心服务器的资源利用率仅 20% 左右，服务器系统虚拟化能将一台物理计算机系统虚拟化为一台或多台虚拟计算机系统，可以有效提高服务器资源利用率。目前比较方便的操作方式是使用逻辑虚拟模式，不过该模式的虚拟化需要一定损耗，目前虚拟化技术的损耗率基本控制在 3% 以内，对总体硬件资源影响不大；服务器硬件可统一放置于学校的现代教育中心或中心机房等，通过虚拟化技术将硬件资源共享和发布出来，在各实验室、宿舍等地进行合理的使用。

（2）软件虚拟化设计。软件虚拟化总体思想是通过虚拟实验教学系统统一管理实验室所有硬件资源，并在此基础上开发各财务会计相关课程实践的仿真系统。虚拟实验教学系统与教务系统相结合，有效管理实验室资源，同时对各个实验项目、实验软件和课程资源进行分配和管理，提供实验室工作人员、教师、学生等各种身份使用，其系统功能如图 1 所示。财务会计相关课程实践可分为会计综合类实训、行业会计类实训、技能综合类实训等仿真系统。会计综合类实训主要围绕成本会计、财务会计、税务会计、管理会计等展开；行业会计实训主要针对各种典型行业背景进行会计实务操作，如房地产会计、酒店管理会计等；技能综合类实训则是以岗位会计、出纳实务、电子报税、税收稽查、银行会计为主进行的训练。

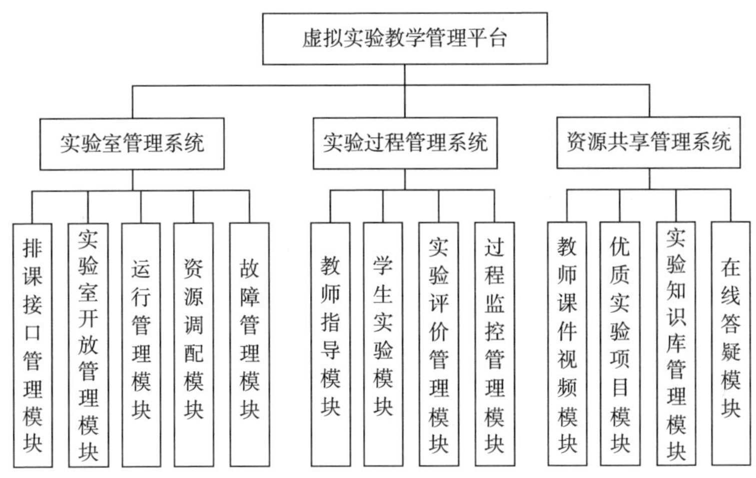

图 1　虚拟实验教学平台功能

2. 虚拟实验室教学模式的转变

虚拟实验教学管理平台部署在服务器上，通过该平台管理财务会计课程实验仿真系统和相关专业实验室，让各实验教学系统不依赖于特定实验室，实现教师和学生不依赖于特定场所进行相应的教学。教师可以在平台上设置实验教学计划、设计实验项目、安排实验环节、批阅实验报告及登记学生的实验成绩；学生可以通过该平台获得必修实验项目、选择选修实验、提交实验报告和查看教师批阅情况；而实验员主要对实验课程进行管理和维护，如对财务会计课程实验仿真系统进行后续二次开发，提升实验教学管理平台的管理层次。另外，在实验教学管理平台上，虚拟实验室还应为教师做研究提供服务，方便教师从事科研、教学等各项工作，同时虚拟实验室还能模拟财务会计相关专业的竞赛演练，为协同创新、智慧教室做好各项辅助工作，虚拟实验教学管理平台架构如图 2 所示。

通过虚拟实验室开展的实践教学与传统实践教学有明显的区别，教师的教与学生的学都相应发生结构性变化，以实验员为纽带的虚拟实验室教学模式如图 3 所示。运用虚拟技术把实验教学系统与专业实验室分离出来，由服务器承

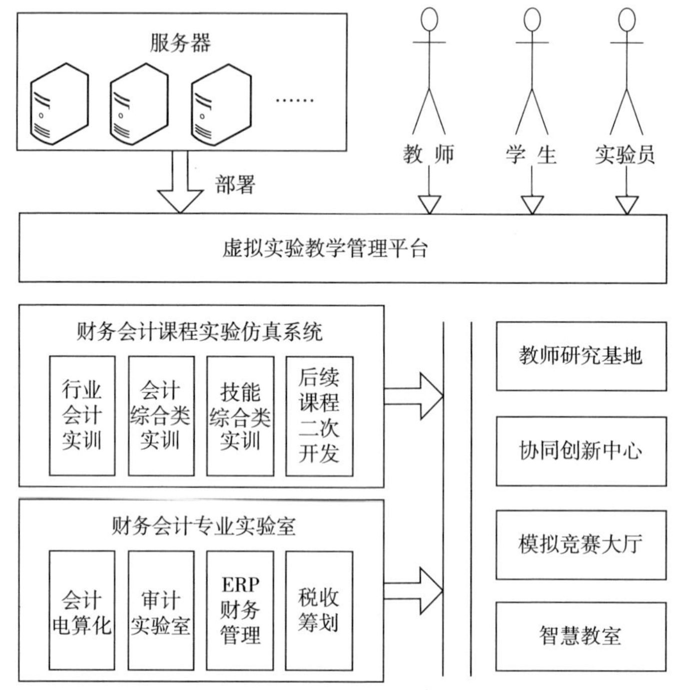

图 2　虚拟实验教学管理平台架构

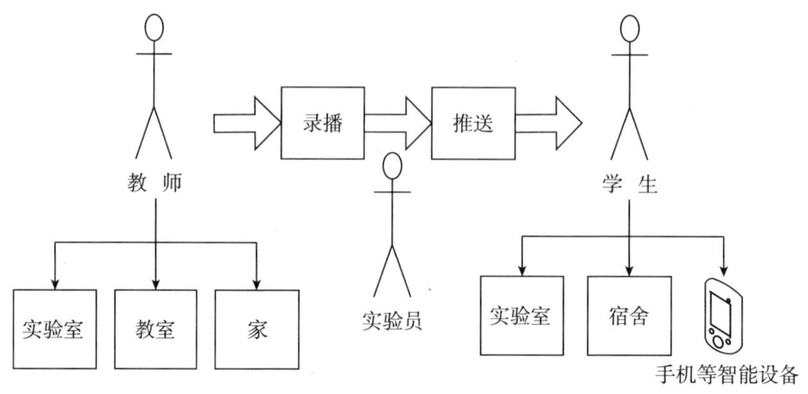

图 3　虚拟实验室教学模式

担所有系统的运转，而各专业实验室功能可以灵活调整，由教师教学需求而定，教师不需要依赖特定专业实验室进行教学。教师在上课过程中，通过相关录播设备将教学过程录制并实时存储到服务器中，学生根据需要可以定制相关实践教学视频，由虚拟实验管理平台进行智能推送，学生在宿舍或个人手机上进行学习，实现不依赖于教室、设备的自主学习。因此，虚拟实验室展开的实践教学不仅能够突破传统教学的场所限制，教师开展教学与学生学习可以不受特定实验室、教室的限制，而且运用 B/S 结构的课程系统和计算机虚拟技术能够突破设备的限制，不受限于个人计算机、手持设备。另外，通过录播还可以实现学习时间不受教学时间段的限制，真正做到随时随地的学习，大大提升了学习空间。

3. 基于虚拟实验室的实践课程开发

基于虚拟实验室的教学模式转变，不仅需要实验教学管理平台的日常维护，而且还要重点开发该平台下的新实践课程或对已有实践课程与时俱进的二次开发，财务会计各课程实验仿真系统才是整个虚拟实验室的核心，其实践课程的设计关系到虚拟实验室运营的成败。基于虚拟实验室的实践课程开发具有如下影响。

（1）对教师提出了更高要求。教师在理论教学时还需要更多地接触相关行业的会计工作，以提升自身的专业实践动手能力，根据工作岗位技能导向，结合高校实践体系开发相关实践课程，并基于实训目的而开发，满足相关课程的课堂教学，设计实践教学环节。

（2）对课程的实践体系提出了挑战。高校制定的培养方案和实践培养体系，主要从学校教学需求层面出发，令学生学到的财会技能可以服务于行业。因此，实践体系可以通过校企合作的形式，让企业财会相关岗位的工作人员参与进来，对实践体系进行修订。

（3）对实践课程教学质量评价提出了考验。财会实践课程是培养学生动手能力的重要环节，是其理论知识的检验和延伸，如何监控、把握实践课程的质量，做到切实提高实践教学水平等，都需要对实践教学质量进行后续评价。评价体系应突破传统课程成绩评定的局限，提升与绩效、工作质量的相关度。

四、开放实验室资源

1. 提升实验室共享度

传统实验室建设主要面向专业特点、课程性质而定，各个实验室安装不同软件以供教学使用，实验室软硬件资源难以共享，造成一定的资源浪费。基于虚拟技术建设的计算机实验室，软硬件核心资源主要集中在服务器上，使用者仅以客户端的形式进行实验，弱化了各种专业实验室的功能，如何全面提升实验室的共享度还需要进一步探讨。本文主要从实验室的使用和服务器资源的利用两方面进行分析和讨论。实验室的主要用途仍然是实践教学以及常规性竞赛训练和学生自主演练，服务器资源在上课期间的运用比较充分，而在下课时间段服务器较多资源会处于比较空闲的状态，因此提升实验室共享度要充分考虑服务器资源的开放和提倡预约使用。为了提升实验室共享度，虚拟实验室在开放过程中仍然需要符合一定的申请流程，一般流程可以参照图 4 的做法，同时还要配备实验室开放管理的相关制度、值班教师和工作人员，以规范实验室使用和提升学生做实验的质量。例如，周末时间在实验室做实验时，可适当引入企业财会工作人员，让学生体验到财会相关工作岗位的实践意义，提高动手能力。

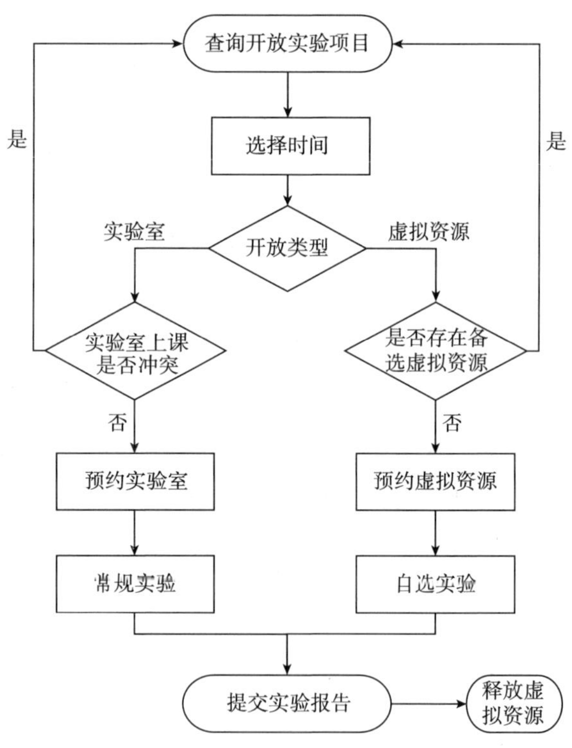

图 4　虚拟实验室开放申请流程

2. 实验室开放的可行性

长期以来，高校实验室受到管理制度和人员配备方面的限制，在晚间、周末或寒暑假等非上课时段，无法提供开放服务。虽然工科类高校意识到开放实验室对培养学生实践能力和创新能力的重要性，但是没有相应配套的实验室开放预约软硬件，无法真正保障开放实验室的稳定运转。而虚拟实验室结合实验管理平台可以提供开放式的网上虚拟实验室预约和使用服务，实验的安排更加灵活方便且不受时间、空间、人员限制。只要有网络的地方就可以动手做实验，无须到实验室，无须实验管理人员现场管理，实现真正意义上的实验室开放。当财务会计专业的实验过程有疑问时，教师和学生通过教学相应的专业论坛版块进行互动交流，师生共同探讨促进相关专业知识的学习和实践技能的培养，从而实现理论教学和实践教学的有机融合。通过建立虚拟实验室和实验室开放共享，可以解决财务会计及其他很多学科中的实验教学问题，完善和提升现有实验教学体系。在实验室开放预约管理中学生可根据自己的兴趣爱好，提交实验项目预约以及虚拟资源预约，进行个性实验，由教师评价学生实验效果，也可以组织兴趣小组预约实验室来开展课外实验。

五、结语

在应用型本科学校和高职院校人才培养大背景下，本文以职业能力为导向的财务与会计虚拟仿真教学平台建设为契机，以财务会计专业为突破口，从传统实验环境限制导致实验教学模式不够完善的角度分析财务会计专业近年来的实践教学问题，并对基于虚拟实验室的实践教学模式的转变进行了探讨。当前，虚拟实验室投入成本较高，实验室开放预约普及度较低，虚拟资源在移动设备上的应用仍存在一定的技术障碍，服务器虚拟资源的分配机制尚不健全。因此，目前多数高校还未大范围进行虚拟实验室建设。然而，可以预见，随着虚拟化技术的不断发展，其管理便捷和节能效益将越来越具优势，虚拟化在高校实验室中的应用也会不断提升，高校内各专业实验室之间以及高校之间的虚拟资源共享程度将越来越深，为实验室提供社会化服务奠定了坚实的基础。

主要参考文献

[1] 陈润、孙界平、琚生根、师维、李勤：《构建计算机虚拟实验教学质

量保障体系》，载于《实验技术与管理》2017 年第 8 期。

［2］高素美、牟福元、郑李明：《高校虚拟与开放实验室教学模式探索与实践》，载于《中国电力教育》2013 年第 16 期。

［3］况扬、汪欣：《虚拟现实技术在教育教学中的应用》，载于《中国成人教育》2016 年第 10 期。

［4］卢民荣：《基于“互联网＋”虚拟技术的实验教学平台研究》，载于《计算机应用与软件》2017 年第 10 期。

［5］马永斌、柏喆：《大学创新创业教育的实践模式研究与探索》，载于《清华大学教育研究》2015 年第 6 期.

［6］彭永进、王昌军、赵晓艳、田秀娜、刘玉玲、郝军华：《虚拟实验室在高等学校实验室信息化建设中的作用》，载于《中国管理信息化》2018 年第 8 期。

［7］吴中江、黄成亮：《应用型人才内涵及应用型本科人才培养》，载于《高等工程教育研究》2014 年第 2 期。

［8］喻杰：《浅谈高校计算机房管理和维护的低碳化》，载于《湖北成人教育学院学报》2013 年第 1 期。

［9］杨九民、邵明杰、黄磊：《基于微视频资源的翻转课堂在实验教学中的应用研究——以“现代教育技术”实验课程为例》，载于《现代教育技术》2013 年第 10 期。

［10］周丽涛、刘越、彭立宏：《探索 MOOC 在计算机实践教学中的应用》，载于《计算机工程与科学》2014 年第 A1 期。

基于“错误实验”的会计信息系统教学改革

陈海烽

一、引言

“会计信息系统”是一门融会计学、计算机及网络技术、信息科学和管理科学为一体的交叉学科，是高等院校会计专业的一门专业必修课。课程设置的目的是培养适应社会主义市场经济要求、符合企业信息化实践需要、懂得会计信息系统理论与实务的应用型人才。“会计信息系统”课程是通过培养学生会计专业的基本理论、基础知识，以及基本掌握各种财务软件操作与维护的综合性技能型课程。

传统会计信息系统的教学，以一套企业数据为基础，教师在课堂上做演示，学生练习时以教师进行辅导答疑为主要模式。传统教学始终没有改变学生被动的课堂接收过程，过分强调教师的作用，难以激发学生的学习兴趣，不利于学生自主学习能力的形成和发展。因此，要培养、提高学生的自主学习能力，追求更好的教学效果，就必须对简单陈旧的演示性、验证性实验项目加大整合力度，根据高校人才培养要求，基于基础性实验、设计性实验、综合性和研究性实验四个层次的要求，创新教学理念、教学方法，优化教学信息的传输过程。

二、会计信息系统教学的现状

目前，会计信息系统的教学活动从内容上讲只是简单的会计信息化基本技能训练，无法响应专业学科人才的市场需求。该课程的传统实验一般涵盖建账、财务分工、日常账务处理、月末处理等会计信息化基本过程，内容单一，业务量少。教学过程中存在以下几方面问题。

1. 被动式实验为主

由于会计信息系统的系统性、操作性强，教学过程中会计信息化系统基本过程的操作与演示占据了课堂教学的大部分课时，留给学生练习的课时不足。学生在练习过程中被动按规定的步骤或方法完成实验账套，不能调动和发挥学习的积极性与主观能动性，实验过程中缺乏理解操作背后的数据源、数据流等关键内容的积极性。

2. 实验模块化，缺乏系统性

会计信息系统在教学过程中一般按信息化模块分为核心的总账、报表模块，以及其他如应收应付、工资管理、固定资产核算、成本核算管理等模块。教学过程中一般采用分模块练习，学生只练习若干个独立的模块，无法理解这些实验在整个会计信息系统中的作用及它们之间的数据传递过程，导致月末结转的定义与生成、模块结账要求等对系统整体、业务综合理解要求较高的内容成为课程的教学难点。

3. 重结果，轻过程

传统会计信息系统的教学以技能训练为主，以对实验结果的正确性考核为主，缺乏对学生实践能力的综合考核。由于课时安排等原因，实验数据简单，学生无法理解会计信息系统的基本原理、数据流，只知其然，不知其所以然。在实验过程中，重结果、轻过程，一旦出现实验结果错误，就不知如何分析和查错，更不知如何改错。这样的实验教学忽视了对学生独立自主地发现问题、分析问题和解决问题能力的培养。

三、基于“错误实验”的课程教学改革

如何弥补不足，将会计信息系统实验教学改革推向更深层次，需要大胆创新，寻找能激发学生积极性和主观能动性的教学理念和方法。笔者基于多年的实验教学经验提出基于“错误实验”进行课程教学改革的思想。

所谓“错误实验”，是指在实验设计时，人为设计部分实验步骤或内容的不规范，当学生在实验过程中出现各种问题，与实验结果不符时，要求学生进行错误再现，通过独立思考、团队讨论、教师辅助启发等方式，分析问题、寻找问题并解决问题的一种教学方式。

1. “错误实验”的设计原则

“错误实验”教学方法具有实践性、灵活性、多样性、开放性特征，在实

验设计时需充分结合课程，使学生在出现实验错误后积极反思。因此，实验设计时，实验错误的设计应当遵循以下原则。

（1）实验错误应当反映实验原理。围绕实验原理进行实验错误设计，使学生在查错、纠错过程中理解实验原理。在会计信息系统实验设计时，可设计实验结果令资产负债表不平，引导学生先对报表公式进行检验，排除报表公式错误后，再思考是否是财务取数错误，使学生反思导致取数错误的数据源、数据流，从而理解实验原理。

（2）实验错误应易于观察。实验错误设计应让学生在实验操作的基础上容易发现、检验实验错误现象，分析产生实验错误的原因。会计信息系统实验可通过对账、试算平衡等实验过程展现错误，使学生阶段性反思实验过程、实验步骤和实验方法，增强学生分析判断的能力，加深对知识的理解和应用。例如，通过期初对账发现总账与明细账不符，使学生体会会计科目设置与期初余额输入间的关系。

（3）实验错误应具有修复的方法，且对后续实验不产生影响。引导学生独立思考、团队讨论，寻求多种实验错误的修复方案，然后对实验修复方法进行验证，优化修复方案。由于会计信息系统的实验数据具有系统性、连续性和联系性，实验错误应能及时发现，并具有修复的方法。否则，极易导致学生重新练习实验账套，无法开展后续实验，影响教学进度。

（4）突出实验注意事项。每一个实验都有其操作的注意事项，实验错误应突出实验注意事项，引导学生围绕实验注意事项进行查错、纠错，使其意识到重要选项、设置、操作的功能及影响，从而规范学生的实验操作，实现教学目的。会计信息系统的许多选项、设置和操作与手工要求不同，直接影响财务数据的生成，在教学过程中需要通过各种方式进行强化，而实验错误可以起到很好的强化效果。

2. “错误实验”的组织

通过对学生实验错误的查找与纠正，引导学生对实验进行归纳总结并反思。变被动学习为主动学习、变独自学习为团队学习、变静默学习为讨论学习，改变教学理念和方法，做好“错误实验”的教学组织工作。

（1）实验教学前的设计。实验教学前的设计是指教师上课前对教学的思考和计划，应在课前设计实验和预测课堂教学情境。会计专业的学生在学习会计信息系统时一般具有会计和计算机知识基础，但计算机基础相对薄弱，学习时不容易上手。因此，不能机械地使用实验教材，要根据学生的知识背景和学习能力来设计实验。对数据源、数据流的透彻理解是设计会计信息系统错误实验的前提，教师要将教学内容条理化，对知识点进行分类，确定重点和难点，然后有针对性地设计实验错误，全面覆盖重点和难点。

（2）实验教学中的把控。教师在实验课上应及时对突发问题进行处理，对出现的问题不断进行调整，保证实验教学的顺利有效进行。教学设计再完整也难面面俱到，在会计信息系统的操作练习过程中，既定的实验错误也许没有出现，而原先以为非常容易的地方却可能将很多学生难倒。例如，期初数据由于输入内容多，学生易出错，导致试算不平衡，影响实验进度，教师要记录实验过程中发现的问题和困难，研究解决方案，更新实验教学内容或者教学方式。

（3）实验教学后的组织。实验教学后应要求学生反思实验错误出现的原因，回忆并验证实验错误，组队讨论修改实验错误的方法，并形成实验报告。首先，要求学生确认实验错误，讨论对实验错误的分析是否正确，修改实验错误的方法是否有效等，通过编制实验报告促使学生掌握知识重点和难点。其次，教师要反思错误实验教学是否达到既定的教学目标，记录实验中出现的新情况，分析其原因，探究解决方案，并及时通过 QQ、微信等途径与学生交流，获取学生的反馈，改进实验教学。

四、结束语

通过要求学生反思实验错误，引导学生对实验进行归纳总结，变被动学习为主动学习、变听练式学习为体会式学习、变独自学习为团队学习、变静默学习为讨论学习，改变学生的学习理念和方法。尤其是“错误实验”教学法将改变教师传统的教学方法，从传统的以教师为主转变为以学生为主，从以讲解为主转变为讲解答疑并重，从重结果转变为重过程。

主要参考文献

［1］罗丹娜、张云飞：《关于会计信息系统实验教学改革的思考》，载于《产业与科技论坛》2011 年第 10 期。

[2] 刘湘宁、李欣：《会计信息系统课程实验教学现状与改革》，载于《实验室研究与探索》2010 年第 29 期。

[3] 占慧莲、钱学明：《会计信息系统课程实验教学的发展与改革》，载于《中国管理信息化》2009 年第 12 期。

基于创业训练项目的创业实验室运行模式探析

郑　瞳

2011 年，教育部正式在全国推广“大学生创新创业训练计划”资助工程。四年来，逾十万个大学生创新创业项目受到该工程资助，其中一半以上为创业训练计划项目。这一工程已成为高校开展试点性创业教育的首要资源平台。与创业训练项目相匹配的创业实验室在我国的发展也呈现出良好势头。依托创业实验室建设，创业训练项目能够真正实现“点子孵化器”的作用，达成创业教育的实践目标。

一、创业训练项目和创业实验室的契合

1. 创业训练项目对创业实验室建设的依托和推动

创业训练项目是本科生团队在导师指导下通过分配团队成员角色和职责，完成编制商业计划书、开展可行性研究、模拟企业运行、参加企业实践、撰写创业报告等创业工作。目前，教育部明确规定大学生创业训练计划要进入人才培养方案和教学计划。高校教学管理部门要从课程建设、选课、考试、成果认定、学分认定等方面给予支持。这意味着参与项目的高校必须将创业训练项目课程化、系统化，形成完整的创业教育体系，摆在和理论课程、实践课程同等重要的地位。但是，要真正实现以创业项目为主体的创业教育改革，整体性的载体建设是必不可少的教学配套条件，风靡全球的创业实验室可以承载这一实践重任，将框架和构想变为可运行的体验和教育平台。

2011 年 3 月 16 日，教育部批准成立全国首个部级大学生创业实验室，挂靠在上海市科技创业基金会。该实验室旨在进一步发挥基金会推进大学生自主创业工作的制度示范作用。多所大学在其示范下建立了创业实验室，典型如对外经济贸易大学就业创业实验室、福州大学学生创新创业实验室和创新创业导师室、湖北经济学院“淘宝”创业实验室等特色项目，均彰显出在创业实验

室建设大潮下高校和社会团体的积极性。究其原因，专门化的创业实验室较之传统的专业实验室和实践基地，对“大学生创新创业训练计划”在扩大项目支持、更新管理制度、提升经费资助、解决保障机制、完善配套扶助等方面，有其不可替代的作用。

2. 创业实验室和创业训练项目的契合点

创业训练是官方推动、学生自主开展的创业素质培养项目，主要目标在于培育创业活动中的关键性要素，即学生的创意与创新能力、团队合作精神、运筹资源的能力。创业实验室作为高校内部创业活动的载体，强调以专业理论知识为基础，充分联系专业实践内容，在具体而微的平台上开展创业教育，促进学生对专业知识的应用与创新。建立创业实验室，能够在运行机制上探索创业型实验的组织与实施方案、具体实施措施以及实施效果评价方法，通过创业研究、创业实践、创业大赛等教学形式对学生创业能力进行早期培养，将有创业理想的学生转变为实际选择创业并具备创业能力的社会准新人。因此，机制化的创业实验室在体验和教育的切入点上与创业训练的目标是高度融合的。

二、基于创业训练的创业实验室运行目标和教学功能定位

创业训练项目所依托的创业实验室承担着创业教育的体验和扶助功能，作为教育和训练的载体，其运行定位和功能界定较之教学型实验室更为广泛。

1. 运行目标

（1）教学目标。在教学目标上，创业实验室依托标准化的实验课程体系和完整的实验平台架构，从整体上带动其他相关实践课程的改革和完善，成为处于理论教学从属地位的传统实践教学的突破口，推动整个实践教学模式的变革。创业实验室的教学定位是在校内实践与社会实习之间，在课程学习与素质培养之间，在职业体验与生涯规划之间。

（2）素质目标。在素质培养目标上，通过创业实验室内部创业流程的体验和模拟情景的参与，拓展学生创业技能、增强学生创业意识，使得经过训练的学生真正掌握精深的专业知识，全面的创新思维以及综合的沟通才能。

（3）实践目标。在实践目标定位上，创业实验室利用综合的创业流程教育将管理学、财务学、经济学、信息学等学科的知识融合并凝练成学生可以自

如运用的技能，在实验室内学生可以了解国家创业政策、体验企业的创业环节、洞悉市场的发展趋势、关注对手的竞争优势。环环相扣的创业教学环节能充分激励学生的积极性和创造性，引导学生的探究意识和创业理念，成为实践教学与社会融合的衔接平台。

（4）考核目标。在考核目标定位上，创业训练作为项目带动的教学形式，其考核目标的完成必须依托专门的创业实验室实现。实验室的创业课程为学生的创业训练提供阶段性考核标准，创业平台则为学生的创业方案提供不同的考核机制，这些架构有助于学生循序渐进地完成创业目标，也能赋予学生一定的压力与动力。多层次立体化的过程考核与成果性展示型的结项考核目标相结合，对创业技能的训练起到聚沙成塔、积流成渊的效果。

2. 教学功能

（1）创业课程教学。创业实验室通过体系化的开发课程对加入创业训练的学生进行创业教育和创业咨询，有效提升创业技能、培养创业心态、积累创业经验，再通过课程考核保证创业教育的成果。

（2）创业信息发布。创业实验室收集行业、政府、科研机构发布的最新创业资讯，通过自身渠道（网站、电邮）向参与创业训练者发布，是创业信息的整合速递员，为创业实践提供信息支持。

（3）创业交流平台。创业实验室是创业者聚集、交流思想、进行合作的天然平台。通过组织沙龙、研讨等开展横向交流（不同行业、专业、职业）和纵向交流（创业前辈、投资人），帮助学生建立正确的创业理念，体验仿真的创业经历。

（4）创业企业孵化。创业实验室具备整合多元和有效资源的平台功能，可以为学生早期创业项目提供场地、合作伙伴乃至天使资金等复合资源，使得创业学生能快速开始经营自己的创业项目。此孵化器更偏重于创业公司未成立时期或成立早期，为公益性质的资源援助而非天使投资。

（5）创业跟踪研究。创业实验室是创业的理性研究者，通过与其服务过的项目建立长期合作关系，跟踪学生创业项目的整个生命周期，积累创业案例和数据，发布对创业项目的研究成果，作为研究创业行为的一手资料，指导新的创业教育和企业孵化。

三、项目标准化实验课程

创业实验室作为创业训练项目的可靠依托，必须要解决创业教育大纲化、课程化、系统化的机制问题，使其能够凭借自身定位对训练项目进行有效支持。设计标准化的实验课程可以从流程上保证每一个训练项目的学生团队能够接受完整的创业课程教育，形成系统的创业技能、合理的创业观念。

标准化创业课程涵盖创业过程的全因素和全环节，并不针对学生的专业背景和专业技能，而是通用型的培训课程体系，保证不同专业、不同年级和不同项目的学生团队能够体验同样的创业教育。这一标准化课程体系着眼于前期知识铺垫，但是其知识运用贯穿于创业训练项目的全程，是和整个创业项目同步的“即插即用”型课程体系，团队在课程学习中同时推进创业训练项目，达到“立等可取”的学以致用的效果。该课程包括两个阶段：培育阶段课程和孵化阶段课程。

1. 培育阶段课程

本阶段课程主要是创业的基础知识架构，使学生完成对创业活动的初次体验，形成初步的创业意识及理念，包括创业引导、项目计划、项目评估三门课程。创业实验室在这一阶段的任务是引入创业环境、构建创业场景。

2. 孵化阶段课程

本阶段课程偏重创业的成果孵化实验，使学生在项目成型后深度摸索项目成长经验，形成实际的运营技能和执行力度，包括实体运营和战略分析两门课程。创业实验室在这一阶段的任务是模拟商业社区、提供评测支持。

两个阶段五门标准化课程的架构如表 1 所示。

表 1　　创业实验室开设的标准化创业课程

<table>
<tr><th colspan="2">课程</th><th>课程内容</th><th>课程目标</th><th>实验室任务</th></tr>
<tr><td rowspan="2">培育阶段课程</td><td>创业引导</td><td>• 创业意识渗透
• 创业案例教学
• 电子商务、财务分析与创业技术</td><td>• 初步的创业意识
• 创业者需具备的素质与条件</td><td>• 构建创业环境和背景
• 提供开放式创业案例库资源
• 提供开放式电商平台课程和财务分析课程</td></tr>
<tr><td>项目计划</td><td>• 创业团队架构与自我评价
• 创业项目选择与初定
• 导入创业计划书</td><td>• 创业意识
• 角色认知
• 发掘商机</td><td>• 通过软件模拟和营造创业场景
• 选定创业项目、分析项目初衷
• 创业计划书案例库</td></tr>
</table>

续表

课程		课程内容	课程目标	实验室任务
培育阶段课程	项目评估	• 项目调研与分析 • 项目风险评估 • 创业计划书分工 • 创业能力评测 • 立项分析	• 调研分析 • 团队沟通能力 • 团队建设 • 商业计划 • 创业技能鉴定	• 调研项目所在的终端市场和商业社区、进行需求和受众分析 • 通过软硬件提供创业技能测试机制 • 通过定量和定性分析工具评估项目的风险
孵化阶段课程	实体运营	• 确定创业公司名称、组织构架 • 实岗工作计划 • 拟定股东协议 • 完成公司模拟注册程序	• 团队意识 • 项目执行力 • 沟通协调 • 分析能力 • 职业意识	• 通过软件平台创建虚拟创业企业，了解企业建立的流程 • 通过软件平台设计和完成创业企业内部组织架构
	战略分析	• SWOT 分析 • STP 分析 • 赢利模式 • 核心价值曲线分析 • 计划与预算	• 市场分析 • 战略定位 • 竞争分析 • 财务决策	• 根据创业调研的市场数据评估创业企业竞争力和竞争环境 • 提供战略分析的各种软件工具 • 提供创业团队所需的办公环境和沟通场所 • 支持创业企业的早期运营

在标准化创业课程的设计阶段应当同时明确创业实验室在课程教学中的支持作用。由于创业训练项目创意的多元化和领域的交叉性，创业实验室不可能兼顾每一类型的创业项目培训，但是必须从通用性的角度出发，与标准化课程结合，起到普遍意义的平台作用。例如，不同类型的创业项目针对的商业环境和市场群体迥异，实验室的创业评估课程无法对每一个项目提供详尽的调研和评估方案，但是可以对创业项目调研和评估方法提供一般性的思路借鉴。

四、项目实验教学平台架构

创业实验室的标准课程需要丰富的资源支持。创业实验室通过平台建设实现对教学和实践资源的整合，并通过平台功能对接标准化课程，达到对创业教学课程的系统化、流程化支撑，保证标准化课程和训练项目同步运行。创业实验室搭建的教学平台描述如表 2 所示。

表 2　　创业实验室的教学平台设计

平台	平台环境	平台功能	支持课程
管理平台	创业实验室的服务单元和管理站点	进行创业实验室日常教学和实验项目的管理，提供实验室软硬件平台的技术支持。管理人员还可参与到企业运营和创业教学活动中来，使管理平台同时具有社会功能、教学功能和管理功能	—
展示平台	建立创业数据库，搭建成果大厅、创业文化长廊	提供实验室成功孵化的创业案例和搜集整理的其他创业案例，形成数据库结构，便于进行案例教学；通过多媒体手段全方位立体化展示实验室的创业成果、营造创业氛围、激发师生的创新创业热情	创业引导（创业案例教学）
培训平台	建立针对创业意识和前期创业技能的培训网络，具备创业课程在线学习系统、大学生创业资讯系统	创业团队通过自主在线学习、系统课堂授课、创业资讯冲浪，接受早期的创业培训，形成正确的创业意识和扎实的创业基本技能，为后期项目开展做铺垫	创业引导（创业意识、创业技术）
实践平台	建立创业沙盘仿真实训区，构造创业项目计划平台和创业项目调研分析工具	通过沙盘系统把创业知识学习与仿真实训相结合，明确创业流程、培养创业技能；通过项目的计划系统和调研分析系统完成项目调研评估和项目计划书	• 项目计划 • 项目评估
孵化平台	搭建创业项目的孵化园，提供办公区和开展业务的场所	有针对性地对成功获得立项、进入孵化阶段的创业项目的创业团队进行孵化，保障专项管理机制和专业追踪指导	• 实体运营 • 战略分析

五、实验室运行保障机制

1. 管理模式

创业实验室由于综合性较强，其管理层次置于高校实验实训中心之下是比较合理的选择，能够有效调配所需的专业教学资源、集合各系部的人才优势。在创业训练项目管理的过程中，创业实验室运行应当与创新创业项目开展的时间阶段匹配，实行周期管理；管理原则上遵循自我管理与公众监督相结合的方式，更能发挥学生团队的自主意识。具体而言，创业实验室的管理包含以下三方面。

（1）开放式管理和权限设置。创业实验室由于要适应创业训练项目的开展规律，因此开放式管理是必要的。接入校内网络，很容易实现标准化课程的所有教学资料和数据信息都可以在任何时间通过校内任何终端进行访问和共享，避免实验室孤岛。长远来看，开放的创业实验室不仅仅局限于时间和空间上的开放，更重要的是管理体制、教学模式、教学方法和教学观念的开放，为创业学生团队营造宽松自由的创业实践环境。但是，开放式管理中的安全问题不能忽略，特别是在实地使用实验室内部贵重的仪器设备和教学平台时，应通过设置权限有效实现接触控制。通过审核立项的创业团队成员应当建立个人身份档案库，通过指纹识别完成使用许可。每一次进入创业实验室都必须进行身份认证，以便建立操作日志，既保证学生的使用，又避免实验室教学设备的不合理损耗，做到"开放使用，谨慎管理"。

（2）教学过程管理。创业教学过程的管理业务均由管理平台承担，该平台的管理资源涵盖开课准备管理、教学计划管理、排课选课管理、教学过程管理、成果考核管理、信息反馈管理、设备管理等。日常教学环节借助网络多媒体通信手段，自如地运用视频教学、分组教学、屏幕广播等技术，在整个教学过程中，指导教师能够实现同频、分团队、一对一等多种方式的教学互动，也能够随时跟踪创业团队的项目进展和实时数据。在实验设备整合方面，可做到按实际需要在网络上进行任何组合，不受现实空间的限定，方便灵活，并能够保证高速、稳定、安全、畅通的运行。

（3）实验室容量管理。创业实验室的载体功能集中体现在提供创业团队项目运行必需的场所空间上。但是创业项目众多，实验室容量无法承载所有团队的训练过程。因此，实验室容量使用应当限定于实验室的孵化平台，只有通过省级创业训练项目审核、经过学校认证确定培育的项目才能进入实验室孵化基地开展实地经营，享受免费办公设施等优惠。为了保证更新，实验室可以以一年为期限，聘请专家进行成果评审，实现"两端"选择：排名末位的创业项目将被淘汰，自行解决场地问题，而已经度过初创期的项目则可以由学校推荐转移到校外基地继续孵化，从而有效解决实验室稀缺资源的控制和调配问题。

2. 实验室效能评价

创业实验室资源的集成性远非普通专业实验室可比，因此，其效能评价也较一般专业实验室更为复杂。借助风靡全球的现场管理评价模式"5S"系统，高校可以实地考核创业实验室的管理效能。

“5S”是日文整理、整顿、清扫、清洁、修养五个日文单词罗马发音的第一个字母。“5S”系统成型于战后的日本企业，近三十年来日本企业已将“5S”评价作为考核企业现场管理绩效的代表手法。这一系统代表着创业实验室管理的五个目标：整理实验设备和教具、整顿实验教学资料、清扫实验废料和杂物、清洁实验室环境、自评实验室管理效果（日语意为修养）。“5S”的系统首先要消除全员意识的障碍，使创业实验室每个参与团队和参与主体都深切感觉到创业实验室作为开放式的创业教育资源中心，其形象、效率、安全等管理效果是通过日常每一项工作细节决定的，管理应关注常态化。

3. 师资支持

创业实验室的师资配置应当实现二元布局，采取专职教师和兼职教师搭配负责的方式。创业实验室的专职教师来自创业教育岗位和实验室管理岗位，实行坐班制。专职教师大部分时间在岗，可以随时追踪创业团队的进展、解答创业团队的问题、保证创业实验室的正常运行。专职教师可以担任某一项目团队的指导教师，也可以统筹负责多个项目的进展考核。兼职教师则来自校内专业教师、企业家、成功的创业者、技术创新专家等人群，保证兼职教师的多元化。兼职教师主要承担创业课程的前期教学和创业项目的后期评审，同时以讲座、研讨和沙龙的形式与创业团队沟通，传递国内外创业教育动态，分享先进创业经验，交流最新创业技术和理念。在创业教育师资的培养上，教师顶岗实习和轮训可以解决教师的技能问题，尤其是教师的工程背景。而在创业教育师资的激励上，为了鼓励更多兼职教师参与创业团队，高校可以根据创业团队的评审成果给予教师相应奖励，保证指导效果。

主要参考文献

［1］夏学平：《创业实践平台的构建、运行与管理模式的探讨——以湖北经济学院淘宝创业实验室为例》，载于《中国管理信息化》2013 年第 12 期。

［2］李德智、赵丽平：《实验中心孵化创业探讨》，载于《实验科学与技术》2010 年第 8 期。

［3］郑双、陈朝晖：《一体两翼式创新创业实验教学平台的构建与实践》，载于《实验室科学》2013 年第 12 期。

［4］王亚荣、葛峙中：《以创业为导向的经管类实验实践教学对策》，载

于《实验室研究与探索》2013 年第 6 期。

［5］吴敏生：《实验室是创业型大学的重要组成部分》，载于《实验室研究与探索》2008 年第 12 期。

［6］陈元凤、杭建平：《经管类创业实验实践教学仿真平台体系建设实践》，载于《教育教学论坛》2015 年第 3 期。

应用型本科高校财税课程实践教学模式探讨

薛　菁

应用型本科教育既不同于一般四年制的普通本科，也不同于专科层次的高职，属于较高层次的技术教育，以培养适应社会需要的符合生产、建设、管理、服务第一线需要的高等技术应用性人才为办学目标（邓毅，2012）。在我国本科教育中，财税课程被认为是经济管理类专业的基础课程，目的在于扩展学生知识视野，培养学生分析现实问题的能力。但传统教学以理论讲授为主，学生在出校门之前鲜少有机会将理论与实践相结合，这不仅使学生对课程学习失去兴趣，也使学生在未来的工作竞争中处于不利的地位。因此，如何设计适应应用型本科人才培养目标定位要求，有助于提升学生财税知识应用能力和财政热点问题分析能力的财税实践教学模式，成为应用型本科高校财税学科建设中急需解决的课题。

一、应用型本科高校财税课程实践教学模式设计的基本要求

1. 应用型本科高校财税课程实践教学模式设计应遵循的原则

一是全面性原则。财税课程是一个兼具理论性和实践性的教学体系，财税课程实践教学设计必须具有全局性观念，既要兼顾培养动手能力的税法应用、税收征管课程，又要将学生难以理解却有助于培养学生分析能力的财政支出绩效、政府预算、财政集中支付、政府间转移支付等知识点纳入实践教学的设计环节。二是多样性原则，基于财税课程的特点，除校内实验室的仿真模拟实验外，“请进来”“走出去”更是不可缺少的形式，只有这样，实践教学效果才能落到实处。三是以学生为主体原则。在实践教学中，学生才是主角，老师的作用在于引导学生积极参与，指导学生完成实践任务，帮助学生提炼实践心得。此外，以学生为主体也要求在实践教学实施中对学生的素质进行充分评估，实践教学任务可以因不同的学生而有所差异。

2. 应用型本科高校财税课程实践教学模式设计的主要内容

应用型本科实践教学体系分为三个层次。一是随堂实践教学任务，是在相关课程的课堂教学中有意识地增加实验教学内容。如布置学生就某个当前财税热点问题查阅资料，撰写小论文，帮助学生理解抽象的理论知识，培养财税思维；在课堂教学中运用现实中发生的典型案例，让理论与实践衔接。二是校内实验室仿真模拟训练，主要是建立先进的财税实验室，构建和安装多模块的软件系统进行实务操作模拟。现在有很多高校在财税软件的应用上走在了前面，如中南财经政法大学，针对财税课程需要，开发了部门预算管理、财政收入管理、国库集中支付管理、税务办公自动化系统、税控防伪系统等多个软件系统的实践模拟训练；在上海立信会计学院，公共组织理财和财政支出绩效评价的软件仿真模拟颇有特色；而广东商学院（现广东财经大学）早在2006年就将广东省国家税务局的CTAIS软件系统引入教学中。三是各种形式的校外实践教学活动，可以结合假期社会实践活动、校外实践基地见习、学生毕业实习、参与老师的课题研究等形式为学生提供校外实践的机会。

二、当前应用型本科高校财税课程实践教学实施中遇到的障碍

1. 实践教学环节选择单一

在应用型本科非财税专业的课程设置中，财税课程主要有财政学、国际税收、税法、税收筹划等，但目前只选择与税务和税法相关的课程进行实践教学，对政府预算管理、国有资产运作、财政支出绩效管理等与财政相关的实践操作性较强的课程没有相应配套的实践教学计划。单一的实践教学环节造成了实践教学和理论教学的脱节，影响了课程知识传授的整体效果。从某种意义上说，实践教学似乎仅作为传统理论教学的一个附属品存在（朱晨等，2001）。

2. 实践教学存在形式化倾向

（1）教学方法形式化。现在很多新建应用型本科高校纷纷成立了财税实验室，引入了实践软件，实践教学在硬件上有了很大的进步。但教学方式仍沿用理论教学模式，教师是实践教学的主体，一般是由老师进行实验指导和讲解软件操作步骤，学生按要求操作，照本宣科地完成实验教学内容。这种简单模仿式的教学模式与财税课程知识的综合性和现实性要求相去甚远。以税收筹划实验教学为例，在实验室内，学生用给定的案例、给定的数据、给定的方法完

成了税收筹划方案的设计，验证了理论课上所学的税收筹划技巧。但对于国家税制改革与企业（个人）税收筹划活动的关系及如何未雨绸缪地评估和应对税制变化带来的影响却一无所知，而这恰恰是未来走上工作岗位后应具备的素质。

（2）考核方式形式化。教学方式和内容的形式化带来考核的形式性，学生只要参与了实践教学活动，完成了实践报告就能顺利通过考核，结果是学生间成绩差距小，无法反映学生在实践教学中表现出的自主性、创新性。久而久之，学生也对实践教学产生了形式化的看法，态度变得敷衍、散漫。

3. 有实践经验的指导教师缺乏

实践教学的师资水平影响着实践教学的质量。具有一定的实践经验是选择实践教学指导教师的前提条件，但从目前应用型本科高校担任实践教学的师资情况看，都是由理论课老师担任，很多具有硕士或博士学位的教师是从学校到学校，本身并没有相关的实践经验。而且财税课程的实践经验的积累必须来自政府部门的从业和服务经历，这也限制了专业课教师获得实践经验的渠道和机会。实践教学师资缺乏实战经验，成为制约财税课程实践教学发展的主要障碍。

4. 校外实践教学基地难觅

社会实践部门不愿意接受高校学生实习是应用型本科高校实践教学中存在的普遍难题，对于财税专业而言，寻找校外实践教学基地更是难上加难。一般而言，政府机关、公务部门是财税课程实践教学基地的首选，但由于保密性等原因，政府部门一般不接受学生实习，即使接受了，学生也极少能获得亲自实践和动手的机会，校外实习常常是流于形式。

三、应用型本科高校财税课程实践教学有效实施的条件

1. 实践教学教材的科学性

以学生对理论知识应用能力的培养为目标编写科学适当的实践教材是搞好应用型本科高校财税课程实践教学的基础。在教材的编写中，首先，要求与相对应的专业课程的理论知识点配套，体现学以致用；其次，以实践性较强的课程，如税法、税收筹划、纳税检查、税务代理、政府预算等作为实践教材编写的重点；最后，注意教材内容的系统性。以政府预算管理实验模拟教材为例，

不能仅对预算编制进行模拟，而要从政府预算的整个过程着手，将政府预算管理具体划分为财政支出管理系统、财政收入管理系统、部门预算编制系统三个部分，使学生在模拟中领会预算管理的来龙去脉。

2. 实践教学形式的灵活性

教学形式是影响实验教学效果的重要因素。要尽快改变传统的老师讲、学生做的教学形式，给予学生更多自主发挥的空间。开放式弹性教学是财税课程实践教学中可以借鉴的教学形式。以实验室实践教学为例，开放式弹性教学主要体现在以下两个方面。

（1）指导形式的开放性。在实践教学中，教师的作用是审查学生提出的实验方案的可行性，在实验过程中及时给予释疑解惑，对实验完成情况进行评价等。因此，要缩短统一讲授的时间，多给学生琢磨、思考的空间，指导内容可以因人而异。

（2）教学管理的开放性。为了培养学生的自主学习能力和增加学生的学习兴趣，可以允许学生在备选项目中自主选择实验内容，由学生根据选择的实验内容自主设计实验方案、完成实验报告。同时可以借助网上预约或事先登记等方式，给予学生自行安排上机实验的主动权。

3. 考核形式的科学性

考核的严格性、科学性可以增强学生对实践教学的重视程度，提高实践教学的效果。一是制定科学的考核体系。由于财税课程实践教学模式是一个涵盖课堂、实验室、校外实践基地三个层次的教学体系，要改革传统的以实验模拟课递交的实验报告的成绩作为学生实践课成绩的做法，设计兼顾三个实践教学层次的考核评价体系，对学生在完成各项实践教学任务中所表现出来的学习能力、动手能力、适应能力、创新能力等进行综合评价。二是制定严格、规范的评价程序，防止实验教学质量评价过程的随意性和人为因素的干扰，体现实验教学质量评价工作的严肃性。三是重视对考核结果的应用，不定期或定期公开展示学生的优秀实验教学活动成果，鼓励先进，促进学生共同进步，增强创新意识。

4. 师资队伍的专业性

财税课程实践教学队伍应由具有开拓精神、创新意识、重视知识更新、擅长理论联系实际的教师组成，知识结构、年龄结构应实现多元化。担任实践教学的指导教师的选择标准要突出实践经验，要为教师创造获取实践经验的机会。一是通过“走出去”方式为专业课任课教师创造在政府部门、实务部门挂职学习的机会，提高实践应用技能；选派骨干实验教学教师到实验实践教学师资力量雄厚和设施先进的国内外高校学习交流，了解和掌握先进的实践教学理念和方法。二是通过“请进来”的方式聘请实践部门素质高、业务能力强的专业人员对任课教师进行专业指导，甚至直接聘为实践教学兼职指导教师。对实践教学教师要建立严格的考核制度，评价教师的教学能力和教学效果，作为调整依据，做到人尽其才。

5. 实践教学基地的确定性

尽管实践教学基地难找是制约财税课程实践教学的一个“瓶颈”，但必须知难而上，尽力而为。一般重视财税课程实践教学的应用型本科高校与政府财政部门、税务局、税务师事务所等都有着良好的合作关系，要充分借助这种关系，签订协议，共建实习基地，通过校企合作、校政协作、校所合作等形式，让实习基地既为学生实习提供稳定的场所，也为实务部门提供一个宣传平台和培训平台，实现双赢。在校外实践基地的建设上，广东商学院的经验值得借鉴，该学院在财政学（税务）专业创建之初就和广东税务系统签订协议，作为本专业学生的实习场所。实习安排由税务局以文件形式在系统内下发，在实习过程中，税务部门派专人作为指导教师，进行一对一的指导，有效地提高了实践教学的质量（姚凤民，2007）。

主要参考文献

［1］邓毅：《基于应用型本科人才培养的〈财政学〉课程教学内容改革研究》，载于《湖北经济学院学报》2012 年第 1 期。

［2］朱晨、刘元涛、张福伦：《实验教学改革与培养学生创新能力的实践及思考》，载于《实验室研究与探索》2001 年第 8 期。

［3］姚凤民：《广东商学院财政学（税务）专业实践教学体系的构建与创新》，载于《内蒙古财经学院学报》2007 年第 3 期。

基于岗位需求的税收专业实践教学改革研究

徐　青

中税协网校的一次培训课上，我国著名税收筹划实战派专家，中央财经大学税收学博士肖太寿指出：我们的高校培养不出毕业就能用得上的税务人才。笔者不知此话是对还是错，但高校的税收专业教师不得不反思：税收专业核心工作岗位具体的职业能力要求是什么？当前高校税收专业实践教学存在哪些问题？应如何从岗位需求出发，改变以理论知识为基础设计课程的传统，换之以工作岗位为导向来组织内容进行教学，以提升学生的实际工作能力。

一、税收专业核心工作岗位的职业能力要求

进入 21 世纪以来，政府税务部门对本科税收专业毕业生的需求大幅下降，能通过公务员考试进入税务部门工作的毕业生减少许多。与此同时，通过社会调查，我们关注到中小企业、税务中介机构对税收专业毕业生的需求激增。因此，我们应根据就业岗位，准确定位相应的职业素质与能力要求（见表 1），培养出符合市场需求的应用型人才。

表 1　　税收专业核心工作岗位的职业能力要求

就业方向	就业岗位	岗位描述	职业素质与能力要求
中小企业	税务管理	税务登记证办理，领购、使用、保管发票	（1）进行税务登记、发票领购等业务的办理； （2）计算各税种应纳税额； （3）运用税收网络申报系统向主管税务机关申报应缴纳的各种税费； （4）进行涉税经济业务的会计处理； （5）运用税收政策，为纳税人经营活动出谋划策，寻求最小化纳税的经营策略
	涉税会计	建账建制，涉税会计核算，协调内、外部检查	
	纳税申报	纳税申报与缴纳、财产损失报批	
	纳税筹划	税收政策研究、税法培训、纳税筹划	

续表

就业方向	就业岗位	岗位描述	职业素质与能力要求
税务中介机构	税务代理	（1）代办税务登记、增值税一般纳税人资格认定申请； （2）办理发票领购手续（不包括增值税发票）、代开增值税专用发票； （3）代办纳税和退税、减免税申报； （4）代制涉税文书； （5）建账建制，办理账务； （6）代理税务行政复议、税务行政诉讼	（1）代理纳税人办理税务登记； （2）代理纳税人申请增值税一般纳税人资格； （3）代理填制各税种纳税申报表，并运用税收网络申报系统向主管税务机关申报应缴纳的各种税费； （4）代理纳税人进行涉税经济业务的会计处理； （5）利用法律武器代理纳税人办理税务行政复议和税务行政诉讼
	涉税审计	（1）纳税审查； （2）企业所得税汇算清缴纳税申报的鉴证； （3）企业税前弥补亏损和财产损失的鉴证	（1）运用税务检查的一般方法为纳税人进行纳税准确性自查； （2）办理税务鉴证业务
	税务咨询	税务咨询、税务顾问	利用现行税收政策，为纳税人制定最优纳税策略
	税收筹划	税收筹划	
基层税务机关	管理服务	（1）税务登记、非正常户处理、证照管理； （2）账簿管理； （3）发票管理； （4）增值税一般纳税人资格认定等； （5）预提所得税管理、出口货物退（免）税相关证明管理； （6）税务行政许可； （7）减免税文书管理、出口货物退（免）税文书管理、核定申报方式文书管理、延期类文书管理、企业所得税税前扣除文书管理、核定类文书管理、不予加收滞纳金文书管理； （8）纳税评估检查； （9）税收征管档案管理	（1）进行税务登记工作的申请、审批等业务的办理； （2）依据纳税评估管理规程进行纳税评估分析； （3）按照国家发票管理办法，进行各种发票的使用和管理； （4）分析纳税人缴纳税款的情况，进行纳税评估检查

续表

就业方向	就业岗位	岗位描述	职业素质与能力要求
基层税务机关	征收监控	（1）纳税申报、税款征收； （2）催报催缴管理； （3）欠税管理； （4）税收计划管理； （5）税收会计统计管理； （6）重点税源管理； （7）税收票证管理	（1）会按照国家税收法规及其他相关政策正确计算应缴纳的各种税费； （2）依法履行纳税程序，准确、及时办理纳税申报并缴纳税款； （3）进行税收收入的统计分析； （4）管理重点税源
	税务稽查	税务稽查选案、稽查实施、稽查审理、稽查执行	（1）应用纳税检查的基本方法； （2）发现常见纳税问题并准确调账； （3）撰写税务稽查报告
	税收法制	（1）税收违法违章处理； （2）税收保全； （3）税收强制执行； （4）税务行政复议； （5）税务行政应诉； （6）税务行政赔偿	依照《中华人民共和国税收征收管理法》的规定，依法征收税款，维护纳税人合法权益

二、当前税收专业实践教学存在的主要问题

诚如表 1 的分析，税收专业既要培养征税人、管理者，又要培养纳税人、中介者，其实践教学难度可想而知。这种难度除了课程设置与教学总课时限制的矛盾、教材编写与税收政策不断调整的矛盾之外，还存在以下三个方面的主要问题。

1. 重手工模拟，轻情景教学

学生在已完成核心课程和专业主干课学习的基础上，为实现培养应用型人才的目标所进行的实践学习，其实现方式应该是在真实场景下进行工作实训。但目前大多数院校由于经费等方面的原因，税收专业实验室的建设不尽如人意，模拟实践教学只能在普通教室完成；虽然很多院校也不断深化校企合作，与一些企事业单位、税务师事务所等签订实训协议，但由于财税部门的特殊性，很多合作事项大多纸上谈兵，使得校外实训基地并未发挥其应有的实践作

用。另外，在实验室教学中，目前市场上的税务模拟软件没有会计软件成熟，可选余地很少，同时模块功能与现实工作流程差异较大，不能及时提供更新版本。用此类软件进行辅助教学，不仅无法提升学生的实践能力，还增加了学生对专业知识的迷惑性。

2. 重理论知识，轻工作流程

目前，多数院校税收专业的实践教学大致可分为单项实训和综合实训两类。单项实训主要是在相关“税收实务”“税务会计”“税收筹划”等专业课程学完之后进行模拟实训；综合实训则是根据企业一个生产经营周期的基本业务模拟企业涉税业务进行会计核算的教学形式。因而，符合教学大纲规范要求的实训资料相对很少，大多模拟实训更多依据课程理论知识的框架组织教学过程，教学模式相对单一，所用的实训教材直接以文字性材料来描述经济业务的内容，往往只要求学生根据资料进行账务处理，填制几个税种的纳税申报表，或进行简单的税收筹划，与理论教学有一定重复性。这使得学生缺乏走上工作岗位后的税务处理能力，不利于提升学生综合职业素质。

3. 重主观形式，轻实践效果

实践教学是按专业教学计划进行安排的，但从目前各院校税收专业实践教学的教师队伍现状来看，专业理论与实战能力相符合的“双师型”教师为数不多。大多数教师从学校毕业后便直接进入教学岗位，由于工作任务繁重等原因又没有及时到企业进行实践锻炼，使得实践指导老师自身非常缺乏涉税业务处理知识，以致在指导过程中缺乏权威性和真实性。同时，由于时间与报酬的问题，较难聘请到能负责全程实践教学的企业指导教师。因此，教学中，校内教师往往只能先说明步骤和要求，然后布置任务让学生自己去完成，缺少举一反三、灵活应用的能力。这样的实践教学课程无法提高教学质量，更谈不上能带来预期的教学效果。

三、基于岗位需求的税收专业实践教学设计

鉴于上文分析的税收专业实践教学存在的主要问题，笔者拟从三个方面来探讨税收专业实践教学的科学设计。

1. 完善教学环境

（1）模拟实验教学。模拟实验教学是在税收专业实验室将书本上的涉税

实务知识通过实际案例、实验室应用软件操作、仿真演习等教学方法进行的教学活动，它是税收实践教学的必要环节。实际案例、实验室应用软件操作、仿真演习三个环节环环相扣，学生的参与程度逐渐加深。

案例教学以教师为主导；实验室操作以学生操作为主、教师引导提示为辅；仿真演习则完全是以学生为主体，他们的身份分别是税务机关的工作人员、税务中介机构和纳税人。演习内容包括税务管理及税务稽查流程涉及的内容，税务代理、涉税鉴定涉及的内容，申报纳税、税收筹划涉及的内容，以及税务行政复议涉及的内容等。教师在仿真演习中的职责是提醒学生按规定程序和法规进行，最后进行点评、总结。

（2）校外实训基地。实训基地有三种：税务部门、企业部门和涉税中介及其管理部门。税收专业的学生在学习了税收理论、税收制度及税收相关专业课程后，包括案例教学、模拟实验及仿真演习等，还应在实训基地进行轮岗式系统实习。在实训基地的实习就是实战。实习使学生熟悉和掌握税务管理、税务稽查、企业办税、税务代理、税收筹划等整个涉税环节和程序，促进书本知识顺利转化为能应用于实践的知识，为毕业后迅速适应实际工作需要铺平道路。实习时间不宜过长，一两个星期为宜。例如，税务管理、税务稽查实习由任课教师带领学生到税务管理、稽查部门，熟悉管理、稽查流程，跟随税务稽查人员到企业查账，熟悉税务稽查方法；税务代理实习由任课教师带领学生到税务中介机构熟悉业务；税收筹划实习也由任课教师带领学生到企事业单位了解、熟悉税收筹划方法。

根据培养目标，为了真正发挥校外实训基地在培养学生实践能力方面的功能，保证实训基地的正常运行，应建立严格的校外实训基地建设和运行机制。

第一，强化对实训基地的管理。对拟建立校外实训基地的企业进行考查评估，选择管理较好的企业，校企双方在协商一致的条件下签订合作协议，规定双方权利与义务；校外实训基地帮助聘请企业中经验丰富的相关人员担任本专业实践教学的指导教师，参与专业的实践教学和其他专业建设方面的工作。

第二，重视与实训基地的沟通。在学生下基地实训前，校方应积极与实训基地进行沟通，要求基地能够创造条件，合理安排学生的实习岗位和实训指导老师，使学生能顶岗操作，真正做到教学内容与实习、实训内容的衔接、扩展，起到提高学生能力的作用。在学生参加实训时，定期与实训基地指导教师联系，了解学生实训情况，并针对实训情况，共同商讨对策，加强对学生的教育与管理，使学生在实训中能够真正提高专业水平和职业道德，为今后走上工作岗位进行全面的素质培养。

第三，加强与校外实训基地的合作。与校外实训基地确立优势互补、互惠互利的合作形式。一方面，学校为企业职工提供多层次的在职培训；另一方面，积极鼓励教师与企业共建科研与生产联合体，促使企业成为学校科技项目的来源地、科技成果的转化地以及学生进行生产实践的基地，真正发挥校外实训基地在实践教学和科研中的作用。

2. 提升教学能力

（1）请进来——校外专家参与人才培养。每年邀请一部分企事业单位的专家和专业教师参与召开论证会，讨论不同时期的职业能力需求和专业办学方向。此外，还应积极组织和邀请企业专家来校讲座，进一步拓宽学生的知识面，使学生更好地了解社会。每年有企事业单位专家作为外聘教师参与学校的日常教学工作和毕业指导工作，作为顾问参与实验室建设，将会使理论教学、实践教学和就业指导教学工作更加贴近实际，符合社会需要，达到“高匹配度”的要求。

（2）走出去——校内专业教师投身企业活动。在“请进来”的同时，我们还应不忘“走出去”。税收专业教师应积极寻找到企业学习、锻炼和提高的机会，每年暑假和寒假或自发或由学校组织去企业、中介机构等实习锻炼。通过锻炼，一方面提高自身的实践能力，另一方面也为科研工作寻找素材。此外，专业教师每年都给企业职工进行技术培训，去企业单位进行基础调研，帮助企业进行决策等，帮助企业解决了难题，大大增加了企业对学校的信任，促进了学校与企业的关系。教师在企业兼职和与企业人员进行项目合作等是深层次的校企合作，将有助于提高教师自身水平。

3. 改革激励机制

税务实践教学本身的特点要求教师不仅要有一般教师的基本素质，更要有丰富的实践知识和操作技能。不仅要对税收理论、税收政策和法规有系统的了解和掌握，而且对税务管理与稽查流程、财务会计制度及账务处理方法、办税程序、税务代理及税收筹划方法等具体工作步骤非常熟悉。只有这样，才能教授、指导学生，为学生获得实践知识提供教学储备。改革教师激励机制，有利于促进税收专业实践教学发展。在制度上可以进行多层次的安排，如让税收专业教师秋季学期多排课，春季学期少排课甚至不排课，并安排教师到基层单位挂职，也可以安排教师到实习基地实习，为教师的实践活动创造条件，提供便利。同时对积极从事实践教学的教师予以激励，在工作量计算、业绩考核、职称评定等方面进行政策扶持。

主要参考文献

[1] 白文华：《大学会计类专业税务实践教学改革探析》，载于《广西经济管理干部学院学报》2010 年第 7 期。

[2] 吴菊、阮宜胜：《适应市场需求深化税收专业实践教学改革》，载于《高教论坛》2010 年第 1 期。

审计实践教学改革探讨

严　涌

一、背景

早在2011年，《教育部 财政部关于“十二五”期间实施“高等学校本科教学质量与教学改革工程”的意见》中，将实践教学确定为“十二五”期间高等教育五大重点建设内容之一，同时，教育部也将实践教学作为教学工作评估的关键指标之一。2013年7月，教育部启动《普通高等学校本科专业类教学质量国家标准》（以下简称《国标》）研制工作，2014年4月，教育部高等教育司召开高等学校本科专业类教学质量国家标准研制工作会议。在此次会议纪要中明确：《标准》的定位是本专业类人才培养质量的基本要求；《标准》提出把“推进本科教育综合改革，创新人才培养机制，积极为多样化、个性化、创新型人才成长提供良好环境”作为重要目标；《标准》再次强调，“加强实践教学和人才培养模式创新”是重要内容。因此，实践教学无论是在巩固理论教学成果，还是在培养学生的创新能力和开拓精神方面都具有不可替代的重要作用。

关注审计实务工作对人才的需求，以适应新的企业业务环境和经济环境，探索如何培养高水平、应用型的审计人才，是目前亟待解决的问题。实践教学是审计本科人才培养的一个重要环节，审计教育教学改革中，应积极探索和开展以培养学生创新精神和实践能力为核心的审计实践教学模式，使教学符合培养“创新型、应用型、复合型”审计本科人才的要求。

二、审计专业实践教学面临的现实困境

审计专业实践教学是指在课堂理论教学的基础上，教师指导学生通过分析案例、模拟实验、参加社会实践等方式从理论走向实践，进一步加深学生对课

堂理论知识的理解和掌握，并以此增加学生的实践知识、经验和能力的重要教学环节。然而，由于种种原因，当前审计教学存在诸多亟待解决的问题。

1. 审计案例缺乏系统性，案例内容与审计实务有一定脱节

教师采用审计案例教学可以有针对性地引导学生对典型审计案例展开分析、讨论，以加深学生对审计理论、审计基本技术与方法的理解和掌握。恰当的审计案例直接影响到案例教学质量的高低。目前，审计案例存在比较陈旧、缺乏代表性且与审计实务联系不紧密，使用的国外案例则存在与中国现实情况不符、案例翻译错误等问题。

2. 审计模拟实验资料的获取和设计难度较高

审计模拟实验是在审计案例教学的基础上，为学生提供一个审计模拟环境，采用审计实验的形式，学生以审计人员的身份进入审计实务具体操作层面对审计各环节进行的综合模拟。审计模拟试验主要依托审计软件，将审计理论应用于审计实践，但总体看来审计模拟实验资料的设计和获取难度较大。

3. 审计专业校内实习仿真度不高，校外实习流于形式

审计实习是审计实践教学的重要组成部分。校内审计实验教学中传统审计还占很大比重，不能充分适应审计信息化的发展趋势。审计模拟实验室软硬件建设、管理制度建设有时不能满足开展校内审计模拟实验的要求。校外实习时，由于学生实习地点分散，指导老师很难周密、系统地安排和指导整个实习过程。学生虽然参加了实习，但是实习单位出于审计项目保密、项目规模大、审计时间较长等方面的顾虑，往往不愿意将学生安排在主要业务岗位上，基本都是安排一些技术含量不高、简单而琐碎的日常事务，所以学生很难深入审计工作，真正了解审计过程的全貌，实际操作能力也很难得到提高。

4. 审计课任课教师实践经验相对不足

不同于传统的课堂讲授教学，实践教学更强调师生互动、协调配合，这样才能取得良好的教学效果。目前，很多教师缺乏实践工作经验和必要的调研，不熟悉审计工作的实际运作，导致审计实践教学效果欠佳，达不到预期目标。而审计实践教学不仅要求教师理论功底扎实，而且要精通审计实务、计算机操作技能等，才能真正满足实践教学的需要。

三、审计实践教学改革的出发点

审计实践教学改革的出发点：以教育部制定普通高等学校本科专业类教学

质量国家标准为契机，服务于应用型本科院校审计实践教学改革需要，满足培养“创新型、应用型、复合型”审计人才的要求，进一步改进审计实践课程教学体系和教学模式，从审计执业环境和能力需求的角度，了解社会对信息化审计人才职业能力的需求，以职业角色为导向，服务地方经济发展，提供“基础牢、知识宽、能力强”的应用型审计人才。

四、审计专业实践教学模式改革的设想

1. 准确识别新经济、新技术环境下审计人才职业能力的需求

准确识别新经济、新技术环境下，新的企业业务环境和经济环境对审计职业能力提出的要求，并通过合理定位审计实践教学目标，实施科学培养过程予以实现。审计学专业人才培养，应定位于培养掌握现代审计理论、方法与手段，基础扎实、知识面宽、实践能力强、综合素质高的创新性、复合性、应用型专业人才，并把培养创新性、复合性、应用型人才这三个目标落实到用人单位、就业岗位、符合社会期望的具体要求上。

2. 加强审计案例库建设，优化实践教学内容

案例来源于审计实际工作，案例选择的恰当与否是决定案例教学成功与否的关键因素。加强审计案例库建设，系统整理、分析典型案例，并及时补充和更新。审计教学案例库中既要有具警示作用的失败案例，又要有具指导意义的成功案例；既要有具针对性的小型引导性案例，又要有涉及审计各阶段的综合性案例。教师应用案例教学的过程中，根据不同教学阶段和教学目的选用不同类型的审计案例，并及时引导、启发、讲解，提高学生解决实际问题的能力。

实践教学内容上，应做到单项实训与综合实训相结合。所谓单项实训，是指针对每一个教学单元或项目开展的实训。例如，签订审计业务约定书，确定审计重要性水平、内部控制测试与评价、审计报告的撰写等。所谓综合实训，是指选定一个特定的单位，根据该单位实际发生的业务，按照审计操作流程，完成全部业务工作，包括从签订业务约定书开始到签发审计报告的整个过程。单元实训可以设置不同情况，由浅入深，有利于学生根据不同情况采取对应的程序和方法。综合实训展现在学生面前的是一个完整的审计过程，将前后知识融会贯通，便于熟悉审计业务流程。

3. 加强审计实验室建设，为审计模拟实验提供保障

审计模拟实验包括手工审计模拟和计算机审计模拟两种方式。手工完成财

务报表审计的所有基本程序是手工审计模拟。在信息化实验室操作审计软件，完成审计取证、编写审计工作底稿、撰写审计报告、审计档案归档等环节则是计算机审计模拟。审计模拟实验室建设是审计模拟实验顺利开展的先决条件，能够配套完善实验教学软硬件，整合优化实验内容和实验资源，设置验证性、设计性、创新性等多层次审计实验项目，探索“基础—综合—创新”三个层次的实验教学体系，促进理论教学体系与实验教学体系的有机融合，满足创新型人才培养要求。

4. 建设校外审计实习基地，探索“校企合作、校产合作、校地合作”模式

学校应加强与会计师事务所、企事业单位、审计机关的沟通与合作，实现资源整合、优势互补。通过合作，学校不仅可以解决目前缺乏完整实验数据（包括审计对象全套的财务资料、各种内部控制制度以及上一年的审计报告等）的突出问题，还可以在合作方建立专业实习基地，长期安排教师和学生开展调研，进行专业实习；学校还可以与实务部门联合办学，帮助实务部门培养所需的审计人才。

5. 加强审计实践教学师资力量，保障实践教学的质量

鼓励教师积极参加社会实践，安排教师到会计师事务所、企事业单位、审计机关调研或挂职锻炼，参与审计工作，提高教师的综合应用能力和实践操作技能；鼓励专业审计教师参加注册会计师考试，为参与审计实践奠定知识基础；加强与国内外审计界的学术交流与合作，创造条件让教师参加会计、审计社会团体学术活动；聘请审计实务界具有丰富实践经验的审计专家或注册会计师为特聘教师参与校内的审计教学，开设专题审计讲座，开阔学生视野，弥补校内教师教学方面的不足。

6. 鼓励学生参加校级、省级实践创新训练计划

组织实践创新训练项目，鼓励和支持大学生尽早参与科学研究与实践创新活动。如根据本专业科研发展最新趋势、热点问题和学科研究方向，提供本专业相关研究课题或研究方向、案例分析选题等供学生选择，并配备相关指导教师。通过本环节，可以培养本科生科学探索的精神和从事科学研究的素养，提高学生的实践创新能力。

7. 建立科学的实践教学评价体系

结合实践课程特点与教学要求，采用过程考核与结果考核相结合的方法，建立以基本理论和基本技能为基础，以综合运用能力为重点，以学习态度为参照的综合考评体系，注重考评方式的多样化和考评指标的规范化，以保持对学生学习成绩和教师教学效果检验的客观公正性。

主要参考文献

[1] 何瑞雄：《审计实践教学建设刍议》，载于《财会通讯》2011 年第 7 期。

[2] 马志娟：《审计实践教学改革思路探讨》，载于《中国内部审计》2012 年第 10 期。

[3] 齐兴利、郭云辉：《审计实验室建设与实践教学改革初探》，载于《南京审计学院学报》2007 年第 2 期。

高校财务管理专业实验教学模块内容的设计探析

王　冰

财务管理是一门综合性和实践性都很强的学科，其综合了管理学、经济学、会计学和投资学等学科内容。财务管理专业培养的人才应该既懂理论，又能运用财务理论解决实际财务问题。然而在我国高校中，对财务管理专业的培养仍主要依靠课堂授课的形式，无法将理论内容形象化，使得财务管理课程晦涩难懂。虽然有校内和校外实习，但校外实践需要进入大型公司甚至上市公司的关键部门，往往很难成行，只是挂牌参观或“放羊式”管理。课程中的投资、筹资、股利分配等内容在校外实践中很难做到，能去的也就是会计部门，做做账、贴贴发票之类的，与会计专业相似。而校内实践则大多是会计电算化、沙盘模拟之类，实验教学开展效果不尽如人意，许多高校有会计和审计实验教学，这类专业的软件已经较为成熟，如会计电算化等，但财务管理专业的实验教学软件较少，很少有公司和机构专门开发一款适合于财务管理专业进行实验实训的软件。一方面是由于财务管理专业的课程很多与会计专业类似，许多学校为了节约成本统一使用会计软件进行教学；另一方面是由于财务管理专业的实验实训内容较为复杂，不像会计学专业的课程规范性较好，如金蝶或用友的教学软件系统（袁春生，2011）。因此，财务管理专业的实践教学成为困扰许多高校教学和培养人才的难题，为了解决这一问题，很多学校尝试设置财务管理实验实训课程，并联合软件公司编写适合自己学生的实验实训软件系统，希望通过计算机实验室模拟财务管理流程，让学生体验财务管理全过程。这是一个新的尝试，同时具有很强的现实意义。

一、财务管理专业实验教学的意义

1. 学习理论系统化

财务管理专业的课程较多，如会计学、管理学、投资学等，各学科之间虽有交叉重叠，但当学生在其他课程中学习到以前学习过的知识点时却又想不起来，最主要的原因是学习的知识没有系统化，难以理解企业财务管理的全部流程。例如，投资学中讲到资本资产定价模型，在财务管理进行股权评估时就要用到这一公式，而学生并不能很好地将它们联系起来。这样每门相对独立的课程对他们来说就像盲人摸象的每一部分，同学们学习时只能见其局部，不能从整体上把握学科体系。通过实验教学，可以将财务管理活动全面呈现，使学生将各门课程的知识点相互联系、融会贯通。

2. 学习知识形象化

灌输式的教学使学生缺乏学习的兴趣，财务管理专业课本上都是枯燥的公式和计算过程，即使是没有公式的理论部分，学生没有实际经验，对公司许多具体情况不了解，学起来也很吃力。例如，对于公司治理理论中的委托代理问题，股利分配中的时间点问题，在没有亲身感受的情况下，学生经常会陷入迷茫。通过实验教学过程可以让计算过程更加便捷和形象，让理论问题在动画模拟和游戏中变得更容易。

3. 学习内容时代化

中国经济增长较快，资本市场的变化很大，财务管理教科书很难跟上时代发展的步伐，尤其是投资、筹资和资本运营的部分。例如，以前书本上都只是一笔带过优先股的筹资，而如今我国资本市场可以采用优先股筹资方式，学生就需要对具体的规定、要求和发行方式等进行了解。采用实验教学方式可以在实验项目中加入最新案例和素材，让学生接触到前沿实践操作，有利于学生毕业后尽快融入现实财务管理情境。

二、高校财务管理专业实验教学存在的问题

尽管财务管理专业实验教学有着十分重要的意义，但其现阶段却存在不少问题。

1. 实验软件缺乏

由于会计流程较为规范和统一，市场上在用的流行实验教学软件主要是会计手工模拟实验和会计电算化系统。对于财务管理实验实训，大多数学校都是采用案例分析的形式，在课本上或者网络上寻找合适的案例，让学生计算或回答，没有正规的实验软件，缺乏系统性和规范性。

2. 内容涵盖面窄

由于缺乏系统的实验软件，许多学校往往采用某些单一软件进行单项实验，如进行投资管理实验或进行筹资管理实验，内容也只能涵盖其中的某一部分，学生对于知识的理解处在割裂状态，无法全面系统地理解财务管理知识体系，不能融会贯通。

3. 缺乏形象性

软件设计中大多是文字性描述或者采用会计电算化的形式，无非是书本上的内容移动到计算机上，缺乏形象性，虽然可以锻炼学生的动手能力。但是，如果要让学生很好地理解并记忆，增加动画、游戏、竞赛和互动是必要的选择，可以让实验实训课程寓教于乐，更易被学生接受。

三、财务管理专业实验教学模块的设计

针对上述问题，笔者认为财务管理专业实验教学应该设置以下模块。

1. 财务报表分析模块

（1）设计不同的入口。让学生以不同信息需求者的身份进入模块，如投资者、债权人或管理者等进入相应模块，各种角色所面对的信息处理要求是不同的，需要学生根据所选的角色选择需要计算的指标，并根据指标计算出的结果对公司的财务报表进行分析。当然这种分析应该包含横向和纵向的分析。

（2）设计多种情形的案例。模块中应包含多种情形的案例，如短期流动性差的公司、长期流动性差的公司、经营情况较差的公司和运营能力较差的公司等，这些案例应该来自现实又高于现实，是现实中案例的精简和概括。

（3）包含的内容广泛。模块的初始资料内容要广泛，应该涵盖财务报告的各个主要组成部分，包括四大报表及其附注和案例分析需要的其他内容。另外，需要对财务报表按照管理者的信息需求，区分为金融资产和负债、经营资产和负债、金融和经营利润等。便于学生在分析财务报表时使用。

2. 长期计划与财务预测模块

（1）设计不同类型的公司。不同行业公司销售的产品不同，销售预测情况就有不同，可以设计如房地产公司、零售公司等类型的公司，设计从销售预测到经营资产和负债估值、费用及保留盈余和所需资金的整个长期计划流程。

（2）设计不同的预测方法。对于销售和资产的预测可以有不同方法，在

模块中应设计如销售百分比法、回归分析法、计算机模拟法等进行预测，增强学生使用不同方法进行内部和外部资本需求的预测能力。当然，其中要包含对内涵增长率、可持续增长率等指标的测试和计算过程。

（3）设计全面预算编制过程。根据销售预测进行全面预算编制，包括对生产、存货和现金等的预算，最终编制预算财务报表。可以选择适用的预算方法，如零基预算或增量预算等。设计的模块应能相互衔接，对预测部分让学生给出理由和说明，最好采用网络数据进行分析，使实验过程更加逼真。该模块还应包括营运资本管理，设计现金管理、存货管理和应收账款管理等案例，让学生能够采用适当的方式计算营运资本的数量和规模。

3. 价值评估模块

（1）设计不同产品的价值评估。模块中应包括财务管理的股票估值、债券估值、期权估值和企业价值估值等价值评估类型。对于每一类估值采用的方法会不同，而且可能会有几种估值方式，如股票估值就有稳定增长模型、二阶段和三阶段模型等，模块设计中应包含这些主要的模型。

（2）设计不同的案例场景。由于估值产品较多，因此，模块设计中应有不同场景的估值案例。如对于普通财务投资进行股票估值，对于债券购买进行债券估值，对于公司并购则采用企业估值等。设计的流程应符合相应法律法规的规定，对于特定的估值，如企业估值，在高级财务管理中也有大量内容应该设计更为详细的模块和方案，使企业估值与公司并购联合在一起，选用几种真实发生的并购案例进行估值和并购过程的练习。当然，也需要设计在估值过程中所涉及的资本成本的估计。

4. 资本预算模块

（1）设计不同项目的资本预算。财务管理中会涉及设备或厂房的更新、研究与开发项目、新产品和现有产品的规模扩张及勘探项目等资本预算问题，在模块设计中应包含不同项目的资本预算练习，使学生对每一种预算方式的计算过程都有了解。

（2）设计不同的评价方法。对于各种项目预算，需要设计对项目现金流和风险的估计及敏感性的计算，并设计不同的评价方法，如净现值法、内涵报酬率法、投资回收期法等，让学生可以在计算结果后比较不同方法的异同，并得出具体案例所使用的方法及原因。

（3）设计不同的筹资决策。根据项目所需资金情况设计不同筹资决策方案，要求学生能使用每股收益法等方法确定企业的最佳筹资方式。当然，案例和场景的设计应该包含现实中所遇见的其他筹资情况，如证券市场情况、资金松紧情况等，便于学生进行讨论和分析。该模块还应包括股利分配方案的选择问题，配合动画和游戏的形式使学生学习并掌握整个股利分配的过程。设计普通股和长期债务筹资方式，实验应能模拟公司实际运行中股东大会的召开情况，通过投票形式确定采用何种筹资方式，并进一步完成筹资。

5. 企业业绩评价模块

（1）设计针对不同中心的业绩评价方式。该模块的入口应该是不同中心的业绩评价方式，如成本中心、利润中心和投资中心，让学生选择中心进行业绩评价，并为每个中心设计不同的评价方法。

（2）设计不同的评价方法。该模块应该设计经济增加值、平衡计分卡等几种企业业绩评价方法，供学生选择其中的一种或几种方式进行设计和结果分析。

四、财务管理专业实验教学的组织管理

除了设计好上述模块外，还需要对专业实验教学进行良好的组织管理。

1. 整体设计完善

以整体思维来构建各个模块，模块之间内容可能会有交叉，设计各模块交叉时的入口，让财务管理实验教学成为一个完整的知识训练体系。通过这一实验，能让学生全面掌握财务管理所需的知识和技能，了解企业财务管理全过程。

2. 案例设计翔实

财务管理课程内容繁多，各部分之间有交叉和关联。因此，在设计各部分实验时，既要有总体观又要有局部的详细设计和分析，这样才能将各知识点融入整体实验设计中，成为一个结构完整、内容翔实丰富的实验系统。

3. 应有教师录入真实案例的入口

时代发展日新月异，我国市场经济发展迅速，财务管理内容更新很快。因此，在设计实验教学模块时，应有一个教师能够更新案例的入口，由教师输入企业相关信息，系统自动生成实验过程，学生根据新设计的实验进行实验，如

此才可以紧跟时代步伐，实现财务管理实验内容的不断更新和提升。

主要参考文献

[1] 王冰：《财务管理专业校外实践教学基地运行模式研究》，载于《衡阳师范学院学报》2014 年第 4 期。

[2] 袁春生：《财务管理专业实验教学内容设计及质量控制》，载于《高等财经教育研究》2011 年第 3 期。

高校校外实践教学基地建设与评价体系研究

苏回水

一、问题提出

《国家中长期教育改革和发展规划纲要（2010—2020年）》提出，在新时期，针对高校的不断扩招，职业能力导向人才需求不断更新的趋势，高校人才培养应注重加强与企事业单位用人机制相契合，逐步“实行工学结合、校企合作、顶岗实习”的人才培养模式。坚持高校培养教育与社会职业培训相结合，全日制与非全日制并举，加强“双师型”师资队伍建设和校内外实训基地挖掘与建设，搭建实践平台，提升以职业能力为导向的基础教育能力。为了加快推进新时代职业教育，2014年6月，习近平总书记在全国职业教育工作会议上为新时期的现代化职业教育指明了方向，要求“深化体制机制改革，创新各层次各类型职业教育模式，坚持产教融合、校企合作，坚持工学结合、知行合一，引导社会各界特别是行业企业积极支持职业教育，努力建设中国特色职业教育体系”①。这一论断深刻阐述了新时期职业教育的发展方向，以及新时期职业教育各要素内涵及其辩证关系。李克强总理在会上也提出“要走校企结合、产学融合、突出实战和应用的办学路子，依托企业、贴近需求，建设和加强教学实训基地，打造具有鲜明职教特点、教练型的师资队伍”②。

由此可见，坚持产教融合、校企合作，深化职业教育改革，培养以职业能力为导向的高素质复合型应用型人才已成为社会各界的共识，而高校校外实践

---

① 《习近平就加快发展职业教育作出重要指示》，人民网－人民日报，2014年6月23日。

② 《李克强会见全国职业教育工作会议代表并发表讲话》，人民网－人民日报，2014年6月23日。

教学基地则是承载这项任务的重要条件之一，是高校培养应用型人才的重要阵地，其建设与管理成为提高实践教学质量的重要环节。

二、校外实践基地建设的背景

1999 年，《中华人民共和国高等教育法》明确把培养具有创新精神和实践能力的高级专门人才作为高等教育的主要任务；2004 年，《2003—2007 年教育振兴行动计划》要求建设一批示范教学基地和基础课程实验教学示范中心，强化生产实习、毕业设计等实践教学环节；2005 年，《关于进一步加强高等学校本科教学工作的若干意见》强调，要加强产学研合作教育，不断拓展校际之间、校企之间、高校与科研院所之间的合作，加强各种形式的实践教学基地和实验室建设；2007 年，《教育部关于进一步深化本科教学改革 全面提高教学质量的若干意见》要求，要大力加强实验、实习、实践和毕业设计（论文）等实践教学环节，特别要加强专业实习和毕业实习等重要环节；2010 年，《国家中长期教育改革和发展规划纲要（2010—2020 年）》提出要实行工学结合、校企合作、顶岗实习的人才培养模式；2012 年，党的十八大提出加快发展现代职业教育，更加凸显了新时期职业教育的重要性；2013 年，《中共中央关于全面深化改革若干重大问题的决定》从国家发展战略的角度总体规划了现代职业教育的发展发现，提出加快现代职业教育体系建设，深化产教融合、校企合作，培养高素质劳动者和技能型人才。至此，从理论到实践，从宏观到微观，从顶层设计到具体执行措施，现代化的职业教育模式——“产教融合，校企合作”越来越清晰。

当然，作为“产教融合，校企合作”的现代化职业教育模式的有效载体，实践基地建设和管理仍存在诸多问题，主要包括：注重理论教学，轻视实践操作能力；对实践教学不够重视，缺乏对实践和实习的指导；实践制度不健全，组织管理落后；实践教学师资队伍不够稳定，素质不够高，缺乏创新精神；实践基地建设经费投入不够，缺乏稳定和高质量的实践教学基地；实践教学质量评价体系不够完善，缺乏科学、合理、规范化的考核评价指标和标准……这些问题严重阻碍了实践教学基地的发展，无法适应新时期“产教融合，校企合作”发展模式的要求。

三、校外实践基地建设研究评述

在国外，高校的实践教学在长期发展过程中形成了各具特色的模式。有美国的“合作教育”、德国的“双元制”、英国的职业与培训资格证书体系、瑞士的“三位一体”实训模式、日本的“课题制”、俄罗斯的“学校—基地企业制度”等，这些实践教学模式在培养应用型人才方面取得了良好效果。其中，英国的职业与培训资格证书体系，以资格证书贯通普通教育、职业教育和高等教育，特点在于建立一个终身学习与培训的学习体系；而美国的“合作教育”和德国的“双元制”实践教学模式则主要是以校企合作为核心，学生通过顶岗工作，以获取工作经验、岗位技能和职业态度为目标。国外的实践教学模式对我国应用型人才培养有着很好的借鉴意义，同时也为校外实践基地的建设提供了借鉴，发挥了导向作用。

在国内，在教育部部门和学者的共同努力下，对如何建设和管理好校外实践教学等方面做出了许多努力，也提出了一些实践教学基地建设和评估方案。2000 年，我国唯一一部评价实践教学方案的文件《高职高专院校实践教学基地评估方案》的出台，为实践教学模式的发展指明了方向。基于此，各地方高校以此为指导，制定了各自的评估方案，为高校实践基地的建设和发展奠定了坚实的基础。

同时，不同学者借鉴该文件，从不同角度分析了实践教学评价方法。一是基于模糊评价法的实践教学基地评估模型。例如，王春媛（2008）通过对 EM 算法和模糊因子综合评价法的研究，提出了实践教学基地如何利用模糊因子综合评价法进行评估；陈凤姣等（2010）运用模糊综合评判法对漳州师范学院的实验教学质量进行了构建和评价；胡可信等（2011）通过阐述建立校外实践教学基地评价指标体系的必要性和基本原则，构建了评价指标体系，并采用模糊评价法对长沙理工大学实践教学基地进行综合评价。二是基于保证教学质量的角度构建评价体系。例如，冯旭芳（2008）构建了目标定位、师资结构、教学内容、校外基地建设、校内基地建设、职业证书获取率六项指标的评价体系；陈红（2009）提出从教学内容、教学态度、教学方法和教学效果四部分评价高校实践教学质量评价体系；马彦芬等（2009）将实践基地的评价分为基地建设、师资建设、教学效果三部分评价指标进行考核。三是基于教育与岗位供给侧改革视角新观念的实践基地建设。例如，张干清等（2018）在供给侧改革的背景下提出校企融合一体的“合作主体”新观念，构建了“主体双重、并进多线、教学做工”一体化的创新创业实践教学范式。四是基于创新创业能力的复合型人才培养角度的评价体系。例如，谢廷宇等（2019）提出针对学生创新创业能力培养维度、学校实践平台维度、教师维度的创新创业能力的复合型实践人才培养的评价体系。

通过上述文献可以看出，多数研究文献和实践侧重于阐述如何建设实践教学基地等问题，缺少对实践基地的管理和评价体系的研究与实践。即使有些学者提出实践基地的评价考核方法，也是侧重于以主观性评价为主，缺乏普遍性，无法全面推广。因此，构建一个与实际相符合的校外实践教学基地评价体系对于培养新时期应用型复合人才具有重要意义。

四、校外实践教学基地评价体系的构建

1. 校外实践教学基地评价指标

当前，建立一套完备、科学、合理的评价指标体系是对其校外实践基地评价的基础和前提，也是培养复合型应用型人才的重要阵地之一。校外实践基地评价指标体系的构建应当遵循定性与定量相结合、科学性和可行性相结合、目标管理与过程管理相结合的原则，各项评价指标应能真实地、客观地反映校外实践基地的建设与管理的实际成效。

基于此，根据《高职高专院校实践教学基地评估方案》的要求，将校外实践教学基地评价指标体系的一级指标分为基地建设与管理、基地教学、基地科研、基地社会服务四个指标，再针对每一级指标分别设置相应二级指标。而后，针对不同层级各指标分别设置重要系数，各指标重要系数之和为1；对各指标的评估采用四个等级，即优秀（A）、良好（B）、合格（C）、不合格（D）。通过上述指标，以及指标权重和评估等级可以充分反映校外实践教学基地的建设情况。具体评价指标体系如表1所示。

表 1　　　　　　　　校外实践教学基地评价指标体系

目标层	一级指标（Ⅰ级）		二级指标（Ⅱ级）		评估等级			
	指标名称	重要系数	指标名称	重要系数	优秀（A）	良好（B）	合格（C）	不合格（D）
校外实践教学基地评价指标体系	基地建设与管理		合作协议					
			建设目标					
			经费投入					
			规章制度					
			产研结合					
校外实践教学基地评价指标体系	基地教学		师生比例					
			师资队伍建设					
			实践教学制度					
			教学基础设施					
			教学条件					
			教学经费					
			职业能力培训					
	基地科研		承担项目					
			发表论文					
			发明专利					
			成果奖励					
	基地社会服务		基地对外开放					
			基地就业					
			基地经济效益					

当然，上述评价指标体系仅是依据《高职高专院校实践教学基地评估方案》进行简单的设计，部分指标还可以继续往下分出三级、四级，甚至运用更多的一级和二级指标。同时，还需要量化上述各指标的权重，并结合校外实践教学基地的具体情况进行分析，从而将更具有现实指导意义。

2. 校外实践教学基地评价方法

（1）评估计算方法。评估指标体系分为：主要评估项目（Ⅰ级），评估要素（Ⅱ级），记每个主要评估项目的权重系数为 M_i，评估要素的重要系数为 M_{ij}。评估结果采用的登记状态表达式为：

$$V = \sum V_i = a\mathrm{A} + b\mathrm{B} + c\mathrm{C} + d\mathrm{D}$$

式中：A、B、C、D 分别表示优秀、良好、合格、不合格等级；a、b、c、d 为评估结果等级标准系数，且 $a + b + c + d = 100$。

评估结果的计算公式为：

$$V_i = \sum 100 \times M_i \times m_{ij} \times G_{ij}；\ i = 1，2，3，\cdots，n；\ j = 1，2，3，\cdots，n$$

其中，G_{ij} 表示第 ij 个评估要素的评估等级，M_i 为权重系数，m_{ij} 为重要系数，$G_{ij} = $ A、B、C、D。

（2）评估结果等级。评估结果等级可设置优秀、良好、合格和不合格四个级别。针对不同等级可设置不同条件，例如，针对优秀等级可增设Ⅰ级 4 个指标都要达到优秀（A）等级。

五、建设多元化的校外实践教学基地

1. 建设校内外相互融合的实践教学基地

通过产教融合、校企合作的实践模式，高校可采取成立产业学院、加大基础设施建设和整合资源的方式，大力引进与学科、专业相符合或相关的企业和研究机构在学校开展生产和科研工作，使校外实践基地校内化。与此同时，为提高实践基地的实用性和与校外实践基地的契合度，高校在开展产业学院建设的基础上，应大力加强校内实习基地的建设，使其逐步外化为具有社会服务功能的实践实训基地，在一定程度上发挥校外实践教学基地在培养学生职业技能方面的作用，弥补校外实践基地的不足。例如，福建在全省范围内启动转型发展改革试点，在以示范性应用型高校建设、应用型人才培养专业群建设、服务产业特色专业建设、应用型学科建设“四位一体”的转型发展体系下，积极引进与高校学科、专业相近的企业，共同推行产业学院建设。产业学院改革试点建设成为产教融合，校企合作模式下校内外实践基地建设的重要载体，也是高校领域在应用型人才培养的亮点之一。长沙某高校学院接受华为公司捐赠的 45 万元网络设备，建成华为网络实训室；某院系与海尔公司合作，建成了空调、洗衣机、小家电实训室，与三知电子有限公司合作在校内建立产品生产线；某计算机研究所针对不同应用软件项目成立多个学生开发小组，从系统调研、分析与设计到系统开发与实施各环节都有学生参与，甚至由学生独立承担一定的开发与维护任务。基于此，在产教融合、校企合作的模式下，校内外实践实训基地建设融合过程可如图 1 所示。

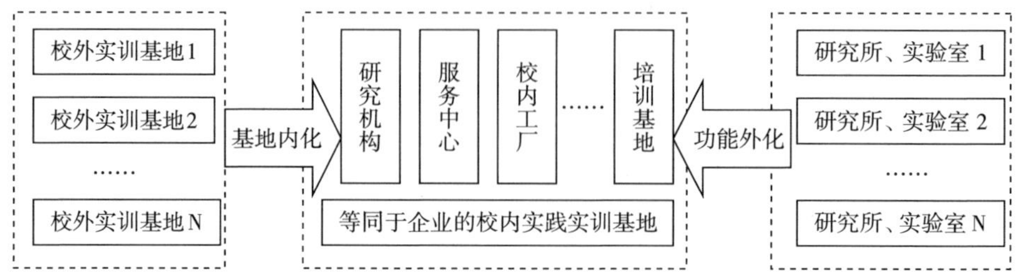

图 1　校内外融合的实践教学基地

2. 探索与企业组织合作建立网状校外实践教学基地

在经济社会高速发展的新时期，各行各业的人才需求越来越高，也不断呈现新的要求，以职业能力为导向的应用型人才需求更加凸显。既要求高校培养符合第一、第二产业所需的专业生产技术型人才，又要求高校培养第三产业所需的服务型人才；既要求高校培养具备一定专业技能的人才，又要求高校培养具备解决实际综合问题能力的人才。因此，高校在实践教学中，应加强学生实践能力的培养，以社会真实的情景不断进行模拟实验和岗位操作，提高学生实践能力。在实践的实际操作过程中，各学科、各专业应结合学科和专业特点与行业特色，以产业学院为载体，积极建立与学科专业相适应的校外实践基地。

同时，鉴于各个校外实践基地的功能能覆盖各个学科和专业，高校应加强产业学院之间的沟通，为实践基地的共用共享提供平台，建成行业网状的校外实践教学基地，形成多专业网状实践教学基地。具体的多专业网状实践教学基地模式的构建如图 2 所示。

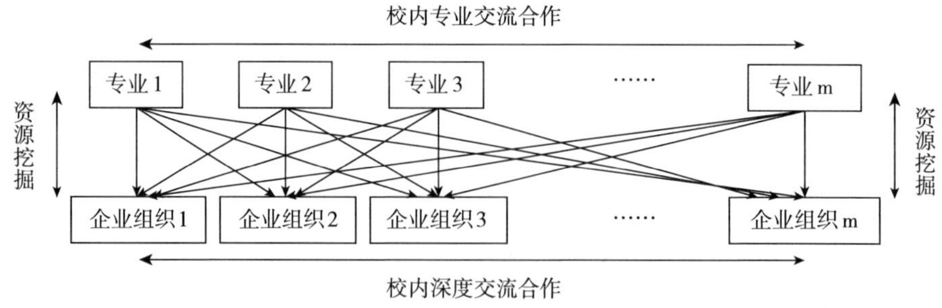

图 2　高校多专业网状校外实践教学基地建设模式

3. 探索校企合作产学研相结合的校外实践教学基地

产教深度融合、校企合作的校外实践教学基地主要是在企业与高校或高校某一、二级学院建立相互合作关系的基础上，重新建立某一学院或者系部，制定灵活的办学机制，合理设计实践教学模式，培养“双师型”教师队伍等，并在此基础上建立固定的校外实践教学基地。例如，福建省高校近几年新建的新华都商学院、阳光学院均是新华都集团、阳光集团与高校合作建立的二级学院。各个高校新成立的产业学院，都相应建立了固定的校外实践教学基地。具体构建模式如图 3 所示。

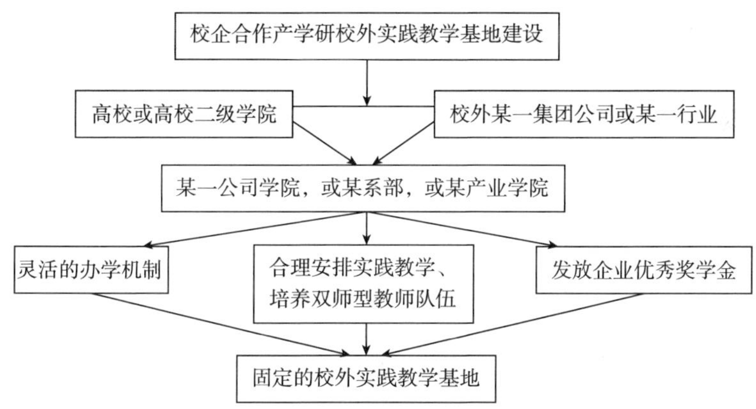

图 3　校企合作产学研校外实践教学基地建设模式

4. 探索分层次一体化应用型校外实践教学基地

地方应用型本科教育是以职业能力为导向的应用型人才为培养目标，强调以“能力本位”的实践教学模式。因此，地方应用型本科教育实践教学基地建设可以采取“分层次一体化”的实践教学模式，实行“分层培养、层层递进、逐步提高”的方法，围绕基本技能、专业技能、技术应用或综合技能训练三大模块，分层次设置校外实践教学基地，注重培养学生的运用能力、创新能力和解决关键技术问题的能力。具体实践教学模式如图 4 所示。

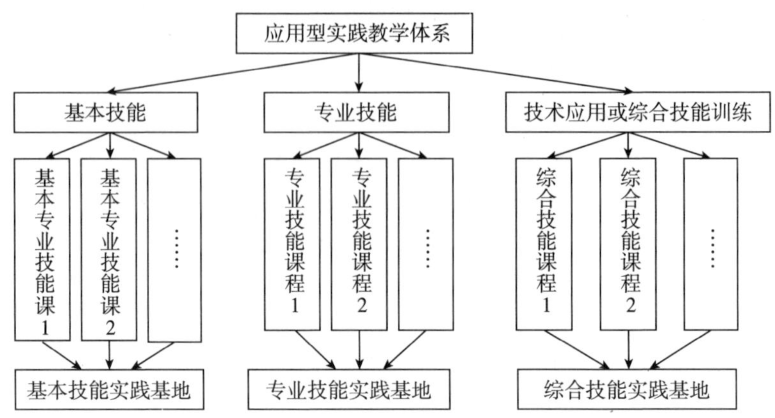

图4　分层次一体化应用型校外实践教学基地建设模式

六、结束语

实践教学基地建设是一项复杂的系统工程，各高校应结合自身学科、专业优势和行业特点，建立相应校外实践教学基地建设模式，并建立一套校外实践教学基地正常运作的保障机制。这样才能充分发挥基地的资源优势，真正使实训基地成为学生走向社会的桥梁，为培养应用型人才搭建平台。

主要参考文献

［1］陈凤姣、徐正华：《模糊评判法在高校实验教学质量评价体系的应用》，载于《漳州师范学院学报（自然科学版）》2010年第1期。

［2］陈红：《高校实践教学质量评价模型的构建与应用》，载于《实验室研究与探索》2009年第6期。

［3］冯旭芳：《高职实践教学质量保障体系研究》，浙江工业大学硕士学位论文，2008年。

［4］胡可信、王玉珑、王萍：《轻化工程专业实践教学基地评价指标体系的建立与实践》，载于《化工高等教育》2011年第1期。

［5］马彦芬、裴祥喜：《校外实践教学基地建设与评价》，载于《人民论坛》2009年第17期。

［6］佘镜怀、孙羽、邢晓彤：《高校校外实践教学基地评价系统研究》，收录于《第三届教学管理与课程建设学术会议论文集》，2012年。

[7] 王春媛:《高职院校实践教学质量评价系统的研究与设计》，电子科技大学硕士学位论文，2008 年。

[8] 谢廷宇、于世海:《基于创新创业能力培养的国贸专业复合实践教学体系实施思路与效果评价研究》，载于《黑龙江教育学院学报》2019 年第 7 期。

[9] 张干清、郭磊、向阳辉:《新工科双创人才培养的实践教学范式》，载于《高教探索》2018 年第 8 期。

[10] 习近平:《加快发展职业教育，让每个人都有人生出彩机会》，http://news.eastday.com/c/20140623/u1a8171032.html，2014 年 6 月 23 日。

[11] Zhang li-li, "Stengthening the Training System and Bases", *The seminar collected papers of Beijing higher education research laboratory in* 2009, 2009, pp. 99 - 102.

税收筹划课程实验教学设计与探讨

袁 玲

税收筹划是指在纳税行为发生之前，以税法为依据，纳税人通过对生产经营活动的精心安排，以实现企业价值最大化的一种行为。近年来，随着人们纳税意识的提高，如何减少税收负担，在市场竞争中增强竞争力，实现企业价值最大化，越来越受到广泛的关注，对税收筹划的相关研究也随之深入。税收筹划课程作为一门研究税收筹划基本理论和技能方法的学科，逐渐成为高校财经类专业的必修和主干课程之一，是会计、财政等财经类专业学生所必备的专业技能之一。

税收筹划课程应用性、实践性和技能性强，但目前高校税收筹划教学大多以讲授为主，学生缺乏实践训练。这种单一的、传统的教学方法，学生只能是被动接受，不能很好地激发其学习主动性和积极性，学生听课精神不易集中，教学效果差强人意。缺乏实践训练，学生对于税收筹划的基本方法和操作技能的理解，特别是筹划方案可能带来的财务变动以及涉税风险只能一知半解，难以掌握税收筹划的基本技能和方法。因此，对于税收筹划这门课程，实验教学须贯穿于教学过程之中，如何不断完善和规范税收筹划课程的实验教学内容，提高课程教学质量，使学生掌握税收筹划的基本技能，能够在实践中融会贯通，运用所学理论分析问题和解决问题，是当前高校进行税收筹划课程教学必须思考的问题。

一、税收筹划实验教学现状及问题分析

1. 对实验教学环节缺乏足够的重视

尽管税收筹划应用性极强，但多数高校对税收筹划课程仍存在对实验教学的建设投入不够，没有给予足够重视的问题。有的尚未把实验教学提到议事日程或没有独立实验场地，相关硬件设施和软件不配套。有些高校虽然为税收筹

划课程设立了实训课时，但作为非税收专业的财经类学生课程，其并不受重视，未提供专业实验室供学生进行模拟训练。由于课堂上无法做到真实情境的完全模拟，实训课流于形式，变成举例教学，实训教学未能发挥预期作用。例如，在教学过程中，常有学生无法理解税收筹划过程中的企业分立和合并等的运用，或者只知道照抄照搬一些筹划案例。

2. 实验指导教师缺乏业务培训和实践机会

税收筹划课程实践性较强，若任课教师有相关实务操作的经历，必定有利于在概念性知识教学过程中引入实践性学习的内容，使学生建立起非常直观的对于税收筹划的知识经验，并掌握实际操作方法和技能。因此，要求组织实践教学的指导教师，应具备扎实的税法和税收筹划理论基础，还必须具备丰富的税务及筹划实践经验。但实际上多数高校教师并无实践经历，从学校毕业后直接从事教学工作，教学工作期间也没有税务及筹划操作实践，实践经验十分匮乏，遇到实践教学往往无法胜任，故实践教学的组织受到限制，教学效果大打折扣。

3. 缺乏优秀的税收筹划实验教材，无法满足教学需要

一本优秀的教材是提高教师授课质量和学生学习效率的重要条件。实验教学和理论教学一样，也需要一本优秀的配套实验教材，对课程实验环节作出合理设计和编排，选择一些典型的企业案例作为引导或者仿真情景模拟由浅入深、由简单到复杂，分层次设计实验过程、实验方法和步骤，并在每个实验后配套相应的模拟实验练习供学生进一步巩固实验操作技能。但目前税收筹划实验教材并不多见，这使得税收筹划实验教学缺乏一个统一的引导和设计，使实验教学难以规范化。

二、税收筹划实验教学模式的设计与实施

为了发挥学生学习税收筹划课程的积极性和主动性，培养创新型和应用型税收人才，结合税收筹划课程的特点，笔者认为该课程的实验教学可考虑如下设计方案。

1. 实验教学基本原则

（1）学生为主体原则。税收筹划实验教学和传统的理论教学模式不同，应以学生为主体，教师不再是“满堂灌”，而是对实验教学过程发挥指导和调

控作用。实验教学过程中，教师要时刻注意学生是否围绕要解决的问题及要完成的任务开展实验，选定的实验方法有无偏离方向，可否达到预期目标等。学生在实验中遇到难题时，教师则要适时指导。

（2）渐近式开放原则。税收筹划课程实验教学应注意由浅入深，且遵循渐近式开放的原则。可在课程开始时引入教会知识为主的研讨型案例讲解实验方法，到课程将近结束时则进行以培养创新实践能力为主的设计型实验。

（3）小组合作原则。本课程实验教学在注重学生个人专业能力的基础上，应强调学生在合作、交流过程中完成任务。在完成小组任务时，教师要引导学生在小组内合理进行任务分配，既体现分工又强调合作，为学生提供自由表达、质疑、探究、讨论的机会，让学生通过个人、小组等多种解难释疑的途径，提升个人专业能力、组织能力、沟通能力以及团队协作意识。

2. 实验流程设计

本着上述原则，税收筹划课程实验教学可以分成两个阶段进行。

（1）准备阶段。该阶段可以安排在理论教学完成之后，实验教学开始前1个月左右。在课程实验教学准备阶段应主要由指导教师向学生讲明实验目标、实验要求和实验方法等基本事项。指导教师应事先给出实验教学任务，实验内容应以我国税制体系中的五大主体税种，即增值税、营业税、消费税、企业所得税、个人所得税为重点。对任课班级学生做好小组分配，并明确实验目标、内容，组织学生根据分到的实验任务开展有针对性的市场调研，以熟悉企业税收筹划的实际情境。同时，有针对性地查找和分析设计案例所涉及的相关税收法规。

具体来说，可以安排6～10名学生作为一个小组，以小组为单位完成教师布置的实验任务。小组成员在教师引导下通过分工协作，深入企业和市场，搜集真实的第一手材料，通过整理，设计出具体分税种纳税筹划实务操作案例。案例要包括纳税筹划成功案例和失败案例，每个案例具体包括企业基本资料部分和方案设计部分，基本资料部分包括企业简介、经营范围和经营状况等基本信息和企业涉税问题分析两个部分，方案设计部分又包括筹划方案的提出和方案实施效果两个部分。各个小组必须按照规定的统一格式提交实验报告。

（2）实施阶段。进入实际实验教学过程，可按如下教学模式进行。首先由各小组将搜集的企业材料在组内讨论后，将讨论结果按照统一规定的格式形成实验报告与实验心得等书面材料并提交。接下来由各小组将上述企业基本材料、设计的筹划方案及实施效果制作成 PPT，并辅以视频、音频进行情景模拟，在课堂上进行模拟情景展示和讲解。具体来说，可以由各小组指定一位同学在课堂上规定的时间内陈述本组方案和讨论结果，在教师的引导下各小组就不同观点展开辩论，指导教师在此过程中要引导学生分析各组设计的筹划方案与企业实务界在纳税筹划观念、技巧上的不同，引导学生融入实务。最后由任课教师进行总结和点评，尤其对优秀的有创意的解决方案进行重点点评，并通过由任课教师和各小组长组成的考核小组评分给出小组得分。

3. 实施效果分析

该实验教学法要求各小组每个同学都要有陈述方案的机会。由于要进行小组间的辩论，各小组均应认真对待，可充分发挥学生学习的积极性和主动性，激发学习热情，增强学生理论联系实际、分析和解决实际问题的能力，最终提高该课程实验教学的质量和效率。在案例实验教学中，以学生为主体，教师适时引导和调控，师生能够充分互动，学生为解决问题而努力参与，以掌握专业知识为主，以开发创造性方法为辅；符合学生认知规律，有利于实现课堂学习与课外活动、校内与校外、虚拟与现实的相互结合，提供了弘扬个性、创新发展的空间，拓宽了学生素质能力培养的途径。

三、完善税收筹划课程实验教学的探讨

为保证实验教学规范、有效地正常运行，应从以下方面入手，建立一套科学合理的实验教学质量保障体系。

1. 重视税收实验室建设

实验室建设是税收筹划实验教学的重要一环，是提高实验教学效率的有力保障。税收实验教学平台建设需要大量的经费投入和保障，高校要积极保障税收实验室建设的经费需要，在此基础上按照实验教学平台建设目标、实验教学计划和实验教学大纲、实验项目内容选购相应设备和软件。实验教学平台建成后，既能满足本校学生的教学需要，有利于培养学生的基础技能和创新能力，又能充分发挥实验室的示范辐射作用，并具有良好的经济效益和社会效益。

2. 加强实验师资队伍建设

实验教学过程中师资力量建设是影响税收实验教学的关键因素。实验教学

对实验指导教师提出了较高的要求，一支优秀的实验师资队伍不仅需要扎实的理论功底为学生传授理论知识，更要具备较强的实际工作能力，以指导学生的实验操作。根据目前各校师资情况，大多数任课教师缺乏实践操作技能。可以采用引进和提高的办法建设实验师资队伍。一是建立定期选派税收教师到实际企业、会计师事务所、税务部门等相关业务部门挂职、实习，进行业务锻炼的长效机制，增强教师实际操作技能。经考核胜任实验指导工作的，再担任实验教学的专职或兼职指导教师。二是到实务部门选拔聘请既有理论功底，又有丰富实际工作经验的业务骨干担任实验师资或指导老师。

3. 加强实验教学资料建设

实验资料是实验教学的重要指导性文件和教学材料。为保证实验教学质量和效果，应根据单项知识点实验、课程综合性实验的不同任务，在组织相关专家、实验教师充分研究、严密认证的基础上，精心编制实验计划和实验大纲，编写统一规范的实验规程、实验指导书和实验教材等实验教学资料，以便明确各项实验的目的、内容、教学组织和考核办法，指导税收筹划实验教学，保证高质量和高效率实验教学的持续开展。

主要参考文献

[1] 安文英：《〈企业纳税筹划〉设计性、创新性实验教学的设计与实施》，载于《廊坊师范学院学报》（社会科学版）2010 年第 4 期。

[2] 刘芳、郑红霞：《“税收筹划”课程的开放式实验教学模式探索》，载于《财会通讯》2010 年第 9 期。

[3] 杨抚生、陆新葵：《构建开放式税收实验教学平台的思考》，载于《南京财经大学学报》2009 年第 2 期。

[4] 赵恒群：《财经院校实验教学问题研究——以税务专业为例》，载于《东北财经大学学报》2008 年第 3 期。

应用型本科院校会计信息系统课程实验教学改革探讨

余　希

会计信息系统课程作为高校会计专业主干课程，是融合了会计学、计算机与信息技术、企业管理等学科为一体的一门实践性极强的交叉边缘性学科。在当前企业管理信息化迅猛发展的大环境下，承担着会计信息化人才培养的重要任务，其地位在会计专业教学中十分重要。作为会计信息系统课程重要组成部分的实验教学环节，对于应用型本科高校来说，因其教学定位需突出培养学生的实践能力和应用能力的特殊性，显得格外重要。然而，我国开展会计信息系统教学已经多年，但其实验教学内容体系却缺乏统一的认识，不同高校的课程定位、教学方式方法差别较大，如何改进应用型本科院校会计信息系统课程的实验教学，促进课程建设，提高人才培养质量，探索具有本院校特色的实验教学，是深化教学改革的迫切需要。本文就此问题展开探讨，以期为应用型本科院校的专业实验课改革和探索提供参考。

一、应用型本科院校会计信息系统实验教学存在的问题

我国目前应用型本科院校多由原专科层次的高校升格而来，教学方式一方面容易受原院校专科教育模式和体制的影响，另一方面容易照搬普通本科院校模式，不能很好地定位于应用型本科院校自身特点。笔者根据多年教学经验以及所了解的其他多所同类型本科院校会计信息系统实验教学的情况，发现已有实验教学中存在的问题，其根源多在于院校教学目标定位不够恰当，偏离了应用型本科院校所应有的定位。

应用型本科院校概念提出时间不长，叫法、分类也较混乱，但一般的共识是定位于研究型高校和高职高专院校之间的一种高等教育类别。应用型本科院

校应是一种“中间类型高校”，既不能按照研究型大学来要求学生的理论又“深”又“厚”，也不能按照职业教育只要“够用”就可以，应该要求理论“坚实”，即理论适度、实在，但不要求过深（潘懋元，2014）。其人才培养目标应该是培养个性发展的多元应用型创新人才。除了在专业技术方面将职业教育纳入其中，做到学术、技术、职业三者的有机结合，还应该在个性发展和创造性方面提出要求，兼顾学生的差异性（齐平和朱家勇，2010）。

目前来看，不少应用型本科院校由于缺乏本科教学经验，进行教学时，往往倾向借鉴或照搬研究型本科院校的实验教学模式。而研究型本科院校对理论研究较为深入，课程设置大部分以理论课为主干，把实验课当成理论课的附属，是为了验证理论而存在的，而且实验的重心不在于培养学生的动手能力、分析问题和解决问题的能力，而只是加深有关理论课的理解和掌握。

对于应用型本科院校来讲，实验课程不仅有理论验证的功能，还应具备培养学生实践应用能力、创新能力的功能，学生通过实践实验掌握技能学以致用是很重要的方面。缺乏对实验课程的重视至少会造成以下弊端。

（1）实验课时不能全面系统地统筹安排，课程课时缺乏平衡，导致实验课时不足，理论课时过多，学生缺少实验技能训练时间。

（2）实验课教师队伍建设受到忽视，实验教学力量被削弱。实验教学教师基本上都是从学校走向学校，缺乏在企业工作、参与生产实践的经验，教学生涯中也少有机会接触社会实际工作。上课基本凭借教材、参考书来判断具体经济业务的处理方法，然而理论与实际往往存在一定的差异，这就使得教师的指导不够准确，脱离实际，缺乏权威性。其后果是导致实验课教师队伍素质降低，教学队伍不稳等现象。

（3）实验课程建设不能及时跟进实务发展，课程体系建设、教学模式选择、教材选择等与理论教学脱节，实验技术手段跟不上科技发展的步伐。对于应用型本科院校会计专业的学生，其课程学习重点应该是会计信息系统的应用以及对系统结构的认知，对系统功能模块、业务处理流程和数据字典、系统的维护能力和对数据的深入分析能力的培养，本质上是在为财务专业学习服务。然而，一些院校照搬研究型本科实验内容，在学生并不具备较强计算机能力的条件下，即进行系统分析、设计、开发的实验内容，对学生来说难度很大，效果也不好，一定程度上偏离了应用型本科院校的教学目标。

（4）实验教学软硬件条件跟不上，教学形式单一，手段落后，方法机械。多数院校实验室是计算机加软件的模式，但计算机的规格、等级落后，软件跟不上时代发展是常有的事，再加上老旧的实验教材，对实验项目的开展十分不利。教师传授知识仍以传统的静态讲授方式进行，实验按部就班，形式单一，一定程度上抑制了学生的创新欲望，创造能力得不到培养，个性得不到充分发展。

二、会计信息系统实验教学改革思路

如前所述，应用型本科院校会计信息系统实验教学存在问题的主要根源在于应用型本科院校教学定位不恰当，对实验教学重视不够。因此，要完善和发展会计信息系统实验教学，首要的是明确应用型本科院校会计学专业的培养目标，以及给予实验教学足够的重视。应用型本科院校的定位应该是：服务于地方经济，培养知识、能力、素质协调发展，具有创新精神和专业实践能力，具有较强岗位适应能力的应用型人才。会计信息系统课程应该以专业培养目标为指导，配合企业信息化建设，培养学生对会计信息化的全面了解（杨周南和吴鑫，2009）。

具体到会计信息系统实验教学改革上，应树立实验教学和理论教学并重的思想，既不能局限于高职高专以上机实验为主，教会学生掌握特定软件操作即可，也不能盲目照搬研究型本科院校的教学方式，将实验教学置于理论教学的从属地位，忽视学生实践实验的训练。实验教学改革的切入点可从以下几个方面着手。

1. 宏观上统一会计信息系统实验教学认识

目前，我国各高校会计专业基本都开设了会计信息系统课程，但各高校的实验教学方式方法多有不同。各高校应加强会计信息系统实验教学的交流探讨，研究实验教学的方法手段，拟出纲领性的规范，明确实验教学的意义、方法、手段、途径等，探索出更好的实验教学模式。各高校再根据自身客观情况按照规范的指导确定自己有特色的教学方式，促进会计信息系统实验教学的发展。

2. 重构会计信息系统实验课程的教学内容体系框架

教学内容需围绕社会对新型会计人才的需求精心挑选，由社会所需职业角色应具备的知识和技能来确定课程的体系框架，如此才能体现应用型本科院校的教育教学定位。在当前的信息化环境下，除会计信息系统基本理论与应用技术外，还应该将数据库技术、管理信息系统、ERP 系统、系统项目实施、XBRL、审计等内容纳入体系框架，而研究型本科院校开设的信息系统开发、程序分解等内容则不适宜列入。

由于课程内容体系框架相当宽泛，各院校需综合自身和软硬件条件、师资、学生素质等因素有选择地进行建构。具体来说，应该本着夯实理论基础、突出应用能力的培养原则，培养学生用企业信息化思维分析、解决会计领域实务问题的能力。因此，在打好会计基础、数据库管理等课程的基础上，应重点选择会计信息系统基本理论、财务软件应用、会计信息系统建设与管理、会计信息系统维护等课程，在此基础上，再进阶介绍 ERP 系统、XBRL、计算机网络审计等内容，并及时补充企业信息化发展趋势等一些具有前瞻性的内容。

3. 加强教师队伍建设，提高教师的实验教学能力

教师队伍建设是会计信息系统实验教学质量的重要保证。队伍的建设主要应依靠学校的用人制度、激励制度来引导，保障教师自觉努力学习，钻研教学与研究探索。学校可通过创造条件让教师外出进修，让教师了解并掌握最新的学科研究成果；创造条件让教师到企业进行实践与调研，考察企业信息化应用的实际情况，了解最新发展动态。这样，教师才能将所了解的最新管理理念、应用技术和社会需求以及实践体验经验融入教学当中，更好地进行教学。此外，鉴于会计信息系统课程融合了会计、计算机、管理等多门学科的交叉学科特点，学校还可以搭建不同专业教师的交流互动平台，通过共同组织研究课题和项目，把不同专业教师组织在一起共同开展研究和探讨。

三、结语

会计信息系统实验教学作为应用型本科院校会计专业人才培养体系的一个重要组成部分，其主要任务是培养学生在财务会计领域分析问题、解决问题的实践动手能力。只有深化实验教学改革，找准应用型本科院校教育教学定位，统一对会计信息系统实验课程的认识，构建恰当的教学体系内容，强化教师队伍建设，才能培养出具有实践能力和创新能力的高素质人才，满足社会对创新型、复合型会计专业人才的需求。

主要参考文献

[1] 陈文涛:《会计信息系统课程实践教学模式研究》，载于《商业会计》2013 年第 2 期。

[2] 陈小虎、吴中江、李建启:《新建应用型本科院校的特征及发展思考》，载于《中国大学教学》2010 年第 6 期。

[3] 屈广清、余少谦、陈庆华:《新建本科院校构建应用型人才培养体系的实践探索——以福建江夏学院为例》，载于《福建江夏学院学报》2012 年第 12 期。

[4] 齐平、朱家勇:《应用型本科院校人才培养目标调整及其实现之策略》，载于《高教论坛》2010 年第 6 期。

[5] 吴沁红:《会计信息系统实验教学内容体系设计探析》，载于《中国管理信息化》2011 年第 3 期。

[6] 杨周南、吴鑫:《会计信息化人才工程体系研究》，载于《会计之友(下旬刊)》2009 年第 4 期。

[7] 赵文青:《对我国应用型本科院校发展战略的思考——潘懋元先生访谈录》，载于《高校教育管理》2014 年第 1 期。

以需求为导向的审计实践教学模式探讨

李晓霞

一、引言

审计作为一门综合性、实践性很强的学科，与许多相关学科的理论相互渗透，如财务会计、财务管理、成本会计、税法、经济法等。学生不仅应掌握相应的理论知识，更重要的是掌握审计方法与技巧。因此，实践教学在审计教学中的重要性是不言而喻的。2007 年教育部在《教育部 财政部关于实施高等学校本科教学质量与教学改革工程的意见》《教育部关于进一步深化本科教学改革全面提高教学质量的若干意见》中特别强调要高度重视实践教学。高校针对审计教学进行了一系列的实践教学体系改革，基本建立了“案例教学 + 综合实训 + 校外实习”的审计实践教学模式。然而，现实是一方面学生就业难，另一方面用人单位又很难招聘到需要的人才，这反映出审计应用型人才的供求之间仍存在一定差距。

在审计应用型人才的培养中，存在三方因素：直接供给方——高校，直接需求方——审计专业学生，最终需求方——用人单位。那么，作为审计需求方的学生和用人单位，对于审计能力有哪些需求？通常认为高校不同实践教学方式对审计专业大学生的实践能力具有提高作用，哪些审计实践形式比较有效？作为审计供给方的高校，现行的审计实践教学模式存在哪些问题？应如何以需求为导向，对审计实践教学模式进行完善？本文将对上述问题进行探讨。

二、审计专业学生和用人单位对审计能力的需求

何芹（2010）对上海立信会计学院 2001 ~ 2005 届审计专业毕业生及其用人单位进行了问卷调查，至调查时为止，毕业生已在工作岗位上任职 3 年以上，对自身适应工作岗位以及自身实践能力情况有了一定了解。调查结果

如下。

（1）用人单位和毕业生均将基础知识与基本技能，如会计、财管、审计专业基本理论和实务技能与具有较强的实务操作能力，放在一个非常重要的位置，但相对而言，用人单位较为重视基础性知识与基本技能，而毕业生则更加重视应用性技能。

（2）用人单位和毕业生均认为：在不同审计实践方式中，案例教学、综合实训、校外实习是锻炼实践能力最重要的三大方式。

（3）对于案例教学，用人单位和毕业生一致认为：需要训练学生有效的思维方式和提高学生运用专业知识分析审计问题的能力。

（4）对于综合实训和校外实习，用人单位特别强调的是科学审计态度的培养，如保持职业谨慎、形成职业判断以及加强审计风险意识；但毕业生则看重解决审计问题能力的培养，如识别、分析审计问题的能力，独立设计审计程序的能力，正确使用审计技术和方法。

形成上述差异的原因是审计从账项基础审计、制度基础审计，发展到现在的风险导向审计，公司舞弊手法越来越复杂，也越来越隐蔽，通过简单查账为主的审计，即进行账账、账证、证证、账表核对通常难以发现问题，需要审计人员增强风险导向审计理念，综合运用实地观察、询问、函证、检查有形资产、分析性程序等方法，并且需要审计人员在各个审计阶段，更加注重对被审单位重大错报风险的评估。

可见，用人单位更加强调高校能通过培养大学生学习方法、工作方法和思维方式的训练，来提高审计专业大学毕业生的实践能力；而毕业生则更加强调应用性强的审计技术方法的应用，以及运用审计知识和原理解决实际审计问题能力的培养，实用性比较强。

三、现行审计实践教学模式存在的问题

目前高校基本建立了“案例教学 + 综合实训 + 校外实习”的审计实践教学模式，这也是用人单位和审计专业学生最为肯定的锻炼审计实践能力的三大方式。但该模式在具体实施过程中存在一些问题，没有达到预期效果，难以满足审计专业学生和用人单位的需求。

1. 案例教学以教师讲授为主，案例选用不恰当

案例教学法是以案说理，通过剖析审计案例，让学生能更好地掌握审计相

关理论知识。案例教学必须以教师的有效组织为保证，以学生的积极参与为前提，以精选出的能说明问题的案例为材料。

目前的案例教学基本采用传统的讲授式案例教学，以教师讲授为主，学生参与程度偏低，形成以教师为主导，学生被动接受的局面。学生无法对审计案例进行独立的分析思考，只能接受教师分析后的结果，这样无助于提高学生分析问题、解决问题的能力。

此外，案例比较陈旧，没有充分体现时代的变化，所选用的案例多半是国外的案例或者是21 世纪初的案例。如民间审计产生的 1720 年的“南海公司案”，1938 年对审计程序产生重大影响的“麦克逊·罗宾斯案”，2001 年的“银广厦舞弊案”“蓝田舞弊案”等，虽然都是经典案例，但从时间和空间上离学生的生活较远，现实感差，在教学中难以营造“亲临现场”的氛围，学生难以融入案例的情景。

2. 综合实训中部分审计程序和方法难以有效实施，不利于培养风险导向的审计理念

综合实训是指在讲授完整个审计课程之后，专门安排一段时间指导学生进行综合模拟审计。可以使学生亲身体验到比较系统、全面的审计工作全过程，即从取证到编制审计工作底稿，直至撰写审计报告，完成审计工作底稿归档的全部过程，掌握财务报表审计的基本程序和具体方法，有利于加强对审计基本理论的理解、基本方法的运用和基本技能的训练。对培养学生的知识综合应用能力、解决实际问题的能力有着重要作用。

但是因为模拟审计的局限性，审计实务中有一些非常重要的审计程序和方法，在模拟环境中难以有效实施。例如，缺乏企业实体及真实的行业背景、宏观经济环境，就很难通过全面了解被审计单位及其环境进行重大错报风险评估，对企业也无法真正通过穿行测试、询问、观察及重新执行程序对内部控制进行测试并做出评价；在实质性测试中，存货监盘、应收账款函证、实地观察等重要审计方法也难以执行，真正能有效执行的审计方法只有检查、分析性程序与重新计算。无法真正实施这些审计程序与方法，也就无法取得相应的审计证据进行判断并决定下一步要实施的审计程序及范围，这对于培养学生风险导向审计的理念，保持合理的职业谨慎，形成职业判断能力是非常不利的。

3. 多数学生的审计实习流于形式

审计实习可以帮助学生了解真实的审计工作，实现理论与实践更好的结合。同时也是学生就业前的一项重要准备工作，可以让学生熟悉将来可能承担的工作，尽快把知识转化为职业能力。

根据庞卉（2012）通过对天津地区部分高校审计实践情况的调查，发现审计实习效果良好的仅占5%，实习效果一般的占16%，另外79%的学生根本没有参加实习，审计实习的实际执行情况与期望相去甚远，多数学生的审计实习流于形式。一方面是因为会计师事务所和企业能接收的审计实习人数有限；另一方面对于非常需要经验的审计工作，要花费相当的精力去指导实习学生，用人单位接受审计实习的意愿不高，这使审计专业的学生很难找到合适的实习单位。

四、以需求为导向，改进审计实践教学模式的建议

针对现行审计实践教学模式存在的问题，以对审计应用型人才的需求为导向，本文提出改进审计实践教学模式的方案：一方面建立"案例教学＋审计课程实验＋综合实训＋开展审计专题讲座＋校外实习"的新型审计实践教学模式；另一方面，完善审计实践教学的相关配套措施。

1. 案例教学中教师与学生的正确定位

在案例教学中，教师和学生角色的正确定位非常重要。教师的主要角色是创设一个有利于学习的氛围，提前将案例发给学生并提出需思考与分析的问题，在课堂上负责引导、控制、总结学生的讨论。学生的主要职责是准备和参与，他们模拟审计人员的位置，身处案例中的环境，正确分析问题和解决问题，学会决断并做出决策。要充分发挥审计案例的功效，训练学生有效的思维方式和提高学生运用专业知识分析审计问题的能力。任课教师一定要做到关键的四点：一是选择适合教学环节的案例；二是控制好审计案例分析操作环节；三是引导案例讨论过程；四是做好案例的评价总结。

2. 精选审计案例，建立审计案例库

审计案例的选择应适合审计理论和实务的教学，必须满足两个要求：（1）具有明确的教学目标，即案例教学要有明确的目标，要与一个或数个审计理论点对应；（2）具有较强的实践性。案例数据丰富真实，行业背景齐全，让学生仿佛身临其境，吸引学生积极参与。教学案例中即要包括具有启发和警示作用的失败案例，也要包括具有指导意义的成功案例；既要包括有针对性的

小型引导性案例，也要包括广泛涉及审计各阶段的案例；既要包括国外经典案例，也要包括最新的国内案例。同时案例库还应做到每年更新，以充分体现时代的变化，跟上不断发展的形势。

3. 增加审计课程实验

审计课程实验不同于审计综合实训，是指教师在完成每一章节的理论教学后进行的实验。实验教学的内容应当紧紧围绕课堂教学的内容与进度展开，针对性、灵活性要强。具体来说，应包括审计目标、审计程序与审计方法、审计计划、重要性水平与审计风险、审计证据、审计工作底稿、审计抽样、重大错报风险评估、内部控制测试、实质性审计程序、财务报表审计与审计报告等。对于审计教学来说，理论教学中的概念、理论、程序等都比较抽象，案例教学系统性不强，增加审计课程实验，可以让学生加深对每个重要知识点的理解和运用，起到很好地理解所学的审计基本理论、基本方法和程序的效果。

充分发挥审计实验课程优势的最好方式，就是将其与审计课程理论教学相结合或交叉进行，因为实验的角色转换，会使学生产生一种作为审计人员应有的责任感。通过情景模拟，既可激发学生兴趣，提高学生的积极性，又可通过实验加深学生对理论知识的理解和吸收，培养学生的独立思考和判断能力。

4. 聘请具有丰富实践经验的审计实务工作者开展审计专题讲座

由于模拟审计的局限性，询问、观察、监盘、函证这些重要的审计程序和方法难以真正有效实施，可以通过聘请具有丰富实践经验的审计实务工作者开展专题讲座来弥补。专题讲座的内容可围绕审计方法、审计难题、审计抽样、审计项目、审计专题等展开，通过注册会计师的现身说法，讲解真实的审计程序实施过程，特别是询问、观察、监盘、函证这些重要审计程序和方法的实施过程，审计中遇到的难题及采取的应对措施，进行不同项目审计时的注意事项等。学生即可以取得间接审计经验，培养科学的审计态度，也有助于提高学生的专业技能，开阔学生视野，弥补校内教师教学的不足。

5. 为学生审计实习提供机会并给予必要指导

目前的审计实习主要通过三种途径来完成：到会计师事务所实习、到企业内部的审计部门实习和建立校外实习基地。为了给学生提供审计实习的机会，学校应努力建立与会计师事务所和企业的合作平台，与此同时，学校还应加强审计实习基地的建设，为学生提供校外审计实践的重要场所。为避免审计实习流于形式，学校对实习内容、时间等都应做明确要求和安排，同时安排教师对遇到的专业问题给予必要指导，以保证学生的实习富有成效，保证实习质量。

6. 完善审计实践教学的配套措施

（1）改进审计实践教学的考核方式和成绩评定方法。传统审计课程考核主要采取带有标准答案的期末闭卷考试形式，平时成绩形同虚设，期末试卷的卷面成绩几乎决定了审计课程的最终成绩，根本无法反映学生的真实情况。对于案例教学、审计实验课程、综合实训的考核，应注重考察学生的实务操作能力，因此应强化平时考核，建立积极有效的教学评价体系和手段。具体来说，在考试形式上，主要尝试并探讨开卷考试、实训报告的考核方法，激发学生综合运用知识的能力和结合案例资料分析问题、解决问题的能力；课程成绩评定除期末考试外，还应重视平时成绩的考核，如对案例分析发言，每次由计算机评分的实验、实训成绩，赋予一定权重，记入平时成绩，从而提高学生积极参与审计实践教学的主动性。

（2）充分利用学校“网络课堂”平台，充实网络课堂资源。将审计实践教学中的典型案例、审计课程实验指导、审计软件及综合实训的教学案例、数据、参考阅读、录像资料等，都放到“网络课堂”的教学平台上，充实网络课堂资源，有利于学生充分掌握教学内容，便于学生自主学习和拓展学习内容，提高学生的学习兴趣和学习效率。

主要参考文献

［1］何芹：《审计实践教学及其管理模式》，载于《中国管理信息化》2009 年第 8 期。

［2］何芹：《审计专业大学生实践能力现状调查》，载于《财会通讯》（综合版）2010 年第 8 期。

［3］李素萍：《高校审计实验室建设与实践教学模式构想》，载于《实验室研究与探索》2010 年第 1 期。

［4］庞卉：《审计实践教学平台构建与应用探讨》，载于《南京审计学院学报》2012 年第 7 期。

基于应用型人才培养的财务管理教师实践教学能力培养研究

洪　艳

一、引言

财务管理是一门综合性、政策性、理论性和实践性都很强的综合学科，它涉及会计学、经济学、投资学、金融学、法学、管理学等多种学科，在教学过程中既要求学生掌握理论知识，也要求学生能够利用所学的理论知识解决企业管理中存在的具体问题，从而为企业管理提供决策支持。因此，开展实践性教学是财务管理教学中的重要组成部分，更是实现应用型人才培养目标的重要途径。

近年来，中国经济发展迅猛，对财务管理人才的需求量不断攀升。而财务管理专业毕业生实践水平的高低很大程度上取决于财务管理专业的实践教学水平。随着该专业招生规模的不断扩大，财务管理专业师资队伍也在不断扩充和增强，但总体上呈现出数量紧缺和队伍日趋年轻化的态势。我国当前应用型本科院校财务管理专业实践教学体系和教师的实践教学能力还难以满足应用型人才培养的目标要求，因此，财务管理专业教师实践教学能力的培养越来越受到人们的关注和重视。

二、应用型财务管理人才的培养目标

目前，财务管理专业的毕业生就业方向主要是企事业单位、会计师事务所和银行。随着我国经济的高速发展，企业所处的经营环境和理财环境发生了巨大变化，这对我国企业的财务预算、投资决策、资本结构安排等重大财务问题都提出了新的挑战，对从事财务管理工作的财会人员提出了更高的要求。这就要求高校财务管理专业必须为社会培养出应用型的财务管理人才，使他们具备较强的实践操作能力，能够助力提高企业价值和市场竞争力。应用型财务管理人才的培养目标应当建立以能力培养为重心的教学体系，重塑教育质量观，使学生在具备基础理论知识的基础上，注重能力与综合素质的全面提升，具备处理日常事务、解决实际问题的能力，从而培育复合性、创新型、应用型的高素质人才。这就要求我们对财务管理实践教学环节更加重视。

三、财务管理教师实践教学能力现状

应用型人才培养要重视学生实践动手能力的提升，实际上，实践教学的效果很大程度上已成为决定财务管理毕业生职业能力的关键因素。纵观目前财务管理专业实践教学的整个过程，财务管理教师实践教学反映出来的问题是非常突出的。具体表现在以下几个方面。

1. 缺乏提升实践教学能力的主动性

近年来，应用型本科院校都在进行以创新实践教学体系为中心的课程改革。但实际上，由于受传统教育思想和教育手段的束缚，以及长期的理论教学为主、实践教学为辅的影响，现在仍有相当部分的财务管理教师对实践教学的重要性认识不足。加之高校绩效改革使得现有教师评价体系普遍重视对科研成果的考核。在强大的科研压力下，很多教师无法将精力全部投放在实践教学工作中。而且部分财务管理教师并未认识到实践教学对应用型人才培养的重要性，导致实践教学流于形式，仅仅将实践教学视为理论教学的补充，教学质量的高低主要以学生掌握理论知识的水平为衡量标准，应用实践能力靠学生在日后工作中培养。教师实践教学能力欠缺导致实践教学流于形式，在一定程度上影响了应用型财务管理人才培养的质量。

2. 缺乏完善的实践教学知识结构

目前，高校财务管理专业教师主要来源于高一层次的院校，尤其是近几年青年教师比例不断攀升，这些新进教师基本都是高校研究生毕业后直接从事财务管理教学工作，理论知识相对扎实，但缺乏教学经验，以及真正从事企业财务管理实务的一线工作经验。专业实践的欠缺使得多数教师教学只能依赖于教材，习惯于灌输，边学专业边教学生，教学过程中缺乏将行业、职业的相关理论知识和实践能力转化为教育教学内容的能力。一定程度上影响了学生专业实践能力的培养，削弱了学生对专业环境的适应能力，也影响了教学的整体效果。很显然，基于应用型人才培养目标的特点，仅具有扎实理论功底的学术型教师很难满足实践教学需要。

3. 缺乏专业实践经历

由于多种原因，目前高校财务管理教师很多缺乏接触专业实践的时间和机会，有些从未有过企事业单位工作或挂职锻炼的经历，甚至很少或从未去过企事业单位、社区等从事与专业相关的实践活动。部分财务管理教师具有双师资格，但由于多年从事教学工作，缺乏到企业实践锻炼的机会，一定程度上已与企业的实战脱轨，对企业中的具体事务操作缺乏深刻了解，也就谈不上具有良好的实践指导能力。从未主持而只有少量参与和专业相关的横向课题，而“产、学、研、用”是教师提升实践教学能力的重要途径和平台。专业教师接触专业实践的机会太少、时间过短，实践动手能力无法锻炼提高，显然难以适应应用型人才培养的教学需要。

4. 缺乏实践教学能力的权威认证

财务管理专业教师中只有部分教师持有相关专业技能证书，这从一个侧面反映了教师实践教学能力的不足，而即便持有证书也并不等同于教师的实践教学能力强。目前，我国还未开展对高校教师实践教学能力的认证工作，针对提高高校教师实践教学能力和水平的培训难以规范开展，这客观上限制了教师实践教学能力的提高。一方面，由于缺少相应机构比较权威的认证，专业教师实践教学能力的衡量缺乏标准，实践教学能力的培训也难以规范开展；另一方面，缺少相应机构较权威的认证，也难以建立起促进教师提升实践教学能力的激励与惩罚措施，教师提升自身实践教学能力的积极性不高，难以营造一种人人重视实践教学、人人创造实践教学的实践教学环境。

5. 缺乏有效的教学手段和方法

目前，财务管理专业的教师普遍采用传统教学手段和方法，传授陈旧知识、照本宣科的现象十分普遍。一般采用的教学手段局限于课堂内容的口头讲授和教材内容的 PPT 演示，使得学生绝大多数时间都是在课堂上听课，忙于记笔记，师生在教学过程中缺乏交流和互动。教师教学手段单一，授课过程中很少采用案例教学、情景教学、任务教学等方法，缺乏有效的教学手段将课堂内容生动有趣地展示给学生。长此以往，导致学生逐渐丧失对财务管理专业课程的学习兴趣，更不利于培养学生分析和解决实际问题的能力，这与应用型人才培养的教学需要是不相适应的。

四、财务管理专业教师实践教学能力培养途径

培养和提升财务管理教师实践教学能力不能实行“一刀切”的做法，而要根据教师的个性差异，实行差异化的培养策略。只有这样，才能真正达到提升教师实践教学能力，提高应用型人才培养质量的目的。建立基于应用型人才培养的财务管理教师实践教学能力培养体系，强化对教师实践教学能力的培养，可以从以下几个方面来努力。

1. 基于外在因素的实践教学能力提升途径

（1）营造良好的外部发展环境。“双师型”教师是理论知识和实践能力都有较高水平和造诣的教师群体，承担着较一般教师更为繁重的工作任务。而要打造素质高、能力强的“双师型”教师队伍，实践教学能力提升是关键，因此，要大张旗鼓地鼓励和支持教师提高实践教学能力。教师提升实践教学能力，对实践教学有利，对应用型人才培养有利，但是也意味着教师要付出更多的汗水和艰辛，企业挂职、下厂锻炼、更新知识、掌握技能，都需要时间和精力。学校应制定教师实践能力培养培训的实施办法，减少课时量，保留全额工资福利和岗位津贴，使教师在实践能力培养过程中经济上不受损失，在晋升职称、出国培训、产学研合作等方面享有更优厚的待遇，营造良好的环境，从而激发教师主动提升实践能力的积极性。

（2）强化教师实践教学能力培训。目前，财务管理专业教师接受的岗前培训主要是针对教育学和心理学等方面的理论知识培训和考核，教师职中继续教育主要是外出进修读博，提升学历学位。而实践教学能力的提高既辛苦收效又慢，往往被忽视。结果就是教师的理论水平、研究能力有了较大提高，而实践教学能力几乎没有提高，这不利于实践教学水平的提高和应用型人才的培养。因此，要对师资的岗前培训和职中培训进行改革。一是改进培训形式，调整充实培训内容，在岗前培训中要增加与专业对应的行业背景的认知实践，职中培训要安排一定时间进行实践教学能力的培训，切实提高教师实践教学的胜任力。二是学校应为教师努力创造专业实践教学方面的培训或与其他高校教师进行实践教学交流和研讨的机会，鼓励教师“走出去”，将外面先进的实践教

学经验“引进来”，拓宽教师视野，紧跟财务管理实践教学的趋势和潮流。

（3）搭建校企合作实践平台。学校要分析区域经济发展的动向，对服务对象进行准确定位，研究服务对象的产业规律和行业特点，凭借学校技术、人才和信息等方面的优势确立校企合作的立足点，提升服务企业的能力，促进区域经济发展和产业结构升级。通过校企合作，积极创造条件派专业教师到企业观摩、调研，在不影响日常教学工作的前提下，到合作企业的相关财务岗位兼职或接受后续实践教育。利用寒暑假期间有计划地安排专业教师到企业挂职锻炼，直接参与企业财务管理工作。校企共同建立应用型财务管理人才培养实习基地，共同进行财务管理青年教师实践及应用能力的培养。财务管理教师可以帮助企业解决理财中的难题，为企业发展提供可行性建议，同时积极总结和探索财务管理专业知识在实际运用中出现的新问题，完善思路，并形成一些科研成果，教师的实践教学和科研能力将在实务锻炼中得到提升。如此，教师既可以将所学的财务管理理论和方法应用于实践，又可以通过自身实践经历和与企业相关人员的交流，了解企业当前财务管理工作的现状、一些创新性做法以及对财务管理人员知识和能力的要求，进而在教学过程中能根据社会需求有针对性地加强学生财务管理相关实践能力的培养。

（4）建立健全实践教学能力考评体系。应用型本科人才的培养注重实践能力，对教师的实践教学水平要求较高。如何激发教师提升实践教学能力的内在动力，必须建立科学的考评体系，发挥考评的导向作用。目前，高校教师的理论教学和学术科研考核体系比较健全。但是，教师实践教学能力考评体系却严重缺失或简单粗糙。教育主管部门也未颁布相关的教师实践能力考评指标体系，与教师息息相关的职称评审仍然偏重学术要求，而对实践教学水平考核则没有明确要求，这种导向显然不利于应用型师资队伍建设。因此，必须尽快把教师实践教学能力考评纳入教师的整体考核体系中，才能在制度层面建立有效机制，保障教师实践教学水平的快速提高。只有这样，才能真正提高教师的实践教学水平，才能把提高应用型人才培养质量真正落到实处。

2. 基于内在因素的实践教学能力提升途径

（1）组建实践教学合作团队。财务管理专业教师应按照课程形成教学合作团队，每个团队中的中年教师和青年教师应形成良好的搭配。中年教师往往工作经验丰富，实践教学能力相对较强，可以通过经验丰富的中年教师对青年教师的“传、帮、带”，提升财务管理专业教师的整体实践教学技能和水平。这将有助于青年教师的快速成长，有助于营造互帮互助的良好合作氛围，更有助于财务管理教师实践教学梯队的建设。通过定期集中讨论的形式，及时交流各自掌握的财务管理实践知识和经验，反映一段时期内财务管理实践教学方面自身无法解决的问题，不断探讨有利于应用型人才培养的财务管理实践教学模式、教学方法和教学手段。相互取长补短，从相互学习中不断改进自身的实践教学方法和技巧，将在教研活动中获得的知识经验转化为自身实践教学能力的提升。

（2）定期开展实践教学竞赛。学校应定期开展教学竞赛，提高财务管理专业教师的教学意识，促使教师投入更多精力到课堂教学研究中，从而提高教学质量。通过举办教学竞赛，促使财务管理专业教师对教学内容进行深入细致的分析和思考，促使教师不断尝试新的教学方法，增强竞争意识；通过与其他教师教学表现的对比，能够让教师发现自身存在的教态、语言生动性及语速等问题，从而形成相互学习和相互促进的良性互动。

（3）综合运用多种实践教学手段和方法。财务管理实践教学应以“财务工作流程”为导向，教师应以分析企业财务工作岗位能力为基础设计财务管理实践教学模式。教师应尝试多样化的实践教学方法，以案例教学为引领，以情景教学、任务教学为基础，以顶岗实习、生产性实训等综合实训为手段，以沙盘对抗、技能竞赛为检验，全面丰富实践教学内容。并通过互动式教学方法，强调师生之间、学生之间的互动交流，强化学生的自我探索能力和团队协助能力。有意识地培养学生的主体意识和参与意识，将实际岗位所完成的工作任务进行分解，学生在任务驱动下，借助团队分工协作，学会利用教学资源，通过问题解决式的自主学习获得知识的建构和技能的训练。

（4）形成常态化的教学反思。财务管理教师在指导学生实践的过程中也可以不断发现问题、解决问题，积累丰富的实践教学经验。在每次实践教学活动结束后应认真反思本次教学的形式、内容、方法、手段和效果，形成教学反思日记，针对不足之处提出今后改进的措施并付诸实施。常态化的教学反思对于教师提升教学能力具有立竿见影的效果。通过“教学—反思—教学”的循环过程，不断发现自身在实践教学中存在的不足并加以改进，促进自身理论和实践教学水平的不断提升。

五、结论

应用型财务管理人才的培养质量取决于教师的综合素质，特别是与财务管理教师的实践教学能力密切相关。目前，我国应用型本科院校财务管理教师实践教学能力缺失现象较为严重。要全面提升高校财务管理专业教师的实践教学能力，教师的同步培养必不可少。一方面，高校应逐步营造良好的外部发展环境，为教师实践教学能力培训搭建校企合作实践平台，建立健全实践教学能力考评体系；另一方面，应组建实践教学合作团队，定期开展实践教学竞赛，综合运用多种实践教学手段和方法并形成常态化的教学反思。如此方能切实提高财务管理专业教师的实践教学能力，适应应用型人才培养的要求。

主要参考文献

[1] 蔡宝来、王会亭：《教学理论与教学能力：关系、转化条件与途径》，载于《上海师范大学学报（哲学社会科学版）》2012 年第 1 期。

[2] 杨慧清：《青年教师教学能力的现状及提升策略》，载于《湘潭师范学院学报（社会科学版）》2009 年第 6 期。

[3] 张家琼、陈亮：《提升教师教学素养是提高教学质量关键》，载于《重庆教育学报》2007 年第 20 期。

[4] 张忠华、苏静雷：《大学青年教师知识结构与教学能力状况调查研究》，载于《国家行政学院学报》2013 年第 3 期。

论沙盘演示法在财务管理实践教学中的应用

魏佳思

财务管理是一个理论性和实践性很强的专业，这决定了该专业在注重理论教学的同时，必须重视实践教学。实践教学在培养学生实践能力、创新能力和开展素质教育方面具有举足轻重、不可替代的作用。本文拟就沙盘演示教学法在高校财务管理专业实验教学中的应用谈几点看法。

一、财务管理专业人才的市场需求特点分析

为了更好地培养优秀的财务管理人才，我们首先要了解市场对财务管理人才的需求特点，知道现行社会对应用型财务管理专业人才需要掌握的知识技能要求，从而优化高校的实践教学体系，培养符合社会需要的人才。本文将智联招聘、英才网、中国人才网等招聘网站所有和财务管理岗位有关的招聘信息进行分类，如财务经理、投资分析员、融资专员、财务分析师等，从中选取 300 条招聘信息，对所提人才需求进行归纳分析，统计结果如表 1 所示。

表 1　　　　财务管理岗位人才所需能力统计

职位要求	财务总监	预算员	投资专员	融资专员	财务分析员
专业基础知识	300	300	300	300	300
计算机水平	140	155	39	52	178
工作态度及责任心	273	206	189	153	172
沟通能力及团队精神	255	167	267	258	223
职业道德	71	52	35	40	16
外语水平	51	22	33	20	139
领导能力	281	6	2	2	4

续表

职位要求	财务总监	预算员	投资专员	融资专员	财务分析员
表达能力	35	10	65	115	55
学习能力	19	4	55	29	74
挑战能力	55	3	16	30	31

横向来看，不论哪一个岗位最重要的能力都是对专业基础知识的掌握。纵向来看，财务总监岗位对各方面知识和能力的要求，特别是领导能力远高于其他岗位，融资专员岗位对表达能力有较为突出的要求，财务分析员岗位对外语水平和计算机水平相比其他岗位有较高要求。

根据表 1 的统计结果分析，可以发现现行社会对财务管理人员的能力需求已经发生了变化。财务管理人员仅具备专业知识已无法满足社会需求，对学生的沟通能力、协调能力、外语能力、计算机能力都有着越来越高的要求。社会在迅速发展，知识在不断更新，对学生要求的提高也意味着对高校教学也不断提出新的要求。根据表 1，本科应用型财务管理专业人才应具备的知识能力包括以下几方面。

1. 扎实的基本业务能力

目前企业认为财务人员最重要的技能依次是：（1）为管理者收集财务信息；（2）编制财务报表；（3）处理财务信息；（4）投资决策分析能力；（5）融资能力；（6）预决策能力；（7）内控设计与实施能力；（8）业绩评价与管理能力；（9）财务分析与税务筹划能力等。

2. 协调沟通能力

包括组织能力，与各部门如工商税务部门的协调沟通能力等。

3. 应变能力

各种环境下的适应能力，自主学习能力。

4. 外语沟通能力

外语听、说、读、写的能力。

5. 计算机能力

一般计算机应用能力、会计电算化及 ERP 系统操作能力、SPSS 统计分析的应用能力，以及运用 Excel 进行财务建模的能力等。

6. 创造能力及财务拓展能力

不拘泥于现行财务制度和体系，预测未来财务发展趋势，创造性地提出合理的财务预决策方法的能力。

由上可见，传统的财务管理讲授教学已无法满足现行市场对财务管理人才的要求。

二、目前高校财务管理专业实践教学存在的问题

财务管理专业作为我国高校近年来新设置的专业，其师资队伍、课程体系、教材建设等已初具雏形，但对培养合格财务管理专业人才具有重要作用的实践教学却未受到重视，存在的主要问题包括以下几方面。

1. 校内无财务管理实验场地

目前，全国多所高校为会计专业建立了会计实验室，为会计专业学生开展了会计模拟实训、会计电算化等课程，并纳入教学计划。而很多已开设财务管理专业的学校却未为财务管理设置专门的实验室，导致财务管理专业所开设的课程和会计专业重复，没有专门的财务管理实训课程。

2. 财务管理专业实践教学方法简单，内容分散

目前，多数高校主要采用案例教学法进行财务管理专业实践教学，即授课教师在课堂理论教学之后辅以案例讲解，以期调动学生学习的主观能动性，达到提高学生分析问题、解决问题能力的目的。还有部分高校财务管理专业实践教学仍停留在教师在课后布置的一些复习思考题、习题，以及安排学生就某一有争议的财务管理问题写作课程论文等形式上。由于学生没有进入财务管理工作“现场”，缺乏实践经验，对教师所讲的财务管理案例并不一定能真正理解和消化，而复习思考题、习题和写作课程论文通常是练习性的，仅需要学生运用书本上的方法对所提出的问题、所给出的数据进行简单回答和演算，虽具有一定的思考作用，能进一步巩固课堂所学的知识，但终究是纸上谈兵，学生无法真正深入其中，获得切身的真实感受，难以达到提高学生实际工作能力的目的。另外，由于案例教学以及布置复习思考题、习题和写作课程论文等实践教学是分散在理论教学过程中进行的，学生学完财务管理专业理论知识后，各项教学内容仍是零散、独立的，不利于培养学生综合运用专业知识的能力。

3. 财务管理教师实践经验不足

财务管理教师队伍中大部分教师主要研究领域是财务会计、审计、税法，

以及初、中、高级财务管理等，这些都是传统的财务管理专业知识，研究这些传统领域的教师在整个专业教师构成中超过 70%。而对目前企业较为重视的内部控制、风险管理、绩效评价等开展研究的专业教师较少，研究较为前沿的金融工具等的专业教师几乎没有。而且，从事这些前沿领域研究的大部分是青年教师，教学较为刻板，很多教师没有实战经验。因此，课程虽是实训课，但却脱离实践谈实训。

4. 校外财务管理实习组织难度大，效果难以保障

多数院校在本科教育的最后一学期，为检验学生的学习效果，锻炼其实践能力，会让学生从事一段时间的社会实践，以将理论应用于实际。但目前笔者调查的校外实训情况并不理想，存在以下问题。

（1）多数学校通过校企合作建立实习基地，但企事业单位往往不欢迎高校学生实习，只是建立了表面上的合作关系，并没有实质性的培养学生，往往以各种理由推脱学生到单位实习。大多数学校的实习方式是让学生自己去找实习单位，但一些学生很难找到实习单位，或找不到与专业相关的单位，最后实习变成了休息。

（2）实习效果不好。实习的目的是让学生将大学知识从理论转化为实践，为更好地进入社会工作做好衔接。但很多单位不重视实习生，特别是会计财务部门，账目是很重要的，不会随意让学生接手。因此，平时实习生只是做些杂活，从事与财务无关的工作，也没有给予学生必要的指导，实习效果可想而知。

三、沙盘教学法在财务管理教学中的具体应用

为培养高素质，具有实践能力、创新精神的财务管理专业人才。当前，迫切需要开发新的实验内容、探索新的实践教学方法，并在高校财务管理专业实践教学过程中有效实施，才能保证财务管理专业实践教学的内容更加完整，方法更加得当，效果更加理想，确保人才培养目标的实现。而在学生系统学完财务管理专业理论知识后，利用沙盘演示教学法进行财务管理综合实验，便是一种最佳的选择。

1. 教学方法

传统实践教学是在财务管理课程学习完成后，由老师出一些案例题进行讨

论计算，学生只是单纯学会了如何计算一道题目，并没有紧密联系实际。与此不同的是，在 ERP 沙盘模拟过程中，学生可以亲身感受到企业财务活动的处理过程，运用课堂上学到的理论知识，合理地进行企业筹资、投资、营运管理以及利润分配等的预决策。学生要自己决策该生产什么产品，如何借款更合算，每年预算的重要性，在实践当中深刻明白理论知识的重要性。

2. 教学形式

传统实践教学的教学形式过于死板或者机械，学生难以发挥其想象力与主动性。而以 ERP 沙盘模拟为主的实践教学模式的教学形式更为灵活。ERP 沙盘实践教学融角色扮演、案例分析和专家诊断于一体，学生的学习过程接近企业实战。在 ERP 沙盘模拟实验过程中，学生们在一起组建公司进行生产经营活动，模拟企业 6～8 年的全面经营管理活动，在竞争中求生存、谋发展。通过模拟市场运作，学生能够更清晰直观地看到企业现金流量、产品库存、生产设备、人员实力、银行借贷等指标，使每个学生既能全面把握企业的运作和工作流程，了解企业的生存环境以及企业与企业、企业与市场的关系，又能深化专业知识与专业技能的学习，从而将专业知识学习与专业技能培养有机结合。

四、财务管理沙盘演示教学法的特色

沙盘最早被用于军事作战分析及战斗计划的制订。早在东汉时期，中国就出现了沙盘和运用沙盘演示战略战术方法的先例。财务管理沙盘演示教学法就是以独特直观的沙盘来模拟企业生产经营运行全过程，采用角色扮演、情景模拟、教师点评等形式，让学生在虚拟市场竞争环境中从事筹资、投资、分配等一系列财务活动的一种体验式教学方法。将沙盘和沙盘演示教学法移植到财务管理专业实践教学领域中来，使其在实践教学环节发挥独特的作用，其特色主要表现在以下几个方面。

1. 生动有趣

财务管理专业课程一般以理论传授和案例讲解为主，比较枯燥而且很难让学生把这些理论迅速掌握并应用到实际工作中。通过沙盘演示进行教学增强了娱乐性，使枯燥的理论变得生动有趣，且通过游戏进行模拟可激发学生参与的热情，调动学生学习的积极性和创造性。

2. 体验实战

沙盘演示教学法能让学生身临其境，通过“做”来“学”，真正感受企业完整的财务管理流程及具体运作，训练学生的全局财务决策思想，学会从公司整体运作角度审视经营。让学生在各种决策成功和失败的亲身体验中，学习财务管理知识、掌握财务管理技巧，达到对财务管理工作的感性认识，进而形成理性的财务思维习惯，培养学生综合运用专业知识的能力。

3. 团队合作

沙盘演示教学法是以小组（每组 5 ~ 6 人）为单位组建模拟公司来进行各项财务管理实验。当学生在实验过程中产生不同观点时，需要不断进行对话、商议。因此，学生除了学习财务理论和财务语言外，还能增强沟通技能，让学生亲身体验职能部门间沟通合作的重要性，培养学生的团队精神。

4. 看得见、摸得着

沙盘演示教学法将企业经营状况和财务管理操作全部展示在模拟沙盘上，将复杂、抽象的财务管理理论以最直观的方式让学生体验、学习。通过为期一周左右的沙盘演示教学，能有效激发学生的学习兴趣，调动学生学习的主观能动性。实验结束时，学生们对所学的内容理解得更透彻，记忆更深刻。

5. 想得到、做得到

沙盘演示教学法把学生平时学习中尚存的疑问带到实验中来印证和解决，在为期一周的实验中模拟 6 ~ 8 年的企业全面经营管理。学生有充足的自由来尝试企业财务管理的重大决策，并且能够直接看到结果，让学生全面检验自己的决策能力。在模拟实验中犯错不会给现实中的企业和个人带来任何伤害，“从错误中学习”的真谛在这里得到充分展现。

五、财务管理沙盘演示教学法在实施中应注意的问题

财务管理沙盘演示教学法虽然有很多优点，但在实施过程中，如若操作不当，将不能达到预期教学目的。因此，在实施沙盘演示教学法时应注意以下问题。

1. 沙盘演示教学中教师的作用

相对于理论课教学而言，教师在沙盘模拟实验中发挥着不同的作用。他不再是纯粹的讲授者，而是在不同阶段扮演着不同的角色——调动者、观察家、引导者、业务顾问、分析评论员等。在课程的准备阶段，教师需充分介绍课程背景以及企业运营的基本规则，充分调动学生参与的积极性；在课程的对抗阶

段，教师需观察每组学生在模拟经营中的表现，分析学生知识的主要欠缺点；在课程的点评阶段，教师需对每组学生的不同表现给予准确的评价，并引导学生进行深层次的理论思考。

2. 沙盘演示教学对学生素质的要求

财务管理实践教学中采用沙盘演示教学法，要求学生积极参与到教学过程中，从而达到掌握知识、灵活运用知识的目的。教师可以在学生学习成绩的考核方面，综合考查日常表现和实验结果。学生在实验过程中，每个团队的每个学生可以选择适合的岗位，如CEO、会计、采购、营销等，岗位一旦确定就要求学生团结一致，不能因为偶尔的一次决策失误而责怪任何一位成员。实验过程中全员积极参与，能够锻炼学生的协作能力，从而使团队顺利开展各项财务活动，使沙盘演示教学法的最终目标得以实现。学生在实验过程中要遵循实事求是的态度，遵守操作规则，实际上规则相当于单位的规章制度，不能随便破坏。

3. 要正确处理沙盘演示教学与其他教学手段的关系

尽管沙盘演示教学有上述众多的优点和独特之处，但在实践过程中不能忽视其他教学手段的重要性。沙盘学习是建立在其他财务管理专业知识学习基础上的综合应用，涉及管理学、行为学、会计学、市场营销学等，是对其他课程学习情况的一种检验。因此，教学中应重视沙盘在实践教学中的重要性，更要重视其他课程的教学，要处理好沙盘教学和其他教学手段的相互关系。

总之，财务管理专业实践教学中实施沙盘演示教学法，无论是对教师还是学生，都需要一个适应过程。实施的具体办法和措施也有待进一步探索与完善。这要求我们着眼于未来，勇于实践，善于总结提高，在财务管理实践教学中取得突破性的进展，走出一条新的实践教学之路。

主要参考文献

[1] 陆正飞：《关于财务管理专业建设的若干问题》，载于《会计研究》1999年第3期。

[2] 刘淑莲：《关于财务管理专业课程构建与实施的几个问题》，载于《会计研究》2010年第12期。

[3] 钟玲：《ERP环境下财务风险预警体系的构建》，载于《经济研究导

刊》2011 年第 13 期。

[4] 张有峰：《沙盘模拟对抗——ERP 系统成功实施的利器》，载于《企业管理》2007 年第 4 期。

[5] 吴亚铃：《ERP 沙盘模拟实验与财务管理教学耦合的研究》，载于《经济研究导刊》2012 年第 13 期。

我心目中的好老师

康小燕

屈指算来，从幼儿园到大学阶段，从识字数数到语数英政史地物化生，伴随我们一路成长的不仅是家人，更多的是老师。学生与老师最多的接触是在课堂上，老师的教学风格各有千秋，有的对学生要求十分严厉，有的风趣幽默，有的注重对学生能力的培养，也有的强调成绩的重要性。一名好老师，对于学生的影响可能是一辈子的。我们身心的健康成长有赖于老师的辛勤浇灌，我们的人生历程因为有无数好老师而变得更加绚丽多彩。

一、我心目中的好老师是课堂上的万人迷

好老师教学生动，感情丰富，上课时间总是过得很快。记得我的初中语文老师讲课非常生动，不论是分析课文，还是讲解词语，都旁征博引，生动有趣，同学也听得津津有味。老师脸上的表情随授课内容而变化，时而凝神沉思，时而神采飞扬，时而频频点头，时而低头微笑。初高中的课堂和大学是不同的，但共同点是老师上课的风格可以吸引学生的兴趣，可以影响学生对这门课程的热爱程度。学生都喜欢老师在课堂上讲些小幽默，在讲的时候融入理论知识，并联系现实应用。这样可以更好地吸引学生的关注和兴趣，听得更认真、理解得更深刻，提高了课堂教学的效率和效果。对学生来说，能在一种轻松愉快的环境里汲取知识，更是一种美的享受。讲台上的好老师能够吸引所有学生的注意力和迫不及待的求知欲，焕发着独特的人格魅力。我心目中的好老师是不断改进教学方法、授课方式新颖的老师，他的课堂秩序井然又不乏趣味，老师可爱且备受尊重。

二、我心目中的好老师是知识渊博的海洋

老师的学识和精神修为、对待生活的大智慧和满满的正能量能给学生带来

无穷的启迪和积极向上的力量，让学生在广阔的精神空间自由飞翔。一个知识渊博的老师就像一本书，内容丰富且多彩，让学生看了还想看，读了还想读，越回味越理解得深刻。“在给学生一杯水前，教师自己先要有一桶水”。好老师是学生面前的一片大海，是为学生辛勤注入的一眼活泉，浇灌着学生快乐地成长、扎实地进步。

三、我心目中的好老师是学生的心灵鸡汤

好老师会用慈母般的心情对待教育工作，会关怀每一个学生，伸出温暖的双手，献出真诚的情感，扶持每一颗幼小的心灵慢慢长大；好老师会关注学生心理的变化，深入了解每一个学生的实际情况；好老师拥有渊博的学识和对人生智慧的深刻理解，对迷茫中的学生给予关心和指导，帮助学生排忧解难。因此，好老师总是容易赢得学生的信赖和敬重，好老师是学生的心灵鸡汤。当学生困惑了，第一个想向他们心目中的好老师寻求帮助；当学生痛苦了，第一个想倾诉的人是他们心目中的好老师。

四、我心目中的好老师是耐心的使者

耐心是从事教育工作必备的品格，耐心使老师诲人不倦、循序渐进，使学生学而不厌、不断前行。学习是一个漫长的过程，对学生来说，树立正确的学习态度和自信心对于将来取得学业成绩和事业成就至关重要。当学生在学习上遇到挫折，老师如果缺乏足够的耐心，甚至一点不当的语气都会对学生造成很大的负面影响。同样，当学生犯错时，好老师应当能够宽容地原谅学生的错误，耐心地循循善诱，引导学生点点滴滴的进步。

五、我心目中的好老师是不断充电的活宝

科教兴国，教师是此重任的承担者，好老师应勇于追求、敢于创新。教师不能拿昨天的知识教今天的学生为明天服务。时代在飞快前进，知识在迅速更新。好老师应当勤于学习，不断充实自我，才能以广博的知识、丰富的阅历教育学生，才能由一名学习型教师成长为一名学者型老师。好老师是不断充电的活宝，师德高尚、专业能力强、博古通今，能够积极调整自我、革新自我、深化自我以适应现代教育发展不断提出的新标准、新要求，并且超越自我。

俗话说，十年树木，百年树人。老师踏上三尺讲台，也就意味着踏上了艰巨而漫长的育人之旅。每个人衡量好老师的标尺不同，于是便有了不同的评价，每个人都有自己心中的好老师。我心目中的好老师就是那个万人迷、天使和活宝，给予学生知识的养分、无声的鞭策和无限的感恩之心，感谢在我生命中出现的每一位好老师！

我心目中的好老师

郑逸伟

关于心目中的好老师，我觉得每个人都有自己的标准，每个人遇到的老师不同，收获的感受也就不同。对于我来说，一位好老师，在我们成长过程中扮演着好朋友甚至父母的角色。在我的记忆中，老师们在我的成长过程中给予了许多帮助，可以说，没有那么多好老师的帮助，我不可能成为今天的自己。虽然我还没有取得成就，但是我深知，我所经历的好老师对我成长中的性格塑造、行为养成以及学习兴趣的培养都有很大的帮助。

我心目中的好老师，首先应该教会我们待人处事的基本原则。小时候听过一句话：学做事要先学会做人。我们刚上小学的时候，还处于什么都不懂的状况，略微懂得的一些道理来自父母。那时候的我们，就遇到了人生真正意义上的第一位老师。老师教会我们一些看起来微小的东西，例如，课堂上的好习惯，不随便插嘴，懂得认真倾听，教会我们负责任地完成属于自己的任务，做好每天的作业。这些其实也是我们日后应具备的基本的待人处事的态度。

我心目中的好老师，应当能够在课堂之余为我们传授人生道理。告诉我们要孝敬父母、要友善待人，在课本知识的基础上提升我们的思想道德境界。例如，学习孔融让梨的故事时，老师告诉我们凡事要学会谦让；学习雷锋的事迹时，告诉我们要学会无私付出。总之，好老师能够通过课文内容的讲授润物细无声地传授给我们足以受用一生的人生哲理和智慧。

长大之后，我认为一位好老师应该具有自身独特的人格魅力。首先，这种魅力体现在师德上，老师自身应当在教育观、人生观和世界观上积极向上，给予我们正确的引导。其次，老师个人的幽默、博学、个性、与时俱进的品质，也是我们学生很看重和喜爱的。许多年轻老师没有老教师的经验丰富，但是能熟练运用多媒体，语言风趣幽默，经常在课上或者课下和学生交流，这样的互动能让我们觉得老师距离我们很近。这样的好老师能够得到同学们广泛的喜爱。

再者，好老师应当是坦诚的。在为人处事上要坦诚，在学术上更要坦诚。假如课上老师确实无法解答学生提出的问题，我宁愿老师坦诚地告诉我们，“这个问题我现在解答不了，我会回去查找资料或请教其他老师以后再给你们答案”，对于我们来说这体现了老师对于我们的疑问认真负责的态度，而我们也会觉得这是一位有着极高素养而学术上又认真的老师。我们最不愿听到老师搪塞我们，更不愿老师为了不失面子而告诉我们一个错误的答案。

好老师还应当是有教学个性的老师，他们的课往往体现着一种独立思考的意识，展现着自身的修养。这类老师往往在课堂上能够表达自己对于课本知识的独到见解。而一个不善于思考问题的教师，只能做“传声筒”，自顾自地在讲台上照本宣科，缺乏自己的独立思考。这种课对于学生来说是无趣而漫长的，而老师往往又会责怪学生不认真听讲，导致师生之间产生隔阂。

人生而平等，我觉得每个学生无论智商如何都是应该被老师平等对待的，能平等而博爱地对待每一个学生，不偏不倚，我觉得这是一个好老师心中应该始终把握的天平。不能因为一个学生回答错了问题而觉得这个学生不聪明，不能因为一个学生一次迟到就觉得他学习态度有问题，不能因为一个学生考试成绩好就觉得这个学生特别完美。成绩不能衡量学生所有的素质，只有不努力的学生才是应该被教育的。每一个努力的学生都有一颗认真对待学习的心，只是有时候他们用错了方法，我希望这个时候老师能对他们给予无私的帮助，平等对待，不要对一些同学“特殊化”。

对于我们学习专业课来说，好老师应该用心讲课，用心对待学生。能在课堂上对学生有耐心，在学生遇到学习上的困难时不要放弃任何一个学生，要积极激发学生的学习兴趣，更多地通过鼓励让学生获得学习的信心。同时，能在课下关心学生的生活……将心比心，用心对待学生的老师才能得到学生真心的热爱。

在我的心目中，老师是一个受人尊敬的职业，能够认真对待这个职业的老师们都是心中对学生有爱有光的老师。好老师往往将学生看成自己的孩子，在孩子们遇到生活和学习上的困难时会比孩子们更着急，会积极奔走帮助。我曾被那些“最美乡村教师”震撼，“美”在于他们是真正心中有光的人，不仅是老师，更是大写的“人”，为了乡村孩子们长期驻守在农村，放弃城市里的好条件，无私付出。他们更是一群心里有爱的人，因为爱而变得富有的好老师，是我们发自内心尊敬的老师。

我一直觉得，一个人如果选择做老师，就应该选择生活的淡泊，选择品格的清高，选择做一个学生心目中完美的人。一个好老师也许不是一个经济上很富有的人，但是他钻研学识、认真传道授业解惑会让我们觉得他是一个特别富有的人，他为人师表，教给学生正确对待名利的态度。如果一个老师只在课堂上告诉我如何如何赚钱，给我们灌输金钱至上的价值观，我想学生们耳濡目染地受老师的影响，也会觉得金钱名利是世界上最重要的东西之一。这不仅跟我们的社会主义核心价值观不符，也不能给我们的人生形成正确的引导。我希望老师在课堂上能够正确积极地表明他们的人生态度，能够真正传递给我们正能量，这样我们不仅能从课堂上收获知识，还能获得更多有用的精神食粮。

好老师在课堂上总是富有激情的，对于一些发生的社会事件应当能够提出自己鲜明正确的观点。怎样以理性的态度对待当今社会的大小事件是我们大学生很需要学习的东西。因为年轻，我们常常会觉得世界上存在很多不公平的事情，这时候愤怒往往让我们发表不理智的言论或做出不理智的行为。这个时候，好老师会用他独到的见解在生活中、课堂上向我们传达看待事物的正确观点、评价事物的正确方法以及对待我们所在社会应有的态度，积极作为，做出贡献，而非诸多不满，愤愤不平。使我们在面对一些突发事件时不会盲目跟风，做出有损自己、有损他人，甚至损害国家利益的事情。

总之，在我心目中，有很多对于好老师的美好期待。值得庆幸的是，我成长过程中遇到的大多数老师是积极向上，对待工作富有热情的好老师，我在他们身上学到了许多有用的知识和人生道理，我也常怀着敬重和感恩的心对待每一位曾经给予我知识、引导和关爱的好老师。希望能够有越来越多的好老师出现在我们的学习过程中，他们具有渊博的专业知识、深厚的职业素养、勇于奉献的精神和优秀的道德品质，成为我们学习和生活的指路明灯，带领我们不断前行，收获知识、实现理想、服务社会、成就自我，让我们一生感激和爱戴。

图书在版编目（CIP）数据

转型中的高校专业建设：我们的思考与探索／潘琰，甘健胜主编．—北京：经济科学出版社，2019.9
（福建省社会科学研究基地财务与会计研究中心系列丛书）
ISBN 978－7－5218－0950－3

Ⅰ.①转… Ⅱ.①潘… ②甘… Ⅲ.①高等学校—会计学—专业设置—研究—中国 Ⅵ.①F230－4

中国版本图书馆 CIP 数据核字（2019）第 200708 号

责任编辑：赵　蕾
责任校对：蒋子明
责任印制：李　鹏

转型中的高校专业建设：我们的思考与探索
潘　琰　甘健胜　主编
经济科学出版社出版、发行　新华书店经销
社址：北京市海淀区阜成路甲 28 号　邮编：100142
总编部电话：010－88191217　发行部电话：010－88191522
网址：www.esp.com.cn
电子邮箱：esp@esp.com.cn
天猫网店：经济科学出版社旗舰店
网址：http://jjkxcbs.tmall.com
北京季蜂印刷有限公司印装
710×1000　16 开　14.5 印张　240000 字
2021 年 9 月第 1 版　2021 年 9 月第 1 次印刷
ISBN 978－7－5218－0950－3　定价：66.00 元
（图书出现印装问题，本社负责调换。电话：010－88191510）